Studien und Materialien
zum Straf- und Maßregelvollzug

herausgegeben von
Friedrich Lösel, Gerhard Rehn und Michael Walter

BAND 12

Die Gefährdung öffentlicher Sicherheit durch Entweichungen aus dem geschlossenen Strafvollzug

Eine empirische Untersuchung
am Beispiel des Landes Nordrhein-Westfalen
in den Jahren 1986 – 1988

Brigitte Mandt

Centaurus Verlag & Media UG 2001

Die Autorin absolvierte ein Studium der Rechtswissenschaften an der Universität zu Köln und promovierte im Jahr 2000 mit dieser Studie. Sie ist tätig als Persönliche Referentin des Justizministers des Landes Nordrhein-Westfalen.

Die Deutsche Bibliothek – CIP-Einheitsaufnahme

Mandt, Brigitte:
Die Gefährdung öffentlicher Sicherheit durch Entweichungen
aus dem geschlossenen Strafvollzug : eine empirische Untersuchung
am Beispiel des Landes Nordrhein-Westfalen in den Jahren 1986 –1988 /
Brigitte Mandt. –
Herbolzheim : Centaurus Verl.-Ges., 2001
 (Studien und Materialien zum Straf- und Massregelvollzug ; 12)
Zugl.: Köln, Univ., Diss., 2000
ISBN 978-3-8255-0321-5   ISBN 978-3-86226-355-4 (eBook)
DOI 10.1007/978-3-86226-355-4

ISSN 0944-887X

© CENTAURUS Verlags-GmbH & Co. KG, Herbolzheim 2001

Satz: Vorlage der Herausgeber
Umschlaggestaltung: DTP-Studio, A. Walter, Lenzkirch

Vorwort

Das Manuskript dieser empirischen Untersuchung hat der Rechtswissenschaftlichen Fakultät der Universität zu Köln im Jahre 1999 als Dissertation vorgelegen.

Für die Betreuung der Arbeit und die mannigfaltige Förderung danke ich in besonderem Maße meinem Doktorvater, Herrn Professor Dr. Michael Walter (Direktor der Kriminologischen Forschungsstelle der Universität zu Köln), der in seinen Seminaren und Vorlesungen mein Interesse an strafvollzugsrechtlichen Fragen schon zu Studienzeiten weckte. Nicht zuletzt seiner kontinuierlichen und freundlichen Unterstützung habe ich die Fertigstellung der Arbeit zu verdanken. Dabei kamen mir insbesondere großzügig gewährte Freiheiten bei Konzeption und Ausarbeitung der Untersuchung wie auch seine praktische Hilfe bei der Kontaktaufnahme mit Behörden zugute. Auch dem Zweitgutachter, Herrn Professor Dr. Cornelius Nestler, bin ich zu Dank verpflichtet.

Dem nordrhein-westfälischen Justizministerium und seinen Angehörigen danke ich für die Genehmigung, die Akten der Justizvollzugsämter Rheinland und Westfalen-Lippe und verschiedene Gefangenenpersonalakten einzusehen, sowie für die Überlassung zahlreicher statistischer Daten und Unterlagen.

Mein Dank gilt weiterhin den beiden früheren Leitern der Justizvollzugsämter, Herrn Dr. Karl Peter Rotthaus und Herrn Christian Dertinger, die meine Untersuchung in jeder Hinsicht unterstützt haben. Geholfen haben mir auch zahlreiche engagierte Mitarbeiterinnen und Mitarbeiter der beiden Justizvollzugsämter sowie eine große Anzahl nordrhein-westfälischer Justizvollzugsanstalten, indem sie mich nicht nur bei der Datenerfassung unterstützten, sondern die mir auch in vielen begleitenden Gesprächen reiche Anregungen und menschliche Unterstützung haben zuteil werden lassen. Ihnen allen danke ich, insbesondere Herrn Michael Köstner.

Schließlich möchte ich den Mitarbeiterinnen und Mitarbeitern der Staatsanwaltschaft Köln – und hier insbesondere Herrn Oberstaatsanwalt Rainer Wolf – danken, die mir geholfen haben, weitere wichtige Datenmaterial zu erheben.

Düsseldorf, im Januar 2001   Brigitte Mandt

Inhaltsverzeichnis

Tabellenverzeichnis

XXII

Abkürzungsverzeichnis

AO   Abgabenordnung

AK StVollzG   Kommentar zum Strafvollzugsgesetz,
                    Reihe Alternativkommentare

AV d JM   Allgemeine Verfügung des Justizministers

Az.   Aktenzeichen

BewHi   Bewährungshilfe (Zeitschrift)

BGH   Bundesgerichtshof

BGHSt   Entscheidungen des Bundesgerichtshofes
                    in Strafsachen

BT-Drucksache   Bundestagsdrucksache

BtMG   Betäubungsmittelgesetz

BVerfGE   Bundesverfassungsgericht,
                    Amtliche Sammlung der Entscheidungen

bzw.   beziehungsweise

LK	Strafgesetzbuch, Leipziger Kommentar
m. Bew.	mit Bewährung
MDR	Monatsschrift für Deutsches Recht (Zeitschrift)
Mon.	Monate
MSchrKrim	Monatsschrift für Kriminologie (Zeitschrift)
ND	Nichtdeutscher
Nr.	Nummer
NRW	Nordrhein-Westfalen
NStZ	Neue Zeitschrift für Strafrecht (Zeitschrift)
PflVG	Pflichtversicherungsgesetz
PKW	Personenkraftwagen
räub.	räuberisch (e, er)
Rdz.	Randziffer

rk	rechtskräftig
SPD	Sozialdemokratische Partei Deutschlands
StVG	Strafvollzugsgesetz
StGB	Strafgesetzbuch
StPO	Strafprozeßordnung
StVollzG	Strafvollzugsgesetz
Tbc	Tuberkulose
TOP	Tagesordnungspunkt
u.	und
U-Haft	Untersuchungshaft
Urt.	Urteil
UStG	Umsatzsteuergesetz
vgl.	vergleiche
Vorb.	Vorbemerkung

WaffG	Waffengesetz
ZfStrVo	Zeitschrift für Strafvollzug und Straffälligenhilfe (Zeitschrift)
zit.	zitiert
ZStV	Zeitschrift für Strafvollzug (Zeitschrift)
ZwA	Zweiganstalt

Literaturverzeichnis

AK StVollzG

Kommentar zum Strafvollzugsgesetz (Reihe Alternativkommentare), 3. Auflage, Neuwied und Darmstadt 1990, (zit.: Bearbeiter, in: AK StVollzG, 1990)

Alisch, Jörg

Weniger Sicherheit in den Justizvollzugsanstalten durch mehr Sicherheitstechnik, KrimPäd 1988, Seite 14 - 17

Arloth, Frank

Aufgaben des Strafvollzuges, ZfStrVo 1990, Seite 329 – 332

Arndt, Jörg

Strafvollzugsbau, Bochum 1981

Arzt, G.

Anmerkung zum Beschluß des Landgerichts Ulm vom 08.02.1990, NStZ 1991, Seite 84 - 85

Babelotzky, Alfred

Aggressive Interaktion im Strafvollzug, 1984

Bader, Karl S.

Entwichene Gefangene als Verbrecher, Kriminalistik 1950, Seite 73 - 76

Bandell, Dieter

Behandlung, Sicherheit, Schuld im Straf-vollzug - Erfahrungen der Praxis, in: Hans-Dieter Schwind, Gernot Stein-hilper, Alexander Böhm (Hrsg.): 10 Jahre Strafvollzugsgesetz, Heidelberg 1988, Seite 45 - 54

Baumann, Karl-Heinz /
Maetze, Winfried /
Mey, Hans-Georg

Zur Rückfälligkeit nach Strafvollzug, MSchrKrim 1983, Seite 133 - 148

Beachtold, Andrea

Sicherheit durch Sicherung?, Neue Kriminalpolitik 1994, Seite 17 - 18

Berlit, Jan-Wolfgang

Sicherheit und Strafvollzug, KrimPäd 1988, Seite 21 - 23

Beste, Hubert

Soziale Konstruktion von Sicherheit und Kriminalität, in: Heike Jung, Heinz Müller-Dietz (Hrsg.): Langer Freiheitsentzug - wie lange noch?, Bonn 1994, Seite 63 - 80

Böhm, Alexander

Die spezialpräventiven Wirkungen der strafrechtlichen Sanktionen, in: Jörg-Martin Jehle: Kriminalprävention und Strafjustiz, Wiesbaden 1996, Seite 263 - 290

Bölter, Herbert	Verlauf von Lockerungen im Langstrafenvollzug, ZfStrVo 1991, Seite 71 - 76
Braum, Stefan / Varwig, Marianne / Bader, Christine	Die „Privatisierung des Strafvollzugs" zwischen fiskalischen Interessen und verfassungsrechtlichen Prinzipien, ZfStrVo 1999, Seite 67 - 73
Brüser, Wolfgang	Justizvollzug aus der Sicht der Presse, in: Michael Walter, Karl Peter Rotthaus, Helmut Geiter (Hrsg.): Bruchstücke, Pfaffenweiler 1992, Seite 94 - 97
Bundschuh, Reinhold	Maßnahmen gegen die Angst - der Schein der Sicherheit, in: Helga Cremer-Schäfer (Hrsg.): Im Namen des Volkes?, Idstein 1992, Seite 72 - 82
Busch, Max	Spezifische Behandlungsmodelle als Voraussetzung für einen resozialisierenden Strafvollzug, in: Pressestelle der Evangelischen Akademie Bad Boll (Hrsg.): Das Strafvollzugsgesetz - Auftrag und Wirklichkeit, Bad Boll 1978, Seite 16 - 23

Busch, Max / Häußling, Josef M.	Strafvollzug und Presse, ZfStrVo 1976, Seite 157 - 160
Calliess, Rolf Peter / Müller-Dietz, Heinz	Strafvollzugsgesetz, 7. Auflage, München 1998
Calliess, Rolf Peter	Strafvollzugsrecht, 3. Auflage, München 1992
Diekmann, Wilhelm	Das Entweichen Gefangener, Bonn 1964
Doleisch, Wolfgang	Öffentlichkeitsarbeit und Strafvollzug, ZfStrVo 1977, Seite 193 - 196
Dolde, Gabriele	Vollzugslockerungen im Spannungsfeld zwischen Resozialisierungsversuch und Risiko für die Allgemeinheit, in: Max Busch, Gottfried Edel, Heinz Müller-Dietz (Hrsg.): Gefängnis und Gesellschaft, Pfaffenweiler 1994, Seite 109 - 125

Dünkel, Frieder	Sicherheit im Strafvollzug - Empirische Daten zur Vollzugswirklichkeit unter besonderer Berücksichtigung der Entwicklung bei den Vollzugslockerungen, in: Wolfgang Greive (Hrsg.): Strafvollzug und Sicherheit, Rehburg-Loccum 1994, Seite 100 - 133
Dünkel, Frieder	Empirische Forschung im Strafvollzug, Bonn 1996
Dünkel, Frieder / Geng, Bernd	Zur Rückfälligkeit von Karrieretätern nach unterschiedlichen Strafvollzugs- und Entlassungsformen, in: Günther Kaiser und Helmut Kury (Hrsg.): Kriminologische Forschung in den 90er Jahren, Freiburg im Breisgau 1993, Seite 193 - 258
Dünkel, Frieder / Rosner, Anton	Die Entwicklung des Strafvollzugs in der Bundesrepublik Deutschland seit 1970, Freiburg 1981
Einselne, Helga	Meine Reise nach Amerika, ZStV 1950, Seite 11 - 14

Einselne, Helga

Besonderheiten der weiblichen Kriminalität und des Frauenstrafvollzuges, ZStV 1971, Seite 127 - 140

Eisenberg, Ulrich

Kriminologie, 4. Auflage, Köln, Berlin, Bonn, München 1995

Frey, Karl

Ein raffinierter Ein- und Ausbrecher, Kriminalistik 1955, Seite 250 - 252

Geerds, Friedrich

Zum Zerrbild des Strafvollzugs in den Massenmedien, in: Max Busch, Gottfried Edel, Heinz Müller-Dietz (Hrsg.): Gefängnis und Gesellschaft, Pfaffenweiler 1994, Seite 259 - 271

Geiter, Helmut

Kriminalität und Strafvollzug - Öffentlichkeit und Justiz zwischen Mut, Unmut und Übermut, ZfStrVo 1991, Seite 323 - 333

Giger, Hans

Kriminologie der Entweichung, Winterthur 1959

Giger, Hans	Die nichtkriminellen Bemühungen entwichener Anstaltsinsassen um die Erhaltung der wiedererlangten Freiheit, Recht und Praxis, 1960, Seite 37 - 39
Gretenkord, Lutz / Müller-Isberner, Rüdiger	Entweichungen aus dem Maßregelvollzug, MSchrKrim 1991, Seite 305 – 315
Göppinger, Hans	Kriminologie, 5. Auflage, München 1997
von Harling, Anja	Der Mißbrauch von Vollzugslockerungen zu Straftaten, München 1997
Hartmann, Claus	Flucht aus dem Gefängnis, Stuttgart 1978
Heinz, Wolfgang	Datensammlungen der Strafrechtspflege im Dienste der Forschung, in: Jörg-Martin Jehle (Hrsg.): Datensammlungen und Akten der Strafrechtspflege. Nutzbarkeit für Kriminologie und Kriminalpolitik, Wiesbaden 1989, Seite 163 - 201
Herrfahrdt, Rolf	Das Strafvollzugsgesetz auf dem Prüfstand, ZfStrVo 1990, Seite 3 - 9

Horn, Röse	Frauenstrafvollzug und Sozialisation, Tübingen 1973
Jehle, Jörg-Martin	Aussagemöglichkeiten und Vorschläge zur Verbesserung der sogenannten Rückfallstatistik, in: Jörg-Martin Jehle (Hrsg.): Datensammlung und Akten in der Strafrechtspflege. Nutzbarkeit für Kriminologie und Kriminalpolitik, Wiesbaden 1989, Seite 245 - 263
Justizministerium des Landes Nordrhein-Westfalen (Hrsg.)	Vollstreckungsplan für das Land Nordrhein-Westfalen (AV des JM vom 16. Juli 1975; Az.: 4431 – IV B. 28) Stand: 15. November 1986 und 1. Januar 1988 (zit.: Justizministerium des Landes Nordrhein-Westfalen, Vollstreckungsplan, Stand: 15.11.1986 und 01.01.1988)
Justizministerium des Landes Nordrhein-Westfalen (Hrsg.)	Jahresdurchschnittsbelegung für die Kalenderjahre 1986 bis 1988 (Az.: 4470 E – IV B. 117 = 4470 IV B. 24) (zit.: Justizministerium des Landes Nordrhein-Westfalen, Übersicht: Jahresdurchschnittsbelegung, 1986 bis 1988)

Justizministerium des Landes Nordrhein-Westfalen (Hrsg.)

Übersicht über die Anzahl und den Belegungsanteil der ausländischen Gefangenen an bestimmten Stichtagen seit 1981 in Nordrhein-Westfalen (Az.: 4470 - IV B. 38)

Justizministerium des Landes Nordrhein-Westfalen (Hrsg.)

Zahl der Gefangenen, die sich in Untersuchungshaft befunden haben für die Kalenderjahre 1986 bis 1988, Stichtag: 31. März (Az.: 4402 - IV B. 65)

(zit.: Justizministerium des Landes Nordrhein-Westfalen, Übersicht: Zahl der Gefangenen, die sich in Untersuchungshaft befunden haben, 1986 bis 1988)

Justizministerium des Landes Nordrhein-Westfalen (Hrsg.)

Rundverfügung vom 11. Oktober 1976 betreffend Sicherungsmaßnahmen, Berichtspflichten, Mitteilungen an Staatsanwaltschaft, Beirat und Presse bei Fluchtfällen (Az.: 4434 - IV A. 5)

(zit.: Justizministerium des Landes Nordrhein-Westfalen, Rundverfügung vom 11. Oktober 1976)

Justizministerium des
Landes Nordrhein-
Westfalen (Hrsg.)

Tabelle St 2 (Strafgefangene und Sicherungsverwahrte nach Alter sowie Art und
Dauer des Vollzuges) für die Kalenderjahre 1986 bis 1988, Stichtag: 31. März
(zit.: Justizministerium des Landes Nordrhein-Westfalen, Tabelle St 2, 1986 bis
1988)

Justizministerium des
Landes Nordrhein-
Westfalen (Hrsg.)

Tabelle St 4 (Strafgefangene und Sicherungsverwahrte nach Art des Vollzuges,
Alter sowie nach Religionsangehörigkeit,
Staatsangehörigkeit und Wohnsitz) für die
Kalenderjahre 1986 bis 1988, Stichtag:
31. März
(zit.: Justizministerium des Landes Nordrhein-Westfalen, Tabelle St 4, 1986 bis
1988)

Justizministerium des
Landes Nordrhein-
Westfalen (Hrsg.)

Tabelle St 5 (Strafgefangene und Sicherungsverwahrte nach Art und Häufigkeit
der Vorstrafen sowie nach Wiedereinliefe-
rungsabständen) für die Kalenderjahre
1986 bis 1988, Stichtag: 31. März
(zit.: Justizministerium des Landes Nordrhein-Westfalen, Tabelle St 5, 1986 bis
1988)

Justizministerium des Landes Nordrhein-Westfalen (Hrsg.)	Tabelle St 6 (Strafgefangene und Sicherungsverwahrte nach der strafbaren Handlung und nach der Art der Strafen und Maßregeln der Sicherung und Besserung) für die Kalenderjahre 1986 bis 1988, Stichtag: 31. März (zit.: Justizministerium des Landes Nordrhein-Westfalen, Tabelle St 6, 1986 bis 1988)
Justizministerium des Landes Nordrhein-Westfalen (Hrsg.)	Tabelle St 8 (Disziplinarmaßnahmen, Besondere Sicherungsmaßnahmen, Entweichungen) für die Kalenderjahre 1986 bis 1996 (zit.: Justizministerium des Landes Nordrhein-Westfalen, Tabelle St 8, 1986 bis 1988 bzw. 1986 bis 1996)
Justizministerium des Landes Nordrhein-Westfalen (Hrsg.)	Strafvollzug in Nordrhein-Westfalen, 8. Auflage 1990 (zit.: Justizministerium des Landes Nordrhein-Westfalen, 1990)
Justizministerium des Landes Nordrhein-Westfalen (Hrsg.)	Strafvollzug in Nordrhein Westfalen, 11. Auflage 1997 (zit.: Justizministerium des Landes Nordrhein-Westfalen, 1997)

Justizministerium des Landes Nordrhein-Westfalen (Hrsg.)	Vollzugskonzept NRW 2000, 1989 (zit.: Justizministerium des Landes Nordrhein-Westfalen, 1989)
Justizministerium des Landes Nordrhein-Westfalen (Hrsg.)	Die gegenwärtige Situation des Strafvollzuges in NRW - Anmerkungen zum Vollzugskonzeipt 2000 (Az.: 4400 - IV A. 260) (zit.: Justizministerium des Landes Nordrhein-Westfalen, 1993)
Justizministerium des Landes Nordrhein-Westfalen (Hrsg.)	Frauenkriminalität und Strafvollzug in Nordrhein-Westfalen, 1991 (zit.: Justizministerium des Landes Nordrhein-Westfalen, 1991)
Justizministerium des Landes Nordrhein-Westfalen (Hrsg.)	Frauenkriminalität und Strafvollzug in Nordrhein-Westfalen, 1995 (zit.: Justizministerium des Landes Nordrhein-Westfalen, 1995)
Justizministerium des Landes Nordrhein-Westfalen (Hrsg.)	Justiz in Zahlen, 1994 (zit.: Justizministerium des Landes Nordrhein-Westfalen, 1996)

Justizministerium des Landes Nordrhein-Westfalen (Hrsg.)

Beschluß zu TOP II. 4 der 68. Konferenz der Justizministerinnen und -minister vom 11. - bis 12. Juni 1997 in Saarbrücken (Az.: 3131 II C. 224)
(zit.: Justizministerium des Landes Nordrhein-Westfalen, 1997, Beschluß zu TOP II. 4)

Kaiser, Günther / Kerner, Hans-Jürgen / Sack, Fritz / Schellhoss, Hartmut (Hrsg.)

Kleines Kriminologisches Wörterbuch, 3. Auflage, Heidelberg 1992
(zit.: Bearbeiter, in: Kleines Kriminologisches Wörterbuch, 1992)

Kaiser, Günther / Kerner, Hans-Jürgen / Schöch, Heinz

Strafvollzug, 4. Auflage, Heidelberg 1992
(zit. Bearbeiter, in: Kaiser / Kerner / Schöch, 1992)

Kerner, Hans-Jürgen

Auf der Suche nach neuen Strukturen im Problemfeld von sozialer Arbeit und Strafrecht,
BewHi 1988, Seite 387 - 403

Kerner, Hans-Jürgen /   Medien, Kriminalitätsbild und Öffentlich-
Feltes, Thomas   keit, Einsichten und Probleme am Bei-
                          spiel einer Analyse von Tageszeitungen,
                          in: Helmut Kury (Hrsg.): Strafvollzug und
                          Öffentlichkeit, Freiburg 1980, Seite 73 -
                          112

Kleinknecht, Theodor /   Strafprozeßordnung, 44. Auflage, Mün-
Meyer-Goßner, Lutz   chen 1999

Klose, Hans-Ulrich   Chancen einer Strafvollzugsreform in
                          Nordrhein-Westfalen,
                          in: Gerhard Deimling, Josef M. Häußling
                          (Hrsg.): Straffälligenhilfe, Wuppertal
                          1977, Seite 65 - 77

Koepsel, Klaus   10 Jahre Strafvollzugsgesetz - aus der
                          Sicht der Praxis -,
                          in: Kriminalpolitisches Forum Berlin
                          (Hrsg.): Fachtagung 10 Jahre Strafvoll-
                          zugsgesetz, Berlin 1987, Seite 52 - 81

Koepsel, Klaus   Das Vollzugskonzept des Strafvollzugs-
                          gesetzes und seine Veränderungen durch
                          Verwaltungsvorschriften und Erlasse der
                          Landesjustizverwaltungen,
                          ZfStrVo 1992, Seite 46 - 51

Koepsel, Klaus

Diskussionsbeitrag zum Referat von Hans-Dieter Schwind, in: Heinz Müller-Dietz, Michael Walter (Hrsg.): Strafvollzug in den 90er Jahren, Pfaffenweiler 1995, Seite 224 - 227

Kury, Helmut

Die Einstellung der Bevölkerung zum Rechtsbrecher und Strafvollzug, in: Helmut Kury (Hrsg.): Strafvollzug und Öffentlichkeit, Freiburg 1980, Seite 113 - 150

Lamnek, Siegfried

Kriminalitätsberichterstattung in den Massenmedien als Problem, MSchrKrim 1990, Seite 163 - 176

Leipziger Kommentar

Strafgesetzbuch, 11. Auflage, Berlin, New York, 1994 (§§ 110 - 122) und 1997 (§§ 3 - 12) (zit.: Bearbeiter, in: LK, 1994 bzw. 1997)

Maelicke, Bernd

Der Strafvollzug und die neue Wirklichkeit, ZfStrVo 1999, Seite 73 - 77

Mey, Hans-Georg	Gutachten und Sicherheit im Strafvollzug, in: Heinz Müller-Dietz, Michael Walter (Hrsg.): Strafvollzug in den 90er Jahren, Pfaffenweiler 1995, Seite 203 - 215
Michaely, Petra	Schreiben über den Strafvollzug - Erfahrungen einer Journalistin, ZStV 1974, Seite 44 - 49
Müller-Dietz, Heinz	Grundfragen des heutigen Strafvollzugs, NStZ 1990, Seite 305 - 311
Müller-Dietz, Heinz	Die soziale Wahrnehmung von Kriminalität, NStZ 1993, Seite 57 - 65
Müller-Dietz, Heinz	20 Jahre Strafvollzugsgesetz - Anspruch und Wirklichkeit, ZfStrVo 1998, Seite 12 - 16
Nass, Gustav	Nur Klischees vom Strafvollzug im Fernsehen, ZStV 1975, Seite 108 - 109
Nährich, Wolf-Dieter	Zur Situation ausländischer Gefangener in deutschen Vollzugsanstalten, ZStV 1975, Seite 145 - 152

Pfeiffer, Christian / Wetzels, Peter	Zur Struktur und Entwicklung der Jugendgewalt in Deutschland, Aus Politik und Zeitgeschichte 1999, Seite 3 - 22
Pollähne, Helmut	Justizvollzug - Eckpfeiler der inneren Sicherheit? ZfStrVo 1994, Seite 131 - 137
Preusker, Harald	Erfahrungen der Praxis, ZfStrVo 1987, Seite 11 - 16
Preusker, Harald	Umgang mit gefährlichen Gefangenen; Verlegung nach § 85 StVollzG, ZfStrVo 1988, Seite 266 - 267
Preusker, Harald	Zur Tauglichkeit von Sicherheitskonzepten im Strafvollzug, in: Wolfgang Greive (Hrsg.): Strafvollzug und Sicherheit, Rehburg-Loccum 1994, Seite 55 - 81

L

Rotthaus, Karl Peter   Aufgaben und Arbeitsweise der Justizvollzugsämter im Lande Nordrhein-West-
falen,
in: Hans-Joachim Hirsch, Günther Kaiser,
Helmut Marquardt (Hrsg.): Gedächtnis-
schrift für Hilde Kaufmann, Berlin, New
York 1986, Seite 623 -635

Rotthaus, Karl Peter   Die Bedeutung des Strafvollzugsgesetzes
für die Reform des Strafvollzugs,
NStZ 1987, Seite 1 - 5

Rotthaus, Karl Peter   Die Grundfragen des heutigen Strafvollzugs aus der Sicht der Praxis,
ZfStrVo 1992, Seite 41 - 45,
(zit.: Rotthaus, 1992 a)

Rotthaus, Karl Peter   Kommentierende Bemerkungen,
in: Michael Walter, Karl Peter Rotthaus,
Helmut Geiter (Hrsg.): Bruchstücke,
Pfaffenweiler 1992, Seite 98 - 104,
(zit.: Rotthaus, 1992 b)

Rotthaus, Karl Peter	Die öffentliche Meinung über den Strafvollzug und ihr Einfluß auf die Stimmung in den Vollzugsanstalten, in: Max Busch, Gottfried Edel, Heinz Müller-Dietz (Hrsg.): Gefängnis und Gesellschaft, Pfaffenweiler 1994, Seite 242 - 258
Schäfer, Karl Heinrich	Strafvollzug und Öffentlichkeit - Gemeinsame Verantwortung zwischen Anspruch und Realität, in: Hinter Gittern. Wir auch?, Frankfurt am Main, Berlin, München 1985, Seite 157 - 172
Schneider, Hans Joachim	Kriminologie, Berlin, New York 1987
Schönke, Adolf / Schröder, Horst	Strafgesetzbuch, 25. Auflage, München 1997
Schulte- Altedorneburg, Manfred	Vollzugskonzept 2000 in Nordrhein-Westfalen: Die Einleitung der Kehrtwende, ZfStrVo 1994, Seite 222 - 225
Schüler-Springorum, Horst	Strafvollzug im Übergang, Göttingen 1969

Schüler-Springorum,
Horst

Das Strafvollzugsgesetz: Nicht Schluss-
punkt, sondern Beginn eines justiz- und
gesellschaftspolitischen Prozesses,
in: Pressestelle der Evangelischen Aka-
demie Bad Boll (Hrsg.): Das Strafvollzugsgesetz - Auftrag und Wirklichkeit,
Bad Boll 1978, Seite 6 - 15

Schwind, Hans-Dieter /
Blau, Günter

Strafvollzug in der Praxis, 2. Auflage,
Berlin, New York 1988
(zit.: Bearbeiter, in: Schwind / Blau,
1988)

Schwind, Hans Dieter /
Böhm, Alexander

Strafvollzugsgesetz, 3. Auflage, Berlin,
New York 1999
(zit.: Bearbeiter, in: Schwind / Böhm,
1999)

Schwind, Hans-Dieter

Zur historischen Entwicklung des Strafvollzugs,
in: Bitburger Gespräche: Jahrbuch 1986 /
2, München 1986, Seite 13 - 26

Schwind, Hans-Dieter

Orientierungspunkte der (Straf)-Voll-
zugspolitik,
in: Heinz Müller-Dietz, Michael Walter
(Hrsg.): Strafvollzug in den 90er Jahren,
Pfaffenweiler 1995, Seite 216 - 223

Seither, Wolfgang	Anfragen und Datenauswertungen beim Bundeszentralregister, in: Jörg-Martin Jehle (Hrsg.): Datensammlungen und Akten der Strafrechtspflege. Nutzbarkeit für Kriminologie und Kriminalpolitik, Wiesbaden 1989, Seite 231 - 243
Statistisches Bundesamt (Hrsg.)	Polizeiliche Kriminalstatistik des Landes Nordrhein-Westfalen, 1986 - 1988 (zit.: Polizeiliche Kriminalstatistik des Landes Nordhrein-Westfalen der Jahrgänge 1986 bis 1988)
Tröndle, Herbert / Fischer, Thomas	Strafgesetzbuch, 49. Auflage, München 1999
Vorndran, Wilhelm	Zur kriminalpolitischen Situation des Strafvollzugs, in: Bitburger Gespräche: Jahrbuch 1986 / 2, München 1986, Seite 1 - 12

Wagner, Bernd

Strafvollzugspersonal im Dienst der Strafverfolgung?,

in: Heribert Ostendorf (Hrsg.): Festschrift zum 125jährigen Bestehen der Staatsanwaltschaft Schleswig-Holstein, Köln, Berlin, Bonn, München 1992, Seite 511 – 526

(zit.: Bernd Wagner)

Wagner, Georg

Sicherheit und Ordnung als seelischer Komplex - Gefängnis als Innenzustand, KrimPäd 1988, Seite 8 - 14

(zit.: Georg Wagner, 1988)

Wagner, Georg

Kontinuität oder Umbruch - Probleme des künftigen Strafvollzuges, ZfStrVo 1992, Seite 55 - 58

(zit.: Georg Wagner, 1992 a)

Wagner, Georg

Die Gesellschaft sperrt ein - dient sie damit ihrer Sicherheit?,

in: Helga Cremer-Schäfer (Hrsg.): Im Namen des Volkes?, Idstein 1992, Seite 51 - 55

(zit.: Georg Wagner, 1992 b)

Wagner, Georg

Justizvollzug und Gefährlichkeit der Insassen,
in: Heike Jung, Heinz Müller-Dietz
(Hrsg.): Langer Freiheitsentzug - wie
lange noch?, Bonn 1994, Seite 183 - 193
(zit.: Georg Wagner, 1994)

Wagner, Georg

Strafvollzug und Sicherheitspolitik,
in: Heinz Müller-Dietz, Michael Walter
(Hrsg.): Strafvollzug in den 90er Jahren,
Pfaffenweiler 1995, Seite 183 - 190

Waldmann, Peter

Zielkonflikte in einer Strafanstalt, Stuttgart 1968

Walter, Michael

Strafvollzug, 2. Auflage, Stuttgart, München, Hannover, Berlin, Weimar, Dresden
1999

Walter, Michael

Strafvollzug und wissenschaftliche Forschung,
in: Michael Walter, Karl Peter Rotthaus,
Helmut Geiter (Hrsg.): Bruchstücke, Pfaffenweiler 1992, Seite 161 - 167

Walter, Michael

Sicherheit durch Strafvollzug,
in: Heinz Müller-Dietz, Michael Walter
(Hrsg.): Strafvollzug in den 90er Jahren,
Pfaffenweiler 1995, Seite 191 - 202

Weber, Hartmut-Michael

„Moderner Strafvollzug" - Wohin? Eine
Bestandsaufnahme zur Rechtfertigungs-
problematik von Vollzugszielen,
in: Helga Cremer-Schäfer (Hrsg.): Im
Namen des Volkes?, Idstein 1992, Seite
35 - 50

I. Einleitung

1. Ausgangspunkt und Fragestellung der vorliegenden Untersuchung

Das Thema „öffentliche Sicherheit" und deren Gefährdung durch zunehmende Kriminalität ist in den letzten Jahren und gerade auch in jüngster Vergangenheit verstärkt in den Blickpunkt der Öffentlichkeit geraten und damit zu einem wichtigen innenpolitischen Thema geworden.

Dies gilt auch für den ansonsten wenig beachteten Bereich des Strafvollzuges. Die seit einigen Jahren beklagte qualitative Veränderung der Gefangenenklientel „mit zunehmend gefährlicheren, behandlungsunwilligen, sozialisationsgeschädigten, ausländischen und / oder durch erhöhten Drogenkonsum vorgeschädigten Gefangenen sowie mit Straftätern aus dem Bereich der Organisierten Kriminalität" [1] führt vermehrt zu der Forderung, der Strafvollzug müsse als „zweiter Eckpfeiler" [2] der inneren Sicherheit vor allem „dem Schutz der Gesellschaft vor erkannten Rechtsbrechern" [3] dienen.

Grundlage derartiger Überlegungen ist die gesetzliche Regelung in § 2 Satz 2 des Strafvollzugsgesetzes, [4] wonach der „Vollzug der Freiheitsstrafe auch dem Schutz

---

[1] Justizministerium des Landes Nordrhein-Westfalen, 1993, Seite 12 und 38;

Justizministerium des Landes Nordrhein-Westfalen, 1997, Seite 23;

Preusker, 1988, Seite 266;

Rotthaus, 1994, Seite 243.

[2] Vgl. insoweit das Zitat bei Pollähne, 1994, Seite 131, zu einer Tagung am 14.02.1994 in Bad Oeynhausen mit dem Titel: „Justizvollzug - Eckpfeiler der inneren Sicherheit?".

[3] Pollähne, 1994 Seite 131;

vgl. hierzu auch Mey, 1995, Seite 204.

[4] Im folgenden: StVollzG.

1

der Allgemeinheit vor weiteren Straftaten dient." Gemeint ist hierbei nicht der Schutz der Allgemeinheit vor Straftaten, welche der Gefangene *nach* seiner Entlassung begehen könnte. Vor diesen soll durch (re)-sozialisierende Angebote im Sinne des in § 2 Satz 1 StVollzG festgelegten Vollzugszieles geschützt werden. In Satz 2 geht es demgegenüber alleine darum, die Öffentlichkeit vor Straftaten des Gefangenen *während* der Zeit seiner Inhaftierung zu schützen. [5]

Zweifel an der Wirksamkeit dieser gesetzlich normierten „Schutzfunktion" und hieraus folgend oftmals auch an der gesamten Funktionsfähigkeit des Strafvollzuges werden insbesondere dann erhoben, wenn es auch nur einem einzigen Gefangenen einmal gelingt, die beträchtlichen Sicherungen einer Justizvollzugsanstalt zu überwinden. [6] Dies gilt erst recht, wenn ein Anstaltsinsasse in seiner widerrechtlich erlangten Freiheit eine Straftat begeht, denn „daß die rechtstreuen Bürger wenigstens für die Zeit der Inhaftierung vor neuen Verbrechen geschützt werden, das ist nach ganz überwiegender Meinung eigentlich das Mindeste, was man vom Staat und seinen Organen erwarten kann." [7]

So ist es nicht verwunderlich, daß Entweichungen aus Justizvollzugsanstalten als „Ereignisse besonderer Qualität" [8] angesehen werden und sich im besonderen

---

5 Arloth, 1990, Seite 329 f.;

   Schöch, in: Kaiser / Kerner / Schöch, 1992, Seite 81 und 140 f.;

   Calliess / Müller-Dietz, 1998, § 2 Rdz. 5;

   Feest, in: AK StVollzG, 1990, § 2 Rdz. 15;

   Böhm, in: Schwind / Böhm, 1999, § 2 Rdz. 16;

   jeweils mit weiteren Nachweisen.

6 Geiter, 1991, Seite 326.

7 Bölter, 1991, Seite 72.

8 Vgl. insoweit Gretenkord / Müller-Isberner, 1991, Seite 305, mit entsprechenden Feststellungen zu Entweichungen aus dem Maßregelvollzug.

Maße auf das Sicherheitsgefühl der Allgemeinheit auswirken. [9]

Zu dieser Einschätzung trägt vor allem auch die Art und Weise bei, mit der insbesondere in der Presseberichterstattung Entweichungsvorgänge dargestellt werden und wodurch in der Lesergemeinde - und zwar keineswegs nur bei den Lesern der Boulevardpresse - der Eindruck erweckt wird, daß auf eine besondere soziale Gefährlichkeit dieser Erscheinung geschlossen werden müsse und „unser aller Sicherheit auf dem Spiele stehe". [10] Dabei sprechen Schlagzeilen wie „Rheinbach: Bankräuber floh im LKW", [11] „Häftling entkommen: Mörder floh im LKW", [12] „Gewaltsame Flucht von fünf Häftlingen. Mit gestohlenem PKW nach Euskirchen", [13] „Fideler Knast in Herford: Immer Tag der offenen Tür", [14] und „Schweizer Käse Klingelpütz" [15] für sich.

Darüber hinaus haben Entweichungen - und vor allem die damit einhergehenden neuerlichen Straftaten der entwichenen Gefangenen - eine politische Relevanz, die weit über den im Strafgesetzbuch verankerten Rechtsgüterschutz hinausgeht:

„Ein gesellschaftspolitisches Problem wird damit auf ein parteipolitisches redu-

---

9 Vgl. insoweit Hartmann, 1978, Seite 6, der in diesem Zusammenhang auf „eine nicht zu unterschätzende Gefahr der Entweichung - vor allem aus dem offenen Vollzug" hinweist.

10 Geiter, 1991, Seite 326;

Bölter, 1991, Seite 72;

Schüler-Springorum, 1969, Seite 183, Fußnote 153.

11 Kölner Express vom 24.03.1987.

12 Neue Westfälische Zeitung vom 06.06.1986.

13 Iserlohner Kreisanzeiger vom 20.07.1987.

14 Kölner Express vom 08.02.1986.

15 Kölnische Rundschau vom 02.08.1988.

ziert." [16] So berichtete die Süddeutsche Zeitung am 28.09.1993 unter der Schlagzeile, „Die Ministerin, angeklagt als Ausbrecherkönigin", über wiederholte Rücktrittsforderungen der hessischen CDU gegenüber der damaligen SPD-Justizministerin Christine Hohmann-Dennhardt, da diese wegen eines „bundesweit einmaligen Ausbruchsrekords" als „Sicherheitsrisiko" anzusehen sei, das zwar „ins Guinness-Buch der Rekorde, aber nicht länger ins Justizministerium" gehöre. Die Autorin des Artikels bringt letztlich das Problem auf die griffige Formel: „Wieviele Gefangene dürfen aus den Gefängnissen eines Bundeslandes ausbrechen, bis der Rücktritt der Justizministerin gefordert wird?" [17]

Auch in der jüngeren Vergangenheit stand der parteilose Justizminister Bräutigam des Landes Brandenburg vor der Entscheidung, sein Amt niederzulegen, „wegen der 'schwerwiegenden Fehler und Versäumnisse' in der Justizvollzugsanstalt Potsdam im Zusammenhang mit dem Ausbruch des wegen schweren Raubes vorbestraften russischen Verbrechers Serow". [18]

Unter Berücksichtigung der aufgezeigten politischen Relevanz und der allgemeinen öffentlichen Beachtung von Entweichungen aus Justizvollzugsanstalten ist die Feststellung durchaus überraschend, daß bislang jedenfalls national keine aussagekräftigen Untersuchungen zu diesem Themenkreis vorliegen und die bereits 1950 durch Bader getroffene Aussage, „daß nämlich die Kriminalität von entwichenen

---

16 Bundschuh, 1992, Seite 73.

Ähnlich:

Bandell, 1988, Seite 50;

Geiter, 1991, Seite 326;

Rotthaus, 1994, Seite 250;

Bernd Wagner, 1992, Seite 511.

17 Süddeutsche Zeitung vom 28.09.1993.

18 Frankfurter Allgemeine Zeitung vom 20.11.1998.

Gefangenen in der kriminologischen Literatur kaum je einschlägig behandelt wurde", [19] auch heute noch Gültigkeit hat.

Zwar sind in der Vergangenheit bereits einige Untersuchungen durchgeführt worden, die der Frage nachgehen, ob und in welchem Umfang Gefangene im Zusammenhang mit Vollzugslockerungen Straftaten begehen. [20] Jedoch fehlen - soweit ersichtlich - nach wie vor entsprechende Untersuchungen gerade für die Vollzugsform, für die nach dem in § 141 Absatz 2, 1. Halbsatz StVollzG dokumentierten Willen des Gesetzgebers eine sichere Unterbringung der Gefangenen ausdrücklich vorgesehen ist, nämlich für den Bereich des geschlossenen Vollzuges. Aber gerade hier werden Entweichungen aufgrund der bereits angesprochenen, qualitativen Veränderung der Gefangenenklientel als besonders sicherheitsgefährdendes Ereignis angesehen. [21] In diesem Zusammenhang wird dann auch von der Notwendigkeit gesprochen, daß der „behandlerisch ausgestaltete Vollzug" gegebenenfalls eingeschränkt werden müsse „zugunsten unerläßlicher Sicherungsmaßnahmen." [22]

---

19 Bader, 1950, Seite 73.

20 Vgl. zuletzt von Harling, 1997, Seite 38 ff., mit einem umfassenden Überblick über die bisherigen Forschungsarbeiten zum Mißbrauch von Vollzugslockerungen zur Begehung von Straftaten.

21 Vgl. zuletzt die Kleine Anfrage 1417 der Abgeordneten Rainer Lux und Anne-Hanne Siepenkothen (CDU) im Landtag von Nordrhein-Westfalen - Drucksache 12/4164 vom 15. Juli 1999 - unter der Überschrift: „Die Sicherheit unserer Gefängnisse muß gewährleistet sein". In dieser Anfrage hinterfragen sie das Thema der Sicherheit in den nordrhein-westfälischen Justizvollzugsanstalten. Anlaß hierfür war Ende Juni 1999 die erfolgreiche Flucht eines mutmaßlichen Doppelmörders aus der Düsseldorfer Justizvollzugsanstalt „Ulmer Höh", indem er mit Eßbesteck und Möbelteilen aus Metall ein Loch in die Mauer des Gefängnisses brach.

22 Justizministerium des Landes Nordrhein-Westfalen, 1993, Seite 40.

Kritisch zu dieser Tendenz:

Rotthaus, 1994, Seite 250;

Beachtold, 1994, Seite 17;

Koepsel, 1995, Seite 226;

Göppinger, 1997, Seite 777 ff..

Mit der vorliegenden Arbeit soll nun die in der Öffentlichkeit und im Rahmen der politischen Diskussion aufgestellte kriminalpolitische These überprüft werden, ob es tatsächlich die im geschlossenen Vollzug befindlichen und dort vor allem die besonders schwierigen und gefährlichen Insassen sind, „die sich aus dem staatlichen Gewahrsam befreien, um erneutes Unheil anzurichten", [23] und ob hierdurch die geforderte Einschränkung des Behandlungsvollzuges gerechtfertigt werden kann.

Um die tatsächliche Gefährlichkeit der Anstaltsinsassen und den notwendigen Umfang von Sicherungsvorkehrungen gegen Entweichungen besser beurteilen zu können, soll zunächst der grundsätzlichen Frage nachgegangen werden, ob und in welchem Umfang die Anstalten des geschlossenen Vollzuges in quantitativer Hinsicht ihrer Sicherungsaufgabe genügen, um dann in einem weiteren Schritt zu überprüfen, wie viele der Entwichenen tatsächlich kriminell werden und gegebenenfalls, in welcher Weise dies geschieht. Hierbei wird vor allem eine vergleichende Analyse der Entweichungskriminalität im Verhältnis zu eventuellen Vortaten und Nachverurteilungen sowie zu der Tat vorgenommen, wegen der die Inhaftierung des einzelnen Gefangenen erfolgte.

Schließlich soll eine inhaltliche Analyse der teilweise zu den Entweichungsvorgängen vorliegenden Presseartikel zeigen, ob und inwieweit durch die Darstellung spektakulärer Entweichungsvorgänge der Eindruck erweckt wird, die öffentliche Sicherheit sei durch entflohene Anstaltsinsassen erheblich gefährdet und ob hierdurch möglicherweise - bewußt oder unbewußt - ein „Zerrbild des Strafvollzugs" [24] vermittelt wird.

---

23 Diekmann, 1964, Seite 17.

24 Geerds,1994, Seite 259 ff..

Ähnlich:

Schäfer, 1985, Seite 157 ff.;

Rotthaus, 1994, Seite 251.

Ziel - und damit verbundene Hoffnung - der vorliegenden Untersuchung ist es, in die Diskussion um den oftmals als unauflöslich dargestellten „Zielkonflikt" zwischen Behandlung und Sicherung [25] weitere sachdienliche Argumente einzubringen, ohne daß jedoch die Frage, ob die Sicherung der Strafgefangenen als zentrale Aufgabe des Strafvollzuges oder gar als Strafzweck verstanden werden muß, ein weiteres Mal erörtert werden soll.

2. Bisherige kriminologische Untersuchungen zur Kriminalitätserscheinung bei Entweichungen aus Anstalten des geschlossenen Vollzuges

Soweit ersichtlich, stammt die erste, den Themenkreis betreffende kriminologische Studie aus der Schweiz. [26]

Giger [27] hat 1959 umfassend zur Kriminologie der Entweichung Stellung genommen und ist dabei unter anderem auch auf die Kriminalität der Entwichenen eingegangen, wobei die Straftaten, die zur Erlangung und Erhaltung der widerrechtlich erlangten Freiheit dienten, einer sorgfältigen Prüfung unterzogen wurden.

---

25 Vgl. insoweit:

Waldmann, 1968, Seite 12 ff., 24ff. und 39 ff.;

Calliess, 1992, Seite 20;

Rotthaus, 1994, Seite 248;

Böhm, in: Schwind / Böhm, 1999, § 2 Rdz. 1 und 17 f..

Ähnlich:

Arndt, 1981, Seite 68, unter Hinweis auf die baulichen Auswirkungen des Zielkonfliktes zwischen Vollzugsziel und Sicherung.

26 Vgl. insoweit Frey, 1955, Seite 250, der bereits 1955 ohne eine nähere Datenaufbereitung davon ausgegangen war, daß „es nichts Außergewöhnliches (ist), wenn Straftäter aus der Gefangenschaft entweichen, um neuerdings zu delinquieren, sobald sie die Gefängnismauern hinter sich haben."

27 Giger, 1959, Seite 1 ff..

Er kommt zu dem Ergebnis, daß die weitaus überwiegende Anzahl der von ihm untersuchten Delikte mit dem Ziel der Durchsetzung und Erhaltung der wiedererlangten Freiheit begangen wurden. [28]

Die Untersuchung Gigers beschäftigt sich allerdings hauptsächlich mit den schweizerischen Verhältnissen. Lediglich zu Kontrollzwecken stellt er diesen Ergebnissen einige Erhebungen aus deutschen Vollzugsanstalten gegenüber, ohne hierbei jedoch abschließende und repräsentative Aussagen zu treffen. [29]

Die bislang einzige, nationale kriminologische Untersuchung dieser Thematik von Diekmann befaßt sich ebenfalls mit allen Aspekten der Gefangenenentweichung und hierbei auch mit der Frage der „Entweichungskriminalität". [30] Hierzu hat Diekmann - bezogen auf die Jahre 1953 - 1961 und beschränkt auf die damaligen drei selbständigen Strafvollzugs- und Haftanstalten des Landgerichtsbezirks Bonn - alle die Straftaten untersucht, die die Gefangenen von Beginn ihrer Flucht aus dem Strafvollzug an bis zu ihrer Wiederergreifung oder freiwilligen Rückkehr in die Anstalt begangen hatten.

Auch er kommt zu dem Ergebnis, daß der Entwichene fast zwangsläufig wieder Rechtsgutsverletzungen begehen müsse, da er seine elementarsten Lebensbedürfnisse nicht legal befriedigen könne, weshalb die Aussage zutreffend sei, daß Entweichung kriminell mache. [31] Ferner sei bei den entwichenen Straftätern gegenüber den übrigen Inhaftierten eine verstärkte psychische Abartigkeit, ein schlechteres Erziehungsmilieu (Elternhaus) und eine ausgeprägtere kriminelle Laufbahn feststellbar. [32] In seiner Untersuchung läßt er jedoch die Straftaten unberücksichtigt, die zwar während der Flucht verübt wurden, die aber mit der eigentlichen Flucht in kei-

---

28 Giger, 1959, Seite 325.

29 Giger, 1959, Seite 11 ff., 18 ff. und 275 ff..

30 Diekmann, 1964, Seite 1 ff..

31 Diekmann, 1964, Seite 119.

32 Diekmann, 1964, Seite 119.

nem inneren Zusammenhang standen. Im Gegensatz zu der vorliegenden Untersuchung, bei der alle Aspekte der Straffälligkeit anläßlich einer Entweichung untersucht werden, handelt es sich also um keine geschlossene Darstellung der gesamten Entweichungskriminalität.

In einer weiteren Studie von Dünkel und Rosner [33] werden die Entweichungsdaten aller Bundesländer aus der Zeit von 1970 bis 1979 erhoben und einer rein quantitativ ausgerichteten Untersuchung unterzogen, wobei zusammenfassend festgestellt wird, „*daß Entweichungen quantitativ* - vor allem im geschlossenen Vollzug - *kein Problem sind*, daß in den letzten Jahren eine eher *abnehmende Tendenz* gegeben ist und daß von daher die Sicherheit der Allgemeinheit ohne weiteres als gewährleistet angesehen werden kann." [34]

Da sich diese Aussage jedoch lediglich auf eine Analyse der Entweichungsfrequenz stützt und im weiteren nicht danach fragt, ob und in welchem Umfang im Zusammenhang mit Entweichungen Straftaten begangen wurden, versucht die vorliegende Untersuchung wohl erstmals differenziert Auskunft über die tatsächliche Gefährdung der Allgemeinheit durch geflüchtete Anstaltsinsassen und die Notwendigkeit weiterer Sicherungsvorkehrungen, speziell in den Anstalten des geschlossenen Vollzuges, zu geben.

---

33 Dünkel / Rosner, 1981, Seite 1 ff.
34 Dünkel / Rosner, 1981, Seite 186.

II. Vorbemerkungen

Im Wege einer Gesamterhebung für den geschlossenen Vollzug des Landes Nordrhein-Westfalen soll die vorliegende Untersuchung die gesamte Kriminalitätserscheinung anläßlich der Entweichung behandeln, also die Straftaten untersuchen, die
der Anstaltsinsasse von Beginn seiner unerlaubten Entfernung aus dem eingefriedeten Anstaltsbereich bis zu seiner Wiederergreifung oder Selbststellung begeht.
Ergänzt wird diese Darstellung durch eine Überprüfung, inwieweit Zusammenhänge
mit früheren Straftaten und späteren Verurteilungen des jeweils betroffenen
Probanden bestehen.

1. Bestimmung der zentralen Begriffe Ausbruch und Entweichung

a) Begriff der Entweichung

Diese Aufgabenstellung macht zunächst eine nähere Betrachtung erforderlich, was
im einzelnen unter dem Begriff der „Entweichung" zu verstehen ist.

Da die deutsche Rechtsordnung die schlichte Selbstbefreiung des Gefangenen
straflos läßt, [35] findet sich im Strafgesetzbuch [36] keine Legaldefinition dieser „sozi-

---

35 BGHSt 4, Seite 396 ff., 400;

    von Bubnoff, in: LK, 1994, § 120 Rdz. 34;

    Tröndle / Fischer, 1999, § 120 Rdz. 9.

36 Im folgenden: StGB.

alen Fehlleistung" [37] des Anstaltsinsassen, mit der Folge, daß die Begriffsbestimmung der Entweichung vorliegend nicht an eine gesetzliche Normierung und die dort verwendete Terminologie anknüpfen kann.

Der Untersuchung liegt daher die in den einschlägigen Verwaltungsvorschriften und den amtlichen Statistiken verwandte Begrifflichkeit zugrunde.

Danach wird der Begriff der Entweichung in einem zweifachen Sinne gebraucht: Entweichung im weiteren Sinne steht - als Oberbegriff - einerseits für das unerlaubte Entfernen eines Gefangenen aus einer Anstalt des geschlossenen oder des offenen Vollzuges, andererseits aber auch für all jene Fälle, in denen ein Gefangener einen Aufenthalt außerhalb des umfriedeten Anstaltsbereiches (zum Beispiel als Außenarbeiter) zur Flucht nutzt.

Hiervon zu unterscheiden sind die Entweichungen im engeren Sinne, die aus dem eingefriedeten Bereich einer Anstalt oder Abteilung (des geschlossenen oder des offenen Vollzuges) unter Überwindung baulicher oder technischer Sicherheitsvorkehrungen erfolgen. [38]

b) Begriff des Ausbruchs

Auch der Begriff des Ausbruchs bedarf einer näheren Konkretisierung. Zwar hat der Gesetzgeber in § 121 Absatz 1 Nummer 2 StGB die gewaltsame Selbstbefreiung mehrerer [39] als sogenanntes „gewaltsames Ausbrechen" unter Strafe gestellt, jedoch enthält auch diese Vorschrift keine Legaldefinition.

---

37 Giger, 1959, Seite 36.

38 Soweit im folgenden von „Entweichung" gesprochen wird, ist die Entweichung im engeren Sinne gemeint.

39 Von Bubnoff, in: LK, 1994, § 121 Rdz. 34;
   Tröndle / Fischer, 1999, § 121 Rdz. 8.

Der Begriff des Ausbruchs soll daher - wiederum im Anschluß an die Verwendung in der Vollzugspraxis - für jeden Vorgang verwandt werden, bei dem der Anstaltsinsasse unter Anwendung von Gewalt gegen Sachen und / oder Personen den umwehrten Anstaltsbereich - wenn auch nur vorübergehend - verläßt.

Der in Literatur und Rechtsprechung bestehende Meinungsstreit, ob zum gesetzlichen Anwendungsbereich des „gewaltsamen Ausbrechens" im Sinne des § 121 Absatz 1 Nummer 2 StGB auch der Ausbruch mittels Gewalt gegen das Anstaltspersonal zählt, [40] oder nur der mit Gewalt gegenüber mittelbaren und unmittelbaren sachlichen Abschlußeinrichtungen, die den Gefangenen von der Freiheit trennen, [41] kann insoweit dahinstehen, da er für die vorliegende Untersuchung ohne Bedeutung ist.

2. Sachliche, personelle, räumliche, zeitliche und gegenständliche Abgrenzung

a) Sachliche Abgrenzung

Aus den eingangs dargestellten Gründen [42] beschränkt sich die vorliegende Untersuchung ausschließlich auf Entweichungsvorgänge aus dem eingefriedeten Bereich der Anstalten des geschlossenen Vollzuges.

Zwar sind auch im Bereich des offenen Vollzuges durchaus Fälle der Entweichung aus dem eingefriedeten Bereich der Anstalten zu verzeichnen, die nicht un-

---

40 BGHSt 16, 34 ff., 35 f.;

von Bubnoff, in: LK, 1994, § 121 Rdz. 32;

jeweils mit weiteren Nachweisen.

41 Eser, in: Schönke / Schröder, 1997, § 121 Rdz. 11, mit weiteren Nachweisen.

42 Vgl. Seite 5 f..

mittelbar auf Vollzugslockerungen zurückzuführen sind. Jedoch unterscheidet sich sowohl die Gefangenenstruktur als auch die praktische Vollzugsgestaltung in den Anstalten des offenen von denjenigen in den Anstalten des geschlossenen Vollzuges ganz erheblich. So sollen bereits nach der gesetzlichen Vorgabe im offenen Vollzug nur solche Gefangenen untergebracht werden, von denen „nicht zu befürchten ist, daß (sie) sich dem Vollzug der Freiheitsstrafe entziehen oder die Möglichkeiten des offenen Vollzuges zu Straftaten mißbrauchen" (§ 10 Absatz 1 StVollzG). Dem entspricht, daß § 141 Absatz 2 StVollzG für die Anstalten des offenen Vollzuges ausdrücklich keine oder nur verminderte Vorkehrungen gegen Entweichungen vorsieht, mit der Folge, daß dort bauliche und technische Sicherungsvorkehrungen - insbesondere Umfassungsmauer, Fenstergitter und besonders gesicherte Türen - entfallen können (vgl. Nummer 2 Absatz 1 der Verwaltungsvorschrift zu § 141 StVollzG).

Infolgedessen ist eine Gleichsetzung und einheitliche Analyse der Entweichungsvorgänge beider Vollzugsformen nicht möglich.

Aber auch der auf die Entweichungsvorgänge aus Anstalten des geschlossenen Vollzuges beschränkte sachliche Rahmen mußte im Verlauf der weiteren Untersuchung nochmals eingegrenzt werden.

Eine nähere Analyse der einzelnen Entweichungsvorfälle zeigte nämlich alsbald, daß im Bereich des geschlossenen Vollzuges - unabhängig von Fällen der Vollzugslockerungen - ebenfalls „sicherheitsrelevante Freiheiten" eingeräumt werden, die ihre Ursache in persönlichen und sachlichen Vollzugsbelangen haben können. Dazu zählen insbesondere die Fälle, in denen ein Anstaltsinsasse anläßlich einer Ausführung im Sinne der §§ 12, 35 Absatz 3, 36 Absatz 2 Satz 1 StVollzG, einer Vorführung im Sinne des § 36 Absatz 2 Satz 2 StVollzG oder einer Verlegung in ein Krankenhaus (§ 65 StVollzG) die Möglichkeit zur Flucht nutzt.

Zwar sieht das Gesetz gerade für diese Fälle der Ausführung bzw. Vorführung die erweiterte Möglichkeit einer Fesselung vor (vgl. § 88 Absatz 4 StVollzG), jedoch wird hiervon nicht ausnahmslos Gebrauch gemacht, so daß der Aufenthalt des Gefangenen außerhalb der Anstalt teilweise mit einer faktisch verminderten Entweichungssicherung verbunden ist.

Um aber die Berechtigung der bereits angesprochenen Zweifel an der Sicherungsfunktion des geschlossenen Strafvollzuges empirisch hinterfragen zu können, mußte eine Untersuchungsgruppe gefunden werden, bei der - zumindest dem äußeren Anschein nach - die „sichernde Isolierung" mit einer starken Absicherung nach außen (und innen) durch Mauern, Gitter und Zellenabschluß gewährleistet ist. [43]

Im Ergebnis besteht daher die Probandengruppe nur aus den Anstaltsinsassen des geschlossenen Vollzuges, die sich zum Zeitpunkt der Entweichung im eingefriedeten Bereich der Anstalt befanden und diese „sichernde Isolierung" zur Erlangung ihrer Freiheit erst überwinden mußten.

Bloß versuchte Entweichungsvorgänge blieben hierbei im Hinblick auf das Ziel der Arbeit, die Gefährdung der Allgemeinheit durch entwichene Anstaltsinsassen zu untersuchen, außer Betracht. Dabei wird in Anlehnung an die Rechtsprechung zum Fall des gewaltsamen Ausbrechens im Sinne des § 121 Absatz 1 Nummer 2 StGB von einer vollendeten Entweichung ausgegangen, sofern der staatliche Gewahrsam über den jeweiligen Gefangenen, wenn auch nur vorübergehend, aufgehoben war. [44]

---

43 Arndt, 1981, Seite 69;

Calliess / Müller-Dietz, 1998, § 2 Rdz. 5 f.;

Polläbne, 1994, Seite 132.

Vgl. insoweit auch BT-Drucksache 7/3998, 6, wonach die sichernde Isolierung eine der Resozialisierung dienende Funktion hat.

44 BGH, bei Dallinger MDR 1975, Seite 542.

b) *Personelle Abgrenzung*

In die vorliegende Untersuchung einbezogen wurden männliche und weibliche Strafgefangene, Untersuchungsgefangene und Sicherungsverwahrte, und zwar neben den Erwachsenen auch die Jugendlichen und Heranwachsenden.

Obwohl es sich bei dem Vollzug der Untersuchungshaft und der Sicherungsverwahrung formell nicht um den Vollzug von Freiheitsstrafen handelt, [45] können diese beiden Gruppen in die Untersuchung einbezogen werden, da sowohl die Untersuchungsgefangenen (vgl. § 119 der Strafprozeßordnung [46] in Verbindung mit Nummer 11 der Untersuchungshaftvollzugsordnung) als auch die Sicherungsverwahrten (vgl. § 139 StVollzG) faktisch unter den gleichen Bedingungen wie Strafgefangene in den Justizvollzugsanstalten des geschlossenen Vollzuges untergebracht werden.

Nicht zuletzt ist eine Einbeziehung auch deshalb gerechtfertigt, weil beide Sanktionsformen im besonderen eine „sichernde Funktion" ausüben sollen. Als strafprozessuale Maßnahme dient die Untersuchungshaft dem Zweck, durch sichere Verwahrung des Beschuldigten die Durchführung eines geordneten Strafverfahrens zu gewährleisten oder der Gefahr weiterer Straftaten zu begegnen (vgl. Nummer 1 der Untersuchungshaftvollzugsordnung). Die Sicherungsverwahrung hat - als die das Strafensystem ergänzende Maßregel der Besserung und Sicherung - das gesetzlich definierte Ziel, den Sicherungsverwahrten zum Schutz der Allgemeinheit sicher unterzubringen (vgl. § 129 StVollzG).

---

45 Vgl. insoweit Walter, 1999, Rdz. 152, mit einer Übersicht der kriminalrechtlichen Sanktionen und die korrespondierenden Vollzugsarten.

46 Im folgenden: StPO.

c) Räumliche Abgrenzung

In räumlicher Hinsicht wurde der gesamte Bereich der Justizvollzugsverwaltung Nordrhein-Westfalens untersucht, bestehend aus den nachfolgend aufgeführten Justizvollzugsanstalten des geschlossenen Vollzuges, die den Bezirken der beiden Justizvollzugsämter Westfalen-Lippe und Rheinland zugeordnet sind:

Anstalt	*Vollzugsart*	*Haftplätze*

Bezirk des Justizvollzugsamtes Westfalen-Lippe:

JVA Attendorn, ZwA Siegen	Geschlossener Vollzug für männliche Gefangene	90
JVA Bielefeld-Brackwede I	Geschlossener Vollzug für männliche und weibliche Gefangene	478 67
JVA Bochum	Geschlossener Vollzug für männliche Gefangene und eine Pflegeabteilung	714 41
JVA Bochum-Langendreer, ZwA Recklinghausen	Geschlossener Vollzug für männliche Gefangene	99
JVA Castrop-Rauxel, ZwA Herne	Geschlossener Vollzug für männliche Gefangene	33,2 (1986) 26,4 (1987)

JVA Detmold	Geschlossener Vollzug für	
	männliche Gefangene	167

JVA Dortmund	Geschlossener Vollzug für	
	männliche Gefangene	416

JVA Essen	Geschlossener Vollzug für	
	männliche und	546
	weibliche Gefangene	101

JVA Essen, ZwA Bocholt	Geschlossener Vollzug für	30,1 (1986)
	männliche Gefangene	23,2 (1987)

Justizvollzugskrankenhaus NRW	Geschlossener Vollzug für	
in Fröndenberg	männliche und	194
	weibliche erkrankte Gefangene	14

JVA Gelsenkirchen,	Geschlossener Vollzug für	
(Sozialtherapeutische Anstalt) [47]	männliche Gefangene	54

JVA Hagen	Geschlossener Vollzug für	
(Einweisungsanstalt)	männliche Gefangene	350

---

47 Die Freiheitsstrafe des allgemeinen Strafrechts (§ 38 StGB) kann nicht nur in den „normalen" Anstalten, dem sogenannten Regelvollzug vollzogen werden, sondern gemäß §§ 9, 123 StVollzG auch in einer sozialtherapeutischen Anstalt, so daß wegen der grundsätzlichen Vergleichbarkeit - trotz einiger Unterschiede in der Vollzugsgestaltung - auch diese Anstalten in die Untersuchung einbezogen wurden.

JVA Hamm	Geschlossener Vollzug für	
	männliche Gefangene	169

JVA Herford	Geschlossener Vollzug für	
(Jugendstrafanstalt)	männliche Gefangene	
	(18 Jahre und älter)	373

JVA Herford, ZwA Minden	Geschlossener Vollzug für	32,1 (1986)
	männliche Gefangene	29,7 (1987)

JVA Hövelhof	Geschlossener Vollzug für	
(Tbc-Krankenhaus)	männliche Gefangene	83

JVA Iserlohn	Geschlossener Vollzug für	
(Jugendstrafanstalt)	männliche Gefangene	
	(sowie eine offene Abteilung	
	und ein Übergangshaus mit je	
	22 Haftplätzen)	292

JVA Münster	Geschlossener Vollzug für	
	männliche Gefangene	
	(einschließliche pädagogi-	
	schem Zentrum)	529

JVA Münster, ZwA Coesfeld	Geschlossener Vollzug für	
	männliche Gefangene	46

JVA Schwerte	Geschlossener Vollzug für männliche Gefangene	276
JVA Werl	Geschlossener Vollzug für männliche Gefangene sowie Sicherungsverwahrte	1170

Bezirk des Justizvollzugsamtes Rheinland:

JVA Aachen	Geschlossener Vollzug für männliche Gefangene	350
JVA Bonn	Geschlossener Vollzug für männliche Gefangene	207
JVA Dinslaken	Geschlossener Vollzug für männliche Gefangene	70
JVA Dinslaken, ZwA Duisburg	Geschlossener Vollzug für männliche Gefangene	136
JVA Dinslaken, ZwA Mülheim	Geschlossener Vollzug für weibliche Gefangene	69
JVA Dinslaken, ZwA Oberhausen	Geschlossener Vollzug für männliche Gefangene	86

JVA Düren, (Sozialtherapeutische Anstalt) [48]	Geschlossener Vollzug für männliche Gefangene	32
JVA Düsseldorf	Geschlossener Vollzug für männliche Gefangene	614
JVA Düsseldorf, ZwA Leverkusen	Geschlossener Vollzug für männliche Gefangene	62
JVA Duisburg-Hamborn (Einweisungsanstalt)	Geschlossener Vollzug für männliche Gefangene	264
JVA Geldern	Geschlossener Vollzug für männliche Gefangene (einschließlich Berufsbildungszentrum mit 228 Plätzen)	551
JVA Heinsberg (Jugendstrafanstalt)	Geschlossener Vollzug für männliche Gefangene (unter 18 Jahre)	230
JVA Kleve	Geschlossener Vollzug für männliche Gefangene	209

---

48 Vgl. Fußnote 47.

JVA Köln	Geschlossener Vollzug für	
	männliche und	893
	weibliche Gefangene	190
JVA Moers-Kapellen, ZwA Moers	Geschlossener Vollzug für	
	männliche Gefangene	93
JVA Remscheid	Geschlossener Vollzug für	
	männliche Gefangene	476
JVA Rheinbach	Geschlossener Vollzug für	
	männliche Gefangene	503
JVA Siegburg	Geschlossener Vollzug für	
(Jugendstrafanstalt)	männliche Gefangene	
	(18 Jahre und älter)	767
JVA Willich I	Geschlossener Vollzug für	
	männliche Gefangene	454
JVA Willich I, ZwA Krefeld	Geschlossener Vollzug für	
	männliche Gefangene	68
JVA Willich I,	Geschlossener Vollzug für	
ZwA Mönchengladbach	männliche Gefangene	123

JVA Willich II	Geschlossener Vollzug für	
	weibliche Gefangene und	
	Sicherungsverwahrte	
	(sowie eine offene Abteilung	
	mit 79 Haftplätzen)	127
JVA Wuppertal	Geschlossener Vollzug für	
	männliche Gefangene	473

Quelle:
1. Justizministerium des Landes Nordrhein-Westfalen, 1990, Seite 89 ff..
2. Justizministerium des Landes Nordrhein-Westfalen, Vollstreckungsplan,
   Stand: 15.11.1986 und 01.01.1988.
3. Justizministerium des Landes Nordrhein-Westfalen, Tabelle St 8, 1986 bis 1988.

d) Zeitliche Abgrenzung

In die Untersuchung einbezogen wurden alle Inhaftierten, die zwischen dem
01.01.1986 und dem 31.12.1988 [49] aus dem eingefriedeten Bereich der genannten
Anstalten des geschlossenen Vollzuges entwichen sind.

Der Untersuchungszeitraum umfaßt darüber hinaus die Zeitspanne bis zur Auswertung der Registerauszüge zum festgelegten Stichtag am 01.01.1997.

---

49 Ausschlaggebend dafür, daß keine jüngeren Jahrgänge in die differenzierte Untersuchung der
   Entweichungskriminalität einbezogen wurden, waren datenschutz- und verfahrensrechtliche
   Gründe, da keine anhängigen Straf- und Disziplinarverfahren berührt werden sollten.

e) *Gegenständliche Abgrenzung*

Entsprechend dem Ziel der vorliegenden Untersuchung, einen möglichst umfassenden Überblick über die von entwichenen Anstaltsinsassen verübte Kriminalität zu geben, werden alle Straftatbestände und Straftaten erfaßt und dargestellt, die Gegenstand eines staatsanwaltschaftlichen Ermittlungsverfahrens waren.

Außer Betracht bleiben demgegenüber von vornherein die Fälle möglichen deliktischen Handelns der Probanden, in denen - aus den unterschiedlichsten Gründen - ein förmliches Ermittlungsverfahren nicht eingeleitet wurde.

So gab es in den ausgewerteten Unterlagen zwar noch weitere Hinweise auf mögliche strafbare Handlungen der Probanden. Beispielsweise wurden in den bei den Justizvollzugsämtern Rheinland und Westfalen-Lippe geführten Vorgängen die Zerstörungen von Anstaltsinventar oder von sachlichen Abschlußeinrichtungen geschildert, [50] die teilweise auch Grundlage von disziplinarrechtlichen Ahndungen und Schadensersatzansprüchen waren. Hinweise auf staatsanwaltschaftliche Ermittlungsverfahren - insbesondere wegen des Verdachts einer Sachbeschädigung (§ 303 StGB) oder einer gemeinschädlichen Sachbeschädigung (§ 304 StGB) - ergaben sich in diesen Fällen jedoch nicht. Zum einen war aus den Vorgängen bereits nicht erkennbar, ob der strafrechtlich relevante Sachverhalt der zuständigen Staatsanwaltschaft überhaupt mitgeteilt worden war. Zum anderen konnte verein-

---

50 Objekte der Beschädigung waren hier neben Bestecken und verschiedensten Mobiliarteilen insbesondere Fenstergitter und Außenwände, deren Zerstörung oder Beschädigung oftmals notwendiges Mittel zur Durchführung des Entweichungsvorhabens ist.

zelt zwar noch eine solche Mitteilung festgestellt werden, [51] nicht jedoch, ob und gegebenenfalls wie der Sachverhalt bei den Staatsanwaltschaften verfahrensmäßig weiterbehandelt wurde. [52]

Da eine Berücksichtigung dieser nicht in einem amtlichen Ermittlungsverfahren registrierten Taten zu Ungenauigkeiten bei der Erhebung der Grunddaten geführt hätte, wurde von einer Erfassung von vornherein abgesehen, zumal es sich ausnahmslos um solche Delikte handelte, die im Bereich der Anstalt begangen wurden und daher Belange der Allgemeinheit augenscheinlich nicht betroffen waren.

---

51 Trotz ergänzender Anfragen bei den - nach dem Tatortprinzip zuständigen - Staatsanwaltschaften konnte in diesen Fällen ein den Entweichungsvorfall betreffendes Ermittlungsverfahren nicht in Erfahrung gebracht werden. Da auch die Auswertung der betreffenden Bundeszentralregisterauszüge keine weiteren Hinweise auf entweichungsrelevante Verurteilungen ergab, kann davon ausgegangen werden, daß es sich bei den hier angesprochenen Taten ausnahmslos um solche von untergeordneter Bedeutung handelt, die nach Einschätzung der Staatsanwaltschaften und Gerichte von vornherein nicht als strafwürdig erachtet wurden und somit auch für die vorliegende Untersuchung keine Relevanz haben.

52 Eine Erklärung hierfür könnte darin liegen, daß die Mitteilungen der Justizvollzugsämter über den Entweichungsvorgang zu den das Einweisungsdelikt betreffenden Ermittlungs- bzw. Vollstreckungsakten erfolgten und die Straftaten bereits im Rahmen dieser Vorgänge eine formlose Erledigung fanden. Beispielsweise könnte in den Fällen, in denen der Verdacht der Begehung einer Sachbeschädigung gemäß § 303 StGB bestand, das besondere öffentliche Interesse an der Strafverfolgung verneint und - mangels erforderlichen Strafantrages seitens der Justizeinrichtungen - auf die Einleitung eines gesonderten Ermittlungsverfahrens verzichtet worden sein. In den Fällen des § 304 StGB könnte dagegen innerhalb des Einweisungsverfahrens eine Verfahrens(teil)einstellung nach den §§ 153, 154, 154 a StPO vorgenommen worden sein, weil die vorgeworfene Straftat im Verhältnis zu der noch zu verbüßenden Einweisungstat von untergeordneter Bedeutung war. In beiden Fälle sind die verfahrensbeendenden Maßnahmen nicht durch eine Abfrage der Zentralen Namenskartei, die lediglich alle gesondert geführten Verfahren erfaßt, ermittelbar.

Letztlich wurden daher nur diejenigen Delikte berücksichtigt, die auch Gegenstand eines formellen Ermittlungsverfahrens waren, bei denen also nach der kriminalistischen Erfahrung davon ausgegangen werden konnte, daß tatsächlich eine auf konkreten Tatsachen beruhende, verfolgbare Straftat vorlag (sogenannter Anfangsverdacht im Sinne des § 152 Absatz 2 StPO). [53]

3. Grundlagen der Untersuchung und methodische Probleme

Bei der vorliegenden Untersuchung handelt es sich methodisch um eine inhaltsanalytische Aufarbeitung von Einzelfällen auf der Grundlage vorhandener amtlicher Daten und anhand eigener Erhebungen.

Dabei zeigte sich gerade bei der Abklärung der Frage, ob und in welchem Umfang im Zusammenhang mit Entweichungen aus der Anstalt Straftaten begangen werden, die besondere Schwierigkeit, daß „Entweichungs- und Fluchtdelikte" statistisch nicht gesondert erfaßt werden, so daß es notwendig war, das gesamte, die Straffälligkeit der Entwichenen betreffende Zahlenmaterial selbständig zu erheben.

---

[53] Kleinknecht / Meyer-Goßner, 1999, § 152 Rdz. 4.

Ergänzend ist folgendes zu bemerken:

Obwohl beispielsweise aus einigen, in den Ermittlungs- und Strafakten enthaltenen Festnahmeanzeigen hervorging, daß den entwichenen Probanden im Rahmen der polizeilichen Vernehmungen die Begehung weiterer Delikte - von Verkehrsvergehen über einfache Diebstähle bis hin zu Raubtaten - vorgehalten worden war, wurde in diesen Fällen mangels konkreten Anfangsverdachts seitens der Staatsanwaltschaft von vornherein auf die Einleitung eines formellen Ermittlungsverfahrens verzichtet. Somit wurden auch diese, lediglich polizeilicherseits geäußerten Verdachtsmomente in der vorliegenden Untersuchung nicht berücksichtigt.

Insgesamt erfolgte die der Untersuchung zugrundeliegende Datenerhebung in den nachfolgend beschriebenen Schritten, wobei folgende Unterlagen zur Auswertung kamen:

1. Die bei den Justizvollzugsämtern Westfalen-Lippe und Rheinland geführten Vorgänge zum besonderen Vorkommnis der Entweichung (sogenannte Entweichungsvorgänge),

2. die Bundeszentralregisterauszüge der Probanden,

3. die einschlägigen Gerichtsurteile und Strafakten sowie

4. diverse - veröffentlichte und nichtveröffentlichte - Statistiken der Landesjustizverwaltung.

a) Sichtung der Entweichungsvorgänge bei den Justizvollzugsämtern des Landes Nordrhein-Westfalen

Um die Straffälligkeit entwichener Gefangener feststellen zu können, war zunächst die vollständige Erfassung aller Fälle von Entweichungen aus den Anstalten des geschlossenen Vollzuges des Landes Nordrhein-Westfalen in den Jahren 1986 bis 1988 erforderlich.

Hierzu konnte auf die bei den beiden Justizvollzugsämtern Westfalen-Lippe und Rheinland geführten Entweichungsvorgänge zurückgegriffen werden.

Bedingt durch den in Nordrhein-Westfalen eingerichteten dreigliederigen Aufbau der Justizverwaltung fällt den zwei genannten Justizvollzugsämtern die Aufgabe zu, die Aufsicht über die Justizvollzugsanstalten zu führen (vgl. § 151 Absatz 1 Satz 2 StVollzG). [54] In Umsetzung dieser Aufgabe sehen die zu § 87 StVollzG bestehenden Verwaltungsvorschriften vor, daß die Entweichungen und die Maßnahmen, die zur Wiederergreifung der Entwichenen getroffen worden sind, vom Anstaltsleiter unverzüglich - in der Regel auch fernmündlich im voraus - der Aufsichtsbehörde anzuzeigen sind. Weiter heißt es dort sinngemäß, daß der Hergang der Entweichung festzustellen ist, wobei die Ermittlungen sich darauf erstrecken müssen, ob der Entwichene Helfer hatte und ob die Flucht auf pflichtwidriges Verhalten von Bediensteten oder auf Mängel von Anstaltseinrichtungen zurückzuführen ist. Über das Ergebnis der Ermittlungen und die getroffenen Maßnahmen hat der Anstaltsleiter der Aufsichtsbehörde schriftlich zu berichten (vgl. Nummer 2 und 3 der Verwaltungsvorschriften zu § 87 StVollzG).

Diese Berichte über den Entweichungsvorfall werden bei den Justizvollzugsämtern in besonderen Vorgängen erfaßt. Sie enthalten neben den genannten, den eigentlichen Entweichungsvorgang betreffenden Angaben, die insbesondere in den spektakulären und medienträchtigen Fälle durch eine Sammlung der einschlägigen Presseberichte ergänzt werden, noch weitere Angaben zur Person des Entwichenen (Nationalität, Alter, Geschlecht, Gefangenenstatus) und einige Grunddaten zum Vollstreckungsstand.

Darüber hinaus war aus einigen Vorgängen zu ersehen, welche Straftaten der Entwichene bei der Entweichung oder anläßlich der Flucht begangen haben sollte.

---

54 Vgl. insoweit Rotthaus, 1986, Seite 623 ff., mit einer Darstellung der Aufgaben der Justizvollzugsämter.

In Einzelfällen waren auch bereits die rechtlichen Konsequenzen aufgeführt. [55]

Angaben zu Straftaten fanden sich beispielsweise in den Fällen von Entweichungen, in denen Anlaß zur Einleitung eines staatsanwaltschaftlichen Ermittlungsverfahrens bestand, so beim Verdacht einer Straftat nach § 120 StGB (Gefangenenbefreiung), nach § 121 StGB (Gefangenenmeuterei) oder nach § 239 b StGB (Geiselnahme). Insoweit besteht eine besondere Mitteilungspflicht der Justizvollzugsanstalten an die zuständige Staatsanwaltschaft und eine entsprechende Berichtspflicht gegenüber dem Justizvollzugsamt. [56]

Zudem konnten einigen Vorgängen auch Erkenntnisse der Justizvollzugsanstalten über Straftaten der Entwichenen während der Flucht entnommen werden. Gemäß § 24 Absatz 4 Satz 1 der Strafvollstreckungsordnung ist nämlich gewährleistet, daß der Vollzug der Freiheitsstrafe in der Vollzugsanstalt fortgesetzt wird, in der der Verurteilte sich vor der Flucht befunden hat, so daß diese Erkenntnisse über Straftaten der Entwichenen dann auch in die Abschlußberichte der betreffenden Anstalt einfließen, vorausgesetzt, daß sie bereits im Zeitpunkt der Wiederergreifung vorliegen.

---

55 Von einer systematischen Einsichtnahme und Auswertung aller einschlägigen Gefangenenpersonalakten wurde abgesehen, nachdem eine exemplarische Aktenauswertung in den Justizvollzugsanstalten Rheinbach, Siegburg, Düsseldorf und Köln ergeben hatte, daß hierin keine zusätzlichen Erkenntnisse in bezug auf den Entweichungsvorgang und insbesondere auch nicht auf damit im Zusammenhang stehende Straftaten gewonnen werden konnten, die nicht bereits aus den Entweichungsvorgängen der Justizvollzugsämter hervorgingen.

56 Justizministerium des Landes Nordrhein-Westfalen, Rundverfügung vom 11. Oktober 1976.

b) Bereinigung der Entweichungsfälle im Hinblick auf das Untersuchungsziel

Entsprechend der bereits angesprochenen sachlichen Vorgabe für die vorliegende Untersuchung [57] wurden bei der Erfassung der Entweichungsvorgänge von vornherein die Fälle ausgeschieden, bei denen Anstaltsinsassen des geschlossenen Vollzuges anläßlich von Vollzugslockerungen die Flucht ergriffen hatten, namentlich bei Außenbeschäftigung, Freigang und Ausgang (vgl. § 11 StVollzG). [58] Nach dieser ersten Sichtung der Entweichungsvorgänge bei den Justizvollzugsämtern verblieben noch 216 Vorgänge.

Im weiteren Verlauf zeigte sich dann dennoch die Notwendigkeit einer weiteren Bereinigung der Untersuchungsgruppe, und zwar hinsichtlich der Fälle, in denen Anstaltsinsassen des geschlossenen Vollzuges die Gelegenheit einer Ausführung, Vorführung oder etwa den Aufenthalt in einem Krankenhaus zur Flucht nutzten, da auch hier das entscheidende Sicherungskriterium des eingefriedeten Anstaltsbereiches nicht mehr erfüllt war und die Einbeziehung dieser Fälle zu einer Verfälschung des Untersuchungsergebnisses geführt hätte.

Nach alledem verblieb eine Untersuchungsgruppe von 78 Probanden, die im Untersuchungszeitraum der Jahre 1986 bis 1988 aus dem eingefriedeten Bereich einer

---

57 Vgl. Seite 12 ff..

58 Zur Außenbeschäftigung wird hier auch der Einsatz in einer sogenannten „Hofkolonne" gezählt, da auch diese Form des Arbeitseinsatzes innerhalb des eingefriedeten Bereichs einer geschlossenen Anstalt häufig mit einer faktisch reduzierten Ausbruchssicherung verbunden ist. Im übrigen wurde der Einsatz in der Hofkolonne in den einzelnen Vorgängen der Justizvollzugsämter nicht (immer) unter den gleichen Bedingungen für eine bestimmte Form des Arbeitseinsatzes verwandt, so daß letztlich auch keine eindeutige Zuordnung zu der vorliegenden Untersuchungsgruppe mit dem Kriterium der „sichernden Isolierung" gewährleistet war.

Anstalt des geschlossenen Vollzuges des Landes Nordrhein-Westfalen entwichen waren und die nunmehr den Gegenstand der weiteren Untersuchung bilden.

c) *Vergleich der relevanten Entweichungsfälle mit den Zahlen der amtlichen Statistiken der Justizverwaltung*

Daß die ermittelten 78 Entweichungsfälle keineswegs eine willkürliche Auswahl darstellen, zeigte ein Vergleich mit den - nicht veröffentlichten - amtlichen Statistiken der nordrhein-westfälischen Justizverwaltung. [59] Dort wird neben der Anzahl der Gesamtentweichungen auch die Anzahl der Entweichungen aus dem eingefriedeten Bereich einer Anstalt oder Abteilung gesondert erfaßt, und zwar unterschieden nach geschlossenem und offenem Vollzug.

Bei einem Abgleich mit den Zahlen dieser amtlichen Statistiken zeigten sich zunächst einige Differenzen [60] zu dem für diese Untersuchung aufbereiteten Datenmaterial:

Für das Jahr 1986 weist die amtliche Tabelle St 8 insgesamt 20 Entweichungen aus dem eingefriedeten Bereich einer Anstalt des geschlossenen Vollzuges aus, während bei der Datenerhebung für die vorliegende Untersuchung lediglich 17 Entweichungen ermittelt werden konnten.

Wie Nachforschungen ergaben, beruht diese Differenz jedoch darauf, daß in der offiziellen Statistik bezüglich der Justizvollzugsanstalt Bochum-Langendreer, Zweiganstalt Recklinghausen, irrtümlich sechs Entweichungen von einem Außenkommando als Entweichungen aus dem eingefriedeten Bereich des geschlossenen Vollzuges mitgezählt wurden. Nicht mitgezählt wurde demgegenüber in der ge-

---

59 Justizministerium des Landes Nordrhein-Westfalen, Tabelle St 8, 1986 bis 1988.

60 Vgl. insoweit Dünkel / Rosner, 1981, Seite 7, mit entsprechenden Feststellungen.

nannten offiziellen Statistik ein Fall von Geiselnahme in der Justizvollzugsanstalt Remscheid, in dessen Verlauf zwei Anstaltsinsassen den eingefriedeten Bereich der Anstalt verlassen konnten sowie eine Entweichung aus der Justizvollzugsanstalt Köln.

Für das Jahr 1987 weist die amtliche Tabelle St 8 - nach einer handschriftlichen behördlichen Korrektur - 37 Entweichungen aus, während im Rahmen der vorliegenden Untersuchung 40 Fälle ermittelt werden konnten. Auch diese Differenz beruht darauf, daß im Rahmen der offiziellen Statistik eine Geiselnahme unberücksichtigt geblieben war, durch die drei Insassen der Justizvollzugsanstalt Bielefeld ihre vorübergehende Freiheit erzwangen.

Für das Jahr 1988 können der Tabelle St 8 insgesamt 22 Entweichungen entnommen werden, während die hier vorgenommene Erhebung lediglich 21 einschlägige Fälle nachweisen konnte. Eine Überprüfung ergab, daß in der amtlichen Statistik ein bereits innerhalb eines Hafthauses der Justizvollzugsanstalt Werl unterbundener Versuch einer Entweichung irrtümlich als vollendete Entweichung erfaßt worden war.

Nach alledem kann eine vollständige quantitative Übereinstimmung der für die vorliegende Untersuchung durch eigene Datenerhebungen ermittelten Entweichungsfälle aus dem eingefriedeten Bereich des geschlossenen Vollzuges mit der justizverwaltungsinternen Statistik Tabelle St 8 der Kalenderjahre 1986 bis 1988 festgestellt werden.

d) *Bundeszentralregister und andere amtliche Statistiken*

aa) Daten der Bundeszentralregisterauszüge

Im Anschluß an die Aktenerhebung bei den beiden Justizvollzugsämtern wurden für alle Probanden die jeweiligen Bundeszentralregisterauszüge eingeholt. [61]

Um bei den zeitlich auseinanderliegenden Anfragen eine übereinstimmende Datenbasis zu erreichen, wurden dabei nur die Eintragungen der bis zum 01.01.1997 rechtskräftig gewordenen Entscheidungen berücksichtigt.

Durch den Datenbestand der Registerauszüge war es möglich, umfassende Informationen zu Vorverurteilungen, ergänzende Angaben zu der Tat, wegen der der Anstaltsinsasse inhaftiert war (sogenannte Einweisungstat), sowie zu den Folgeverurteilungen zu gewinnen und einer Auswertung zuzuführen.

Allerdings erwies sich ein Teil der Auskünfte als offenbar unrichtig. So wurde in einigen Fällen „keine Eintragung" mitgeteilt, obwohl die bekannten Verurteilungen der Probanden nach den einschlägigen Vorschriften über die Tilgungsfristen im Bundeszentralregistergesetz noch nicht gelöscht sein durften.

Darüber hinaus fielen wiederholt ungenaue bzw. unvollständige Angaben in den einzelnen Entscheidungsteilen auf, insbesondere hinsichtlich der Anzahl der Fälle bei gleichartiger Deliktsverwirklichung, der Differenzierung zwischen Versuch und Vollendung sowie der für eine genaue Einordnung der Taten erforderlichen Angaben zu einzelnen Absätzen und Nummern der einschlägigen Vorschriften.

Des weiteren zeigten sich bei der Auswertung der Bundeszentralregisterauszüge auch noch die folgenden spezifischen Probleme:

---

61 Anzumerken ist an dieser Stelle, daß drei der ermittelten 78 Probanden im Untersuchungszeitraum jeweils zweimal aus dem eingefriedeten Bereich einer Anstalt des geschlossenen Vollzuges entwichen waren und daher lediglich 75 Bundeszentralregisterauszüge zur Auswertung kamen.

Da die Eintragungen im Bundeszentralregister bei Mehrfachverurteilungen in einem Entscheidungsteil (Gesamtstrafe oder Verurteilungen zu mehreren Einzelstrafen) keine Differenzierung nach Ideal- oder Realkonkurrenz vorsehen, [62] konnte - zumindest in bezug auf eventuelle Vor- und Folgeverurteilungen - keine eindeutige Aussage zu wesentlichen Elementen des Tatbildes gemacht werden.

Auch wirkte sich in den Fällen der Mehrfachverurteilungen negativ aus, daß sich aus den Bundeszentralregisterauszügen nicht ergibt, welches Einzeldelikt mit welcher Sanktion geahndet wurde, so daß auch eine differenzierte Darstellung der Sanktionsfolgen bei den Vorverurteilungen, den Einweisungs- und Folgetaten nicht möglich war.

Um diese aufgezeigten Unzulänglichkeiten bei dem für die vorliegende Untersuchung entscheidenden Nachweis der im Zusammenhang mit der Entweichung begangener Straftaten der Probanden zu beheben, wurden zum Zwecke der Datenkomplettierung die einschlägigen Strafurteile eingefordert und einer umfassenden Auswertung unterzogen. Damit war zumindest in diesen Fällen eine möglichst genaue Darstellung der Art und des Ausmaßes der Straffälligkeit der entwichenen Probanden gewährleistet.

Die Datenerhebung wurde im übrigen auch durch den Umstand erschwert, daß die von Staatsanwaltschaften und Gerichten genutzten „weichen" Sanktionen nach

---

62 Vgl. insoweit:

Seither, 1989, Seite 239 f.;

Heinz, 1989, Seite 183;

jeweils mit entsprechenden Feststellungen.

§§ 153 ff. StPO [63] - im Gegensatz zu denen des Jugendgerichtsgesetzes (vgl. § 60 Nummer 7 des Bundeszentralregistergesetzes) - nicht zum Bundeszentralregister mitzuteilen sind.

Bei Hinweisen in den Entweichungsvorgängen der Justizvollzugsämter auf staatsanwaltschaftliche Ermittlungsverfahren, die nicht mit einer Verurteilung des Probanden endeten, wurden daher entsprechende Anfragen bei den jeweiligen staatsanwaltschaftlichen Behörden durchgeführt, um Auskunft über die Art der Verfahrenserledigung vor Anklageerhebung durch (Teil-)Einstellungen mangels Tatverdachts nach § 170 Absatz 2 StPO oder (Teil-)Einstellungen bzw. Verfahrensbeschränkungen nach anderen strafprozessualen Vorschriften zu erlangen.

Zuletzt sei noch darauf hingewiesen, daß auch die in den Bundeszentralregisterauszügen enthaltenen Angaben zum Strafvollstreckungsstand ausgewertet wurden.

Zwar war es aufgrund der nur lückenhaften Angaben (fehlende Angaben zu Anschlußverbüßungen aufgrund von weiteren Urteilen oder widerrufener Strafaussetzungen) nicht möglich, die noch offenstehenden tatsächlichen Verbüßungszeiten der Probanden im Zeitpunkt der Entweichung zu bestimmen. Da jedoch konkrete zeitliche Angaben bezüglich der Aburteilung (Datum der letzten Straftat, der ersten Entscheidung und der Rechtskraft) in den Bundeszentralregisterauszügen enthalten sind, konnte zumindest ermittelt werden, ob die erneute Straffälligkeit des entwichenen Anstaltsinsassen zu einem Zeitpunkt erfolgte, zu dem er ohne das Fluchtereignis noch in der „sichernden Isolierung" der Anstalt hätte einsitzen müssen.

---

63 Heinz, 1989, Seite 177.

bb) Statistisches Datenmaterial der Landesjustizverwaltung

Insbesondere die von der Landesjustizverwaltung erhobene Strafvollzugsstatistik bietet umfangreiches Datenmaterial zu verschiedenen Insassenmerkmalen, auf das zum Zwecke des Vergleichs mit den entsprechenden Merkmalen der Probanden-gruppe zurückgegriffen werden konnte.

So vermittelt die Strafvollzugsstatistik einen Überblick über die zahlenmäßige Verteilung der Gefangenen und Verwahrten nach Alter, Geschlecht, Familienstand, Staatsangehörigkeit, Wohnsitz, Straftat, Art und Dauer der Strafen oder Maß-nahmen, Art des Vollzugs und Häufigkeit der Vorstrafen sowie über Wiedereinlie-ferungstatbestände.

Aber gerade diese Statistik hat auch eine Reihe spezifischer Nachteile, deren we-sentlichster darin besteht, daß sie keine Angaben zu Untersuchungshäftlingen ent-hält, so daß bei einer Vielzahl von vergleichenden Untersuchungen die ohnehin re-lativ kleine Probandengruppe nochmals um den Anteil der Untersuchungshäftlinge (22 von 78 = 28 %) auf 56 Probanden reduziert werden mußte. Hierbei handelt es sich ausschließlich um Strafgefangene, da im Untersuchungszeitraum keine vollen-dete Entweichung von Sicherungsverwahrten erfolgte.

Hinzu kommt, daß die genannten Angaben größtenteils nur für eine Stichtagspo-pulation der jeweiligen Jahrgänge erhoben werden, die somit nur eingeschränkt re-präsentativ für alle Strafgefangenen und Sicherungsverwahrten ist. Erfaßt werden nämlich nur die am Stichtag in der Anstalt tatsächlich Anwesenden, womit einer-seits die im Berichtsjahr unter 12 Monaten Einsitzenden (bei sechsmonatiger Haft-zeit jeder zweite) nicht erfaßt, andererseits bei Haftzeiten von über 12 Monaten die-selben Gefangenen jedes Jahr erneut gezählt werden. [64]

---

64 Göppinger, 1997, Seite 487.

Um objektivere Werte zu erhalten, die die durch Ein- und Austritte entstehenden zwischenperiodischen Schwankungen miteinbeziehen, wurde bei den einzelnen Untersuchungen daher möglichst auf Jahresdurchschnittswerte zurückgegriffen, die jedoch nur hinsichtlich weniger Merkmale zur Verfügung standen.

Eine Verschiebung zwischen den Grunddaten bei den einzelnen Tabellen ist somit auf die unterschiedlichen Bezugsgrößen (mit / ohne Untersuchungsgefangene oder mit / ohne weibliche Anstaltsinsassen sowie Zugrundelegung von Durchschnitts- bzw. Stichtagswerten) zurückzuführen, worauf jedoch bei den jeweiligen Einzeluntersuchungen stets besonders hingewiesen wird.

Auch die Tatsache, daß bei der Aufnahme in die amtliche Statistik für jede Person nur ein Straftatbestand gezählt wird, auch wenn die Aburteilung wegen mehrerer ideal- oder realkonkurrierender Straftaten erfolgt, wirkte sich auf die vorliegende Datenerhebung aus. Es wird nämlich nur der Tatbestand erfaßt, der abstrakt nach Art und Höhe die schwerste Strafandrohung enthält, unabhängig davon, wie vom Gericht im konkreten Fall die Schwere der einzelnen Tatbestandsverwirklichung gewertet wurde (sogenanntes Haupteinweisungsdelikt). [65]

Bei direkten Vergleichsuntersuchungen mit den Zahlen der amtlichen Statistiken der Landesjustizverwaltung war daher auch bei den von den Probanden verwirklichten Straftaten eine eingeschränkte Betrachtungsweise des verwirklichten Tatbildes notwendigerweise unvermeidbar, wobei insbesondere von vornherein auf eine Unterscheidung zwischen versuchtem und vollendetem Delikt verzichtet wurde. [66]

---

65 Dies bedeutet beispielsweise, daß bei einer Verurteilung wegen Mord (§ 211 StGB), Geiselnahme (§ 239 b StGB) und Raub (§ 249 StGB) lediglich der Mord als das mit der höchsten Strafe bedrohte Verbrechen in die Statistik aufgenommen wird.

66 Vgl. Seite 32 ff., mit den dort bereits festgestellten, eingeschränkten Auswertungsmöglichkeiten der Daten der Bundeszentralregisterauszüge.

e) Zusammenfassung

Zusammenfassend ist festzustellen, daß bei der Aufbereitung und Bezugnahme des vorhandenen statistischen Materials die hier nur ansatzweise und exemplarisch dargestellten Probleme einen nicht unerheblichen Einfluß auf den Aufbau der Untersuchung und nicht zuletzt auch auf die Aussagekraft der ermittelten Ergebnisse haben, worauf jedoch bei der Interpretation der Daten nochmals ausführlicher eingegangen wird.

Abschließend sei angemerkt, daß die vorliegende Untersuchung sich von vornherein dem Einwand ausgesetzt sieht, daß aufgrund der - relativ - geringen Probandenzahl (= 78) die Aufbereitung der Daten nur begrenzten Wert hätte und ihre Interpretation zu keinen sicheren Erkenntnissen führen könnte.

Hierbei ist jedoch zu bedenken, daß es sich um eine Gesamterhebung für das Land Nordrhein-Westfalen über einen Zeitraum von drei Jahren handelt und die Untersuchung damit einen zeitlichen und räumlichen Rahmen umfaßt, der mehr als nur tendenzielle Aussagen ermöglicht.

Für diese Einschätzung ist sicherlich von entscheidender Bedeutung, daß es sich bei dem Entweichungsproblem - und der damit im Zusammenhang stehenden Straffälligkeit von Entwichenen - nicht vorrangig um ein quantitatives, sondern in erster Linie um ein qualitatives Problem handeln dürfte.

Daher wurde in der vorliegenden Untersuchung - sowohl aus zeitlichen als auch aus praktischen Gründen - im Interesse einer möglichst genauen und umfassenden Auswertung der Einzelfälle deren relativ geringe absolute Anzahl bewußt in Kauf genommen.

III. Darstellung der Untersuchungsergebnisse

1. Anzahl der entwichenen Probanden im Untersuchungszeitraum

Um die Bedeutung der Entweichungen für die Sicherheit der Allgemeinheit zu ermitteln, ist es zunächst erforderlich, das zahlenmäßige Ausmaß dieses besonderen Vorkommnisses des Strafvollzuges genauer zu erfassen.

Im Untersuchungszeitraum 1986 bis 1988 wurden für Nordrhein-Westfalen insgesamt 78 - personenbezogene - [67] Entweichungen aus dem eingefriedeten Bereich einer Anstalt des geschlossenen Vollzuges ermittelt.

Auf die einzelnen Jahre verteilen sich diese Entweichungen wie folgt:

Tabelle 1:
Anzahl der Entwichenen aus dem eingefriedeten Bereich der Anstalten des geschlossenen Vollzuges des Landes Nordrhein-Westfalen in den Jahren 1986 bis 1988

Jahr	Anzahl der Entwichenen
1986	17
1987	40
1988	21
Summe	78

---

67 Vgl. Fußnote 61.

Die insgesamt 78 Entwichenen verteilen sich danach auf die drei Kalenderjahre des Untersuchungszeitraums etwas ungleichmäßig, wobei durchschnittlich die Entweichung von 26 Probanden pro Kalenderjahr festzustellen ist.

2. Entweichungsquote aus dem eingefriedeten Bereich der Anstalten des geschlossenen und des offenen Vollzuges des Landes Nordrhein-Westfalen in den Jahren 1986 bis 1988

Da jedoch die absolute Zahl der Entweichungen aus dem eingefriedeten Bereich einer Anstalt des geschlossenen Vollzuges, isoliert betrachtet, für die Beurteilung des quantitativen Ausmaßes dieses Phänomens noch wenig aufschlußreich ist, sind diese Zahlen in Bezug zu setzen zur Gesamtzahl der im Untersuchungszeitraum im geschlossenen Vollzug Inhaftierten.

Aufschlußreich ist in diesem Zusammenhang insbesondere auch eine Gegenüberstellung mit den entsprechenden Zahlen der Anstalten des offenen Vollzuges, bei denen gemäß § 141 Absatz 2 StVollzG keine oder nur verminderte Vorkehrungen gegen Entweichungen vorgesehen sind. Durch diesen Vergleich wird deutlich, inwieweit die Anstalten des geschlossenen Vollzuges - zumindest in quantitativer Hinsicht - ihrem gesetzlich normierten Anspruch auf „sichere Unterbringung" der Gefangenen gerecht werden.

Tabelle 2:

Vergleich der Entweichungszahlen mit der Jahresdurchschnittsbelegung, bezogen auf den eingefriedeten Bereich der Anstalten des geschlossenen und des offenen Vollzuges des Landes Nordrhein-Westfalen in den Jahren 1986 bis 1988

Jahr	Alle Haftarten		Geschlossener Vollzug (eingefriedeter Bereich)		Offener Vollzug (eingefriedeter Bereich)	
	Alle Gefangenen *	*Entwichene*	*Alle Gefangenen*	*Entwichene*	*Alle Gefangenen*	*Entwichene*
1986	15.014,9	604	11.796,9	17	3.218,0	369
1987	14.174,3	582	11.183,9	40	2.990,4	342
1988	14.132,7	541	11.105,5	21	3.027,2	390
Mittel	14.440,6	575,7	11.362,1	26	3.078,5	367

Anmerkung:

* Bezüglich der Anzahl der Gefangenen ist anzumerken, daß hier sämtliche Inhaftierten der Justizvollzugsanstalten des Landes Nordrhein-Westfalen berücksichtigt wurden, ausgenommen die Insassen von Jugendarrestanstalten. Das bedeutet, daß außer den im Rahmen der vorliegenden Untersuchung erfaßten Haftarten (Freiheitsstrafe, Untersuchungshaft, Jugendstrafe und Sicherungsverwahrung) auch alle Fälle sonstiger Freiheitsentziehung (Zivilhaft, Strafarrest, Abschiebungshaft, Auslieferungs- und Durchlieferungshaft, Durchgangshaft und Transportgefangene) sowie die Ersatzfreiheitsstrafen als Bezugsgröße zugrunde gelegt wurden.

Quelle:
1. Justizministerium des Landes Nordrhein-Westfalen, Übersicht: Jahresdurchschnittsbelegung, 1986 bis 1988.
2. Justizministerium des Landes Nordrhein-Westfalen, Tabelle St 8, 1986 bis 1988.
3. Eigene Berechnungen.

Bereits diese absoluten Zahlen zeigen eine überraschend geringe Zahl der Entweichungen aus dem eingefriedeten Bereich der Anstalten des geschlossenen Vollzuges im Vergleich zu denen des offenen Vollzuges einerseits sowie im Vergleich zur Gesamtzahl der Inhaftierten aller Haftarten andererseits.

Bei der nachfolgenden Darstellung der prozentualen Verhältniszahlen wird noch deutlicher, daß es sich bei dem besonderen Vorkommnis der Entweichung quantitativ vor allem um ein Problem des offenen Vollzuges handelt, kaum jedoch um ein solches des geschlossenen Vollzuges.

Tabelle 3:
Vergleich der durchschnittlichen Entweichungsquote [68] aller Justizvollzugsanstalten des Landes Nordrhein-Westfalen mit den Entweichungsquoten aus dem eingefriedeten Bereich der Anstalten des geschlossenen und des offenen Vollzuges in den Jahren 1986 bis 1988

Jahr	*Alle Haftarten*	*Geschlossener Vollzug (eingefriedeter Bereich)*	*Offener Vollzug (eingefriedeter Bereich)*
1986	4,02 %	0,14 %	11,47 %
1987	4,11 %	0,36 %	11,44 %
1988	3,83 %	0,19 %	12,88 %
Mittel	3,99 %	0,23 %	11,92 %

Im dreijährigen Mittel liegt die Entweichungsquote bei allen Haftarten demzufolge 17,35 mal höher als im eingefriedeten Bereich des geschlossenen Vollzuges (3,99 % gegenüber 0,23 %). Die durchschnittliche Entweichungsquote aus dem eingefriedeten Bereich des offenen Vollzuges liegt sogar 51,83 mal höher als die im geschlossenen Vollzug (11,92 % gegenüber 0,23 %). Anders ausgedrückt bedeutet

---

68 Unter Entweichungsquote wird der Anteil der Entwichenen an der Gesamtzahl der Gefangenen verstanden.

dies, daß jährlich jeder 8. Inhaftierte aus dem eingefriedeten Bereich des offenen Vollzuges, aber nur jeder 437. Inhaftierte aus dem eingefriedeten Bereich des geschlossenen Vollzuges entweicht.

Zumindest dem äußeren Anschein nach genügen daher die Anstalten des geschlossenen Vollzuges ihrer gesetzlich vorgegebenen Aufgabe, nämlich die Anstaltsinsassen während der Vollzugszeit sicher unterzubringen und damit dem Schutz der Allgemeinheit vor weiteren Straftaten des Gefangenen zu dienen (vgl. §§ 2 Satz 2, 141 Absatz 2 StVollzG).

3. Vergleich der Entweichungsquote der Jahre 1986 bis 1988 mit den Forschungsergebnissen früherer Jahre und den Folgejahren bis 1996

Nunmehr soll untersucht werden, inwieweit sich die Entweichungsquoten aus dem offenen und dem geschlossenen Vollzug gegenüber früheren Jahren verändert haben.

a) *Entweichungsquote aus dem eingefriedeten Bereich der Anstalten des geschlossenen und des offenen Vollzuges des Landes Nordrhein-Westfalen in den Jahren 1977 bis 1979*

Die bereits angesprochene statistische Untersuchung von Dünkel und Rosner aus dem Jahre 1981, [69] in der für die Jahre 1977 bis 1979 bundesweit die absoluten und prozentualen Entweichungsquoten für den Strafvollzug insgesamt sowie auch speziell für den eingefriedeten Bereich der Anstalten des geschlossenen und des offenen

---

69 Dünkel / Rosner, 1981, Seite 183 ff. und 508 ff..

Vollzuges differenziert ermittelt wurden, ist für das Land Nordrhein-Westfalen zu folgenden Ergebnissen gelangt:

Tabelle 4:
Entweichungsanzahl und Entweichungsquote, [70] *bezogen auf alle Justizvollzugs-anstalten des Landes Nordrhein-Westfalen sowie bezogen auf den eingefriedeten Bereich der Anstalten des geschlossenen und des offenen Vollzuges in den Jahren 1977 bis 1979*

Jahr	*Anzahl der Entwichenen und Entweichungsquote*		
	Alle Haftarten	*Geschlossener Voll-zug (eingefriedeter Bereich)*	*Offener Vollzug (ein-gefriedeter Bereich)*
1977	772 (5,16 %)	22 (0,18 %)	342 (12,53 %)
1978	620 (4,23 %)	23 (0,19 %)	248 (8,64 %)
1979	749 (4,96 %)	31 (0,26 %)	267 (9,06 %)
Mittel	713,7 (4,75 %)	25,3 (0,21 %)	285,7 (10,08 %)

Quelle:
1. Dünkel / Rosner, 1981, Tabellen 7.35, 7.36, 7.37 und 7.38.
2. Eigene Berechnungen.

Auch zehn Jahre vor dem hier untersuchten Zeitraum war danach bereits ein erheb-licher Unterschied zwischen der Anzahl und dem Anteil der Entweichungen aus dem eingefriedeten Bereich des geschlossenen und des offenen Vollzuges festzu-stellen.

---

70 Vgl. Fußnote 68.

b)   Vergleich der Entweichungsquoten aus dem eingefriedeten Bereich der An-
stalten des geschlossenen Vollzuges des Landes Nordrhein-Westfalen in den
Jahren 1977 bis 1979 mit denen der Jahre 1986 bis 1988

Während sich für die Jahre 1977 bis 1979, bezogen auf Entweichungen aus dem
eingefriedeten Bereich von Anstalten des geschlossenen und des offenen Vollzuges,
Mittelwerte von 0,21 % bzw. 10,08 % ergeben, kommt die vorliegende Untersuchung für die Jahre 1986 bis 1988 zu Mittelwerten von 0,23 % bzw. 11,92 %. Die
Entweichungsquote liegt danach im Mittel der Jahre 1977 bis 1979 im offenen Vollzug 48 mal höher als im geschlossenen Vollzug (10,08 % gegenüber 0,21 %), während der entsprechende Multiplikator für die Jahre 1986 bis 1988 bei 51,83 liegt
(11,92 % gegenüber 0,23 %).

Weder nach absoluten Zahlen (25,3 gegenüber 26), noch prozentual (0,21 % ge-
genüber 0,23 %) kann daher gegenüber den Jahren 1977 bis 1979 ein nennenswerter
Anstieg der Entweichungen aus dem eingefriedeten Bereich des geschlossenen
Vollzuges festgestellt werden.

Der Vergleich mit den Entweichungszahlen aus dem eingefriedeten Bereich der
Anstalten des offenen Vollzuges zeigt darüber hinaus auch hier, daß das besondere
Vorkommnis der Entweichung im geschlossenen Vollzug tatsächlich eher die Aus-
nahme darstellt und im Vollzugsalltag kaum eine Rolle spielt.

Das Fazit von Dünkel und Rosner, wonach die Sicherung der Anstalten des geschlossenen Vollzuges als voll und ganz ausreichend angesehen werden könne, [71]
hat mithin - jedenfalls was die Quantität der Entweichungen anbelangt - auch für
den vorliegenden Untersuchungszeitraum der Jahre 1986 bis 1988 unverändert Bestand.

---

71 Dünkel / Rosner, 1981, Seite 186.

c)   Anmerkungen zur Entwicklung der Entweichungsquote aus dem eingefrie-
deten Bereich der Anstalten des geschlossenen Vollzuges des Landes Nord-
rhein-Westfalen in den Jahren 1977 bis 1979 und 1986 bis 1988

Die festgestellte weitgehende Konstanz der Entweichungsquote der Jahre 1977 bis
1979 und 1986 bis 1988 erstaunt insbesondere im Hinblick darauf, daß in diese Zeit
die ersten zehn Jahre der Geltung des neuen Strafvollzugsgesetzes vom 16.03.1976
mit seiner besonderen Betonung des Resozialisierungsgedankens fallen. Wie die
nahezu stagnierende Entweichungsquote von 0,23 % gegenüber 0,21 % verdeutlicht,
zeigt die veränderte gesetzliche Zielrichtung des Strafvollzuges in quantitativer
Hinsicht keine nennenswerten Auswirkungen auf die Entweichungsquote aus dem
eingefriedeten Bereich der Anstalten des geschlossenen Vollzuges.

Ursache hierfür könnte sein, daß im Bereich des geschlossenen Vollzuges die im
neu geschaffenen Strafvollzugsgesetz ausdrücklich vorgesehene, verstärkte Berücksichtigung der Resozialisierung nicht oder nur halbherzig umgesetzt wurde und daher auch keine negativen Auswirkungen auf die Ausbruchssicherheit haben konnte.
Gegen diese Annahme sprechen jedoch eine Vielzahl von Veränderungen, die
tatsächlich zu einer offeneren Ausgestaltung des Vollzugsalltages in den Anstalten
des geschlossenen Vollzuges geführt haben. Beispielhaft sind hier breitere Möglichkeiten der schulischen und beruflichen Aus- und Fortbildung zu nennen, aber
auch die allgemein verbesserte Beschäftigungssituation der Anstaltsinsassen sowie
die allgemein großzügigere Freiheitsgewährung innerhalb der Anstalten, insbesondere durch Ausweitung des Sport- und sonstigen Freizeitangebotes. Dies alles trägt
dazu bei, daß die Gefangenen sich innerhalb der Anstalten freier bewegen und in-
tensivere Kontakte pflegen können.

Da trotz dieser Maßnahmen und Veränderungen im Vollzugsalltag die Entweichungsquote in den ersten zehn Jahren der Geltung des Strafvollzugsgesetzes nahezu stagnierte, dürfte zum einen der Schluß zulässig sein, daß bei der Konzeption
der durchgeführten Resozialisierungsmaßnahmen der Schutz der Allgemeinheit ausreichend mitberücksichtigt wurde und daß ferner im eingefriedeten Bereich des geschlossenen Vollzuges, und damit im zahlenmäßig größten Bereich des Strafvollzuges, trotz verstärkter Resozialisierungsbemühungen, von einer völlig ausreichenden Sicherung ausgegangen werden kann, Resozialisierung und Sicherung also
keine notwendigen Gegensätze, sondern durchaus miteinander vereinbar sind. [72]

d) Anmerkungen zur Entwicklung der Entweichungsquote aus dem eingefrie- deten Bereich der Anstalten des geschlossenen Vollzuges des Landes Nord- rhein-Westfalen in den Folgejahren bis 1996

Da sich die vorliegende Untersuchung mit der Delinquenz der in den Jahren 1986
bis 1988 aus dem eingefriedeten Bereich der Anstalten des geschlossenen Vollzuges
des Landes Nordrhein-Westfalen entwichenen Gefangenen befaßt, drängt sich die
Frage auf, ob die für diesen Zeitraum geltenden Ergebnisse und die hieraus ab-
geleiteten, kriminologischen Folgerungen - insbesondere im Hinblick auf die Gefährdung der Allgemeinheit - auch heute noch Gültigkeit beanspruchen können.

---

72 Welche Auswirkungen die Sicherung der Anstalten nach außen auf die Sicherheit innerhalb der
Anstaltsmauern haben kann, soll an anderer Stelle noch angesprochen werden (vgl. insoweit Seite
182 Fußnote 217). Bereits an dieser Stelle ist jedoch darauf hinzuweisen, daß mit der Schwerpunktbildung der vorliegenden Untersuchung, die sich vor allem mit der Frage des Schutzes der
Allgemeinheit vor Straftaten entwichener Gefangener befaßt, keine Wertung und insbesondere
keine Unterbewertung des Problems der „inneren" Sicherheit der Anstalten beabsichtigt ist, also
des Schutzes von Bediensteten und Mitgefangenen.

Um über das quantitative Ausmaß der Gefährdung der Allgemeinheit durch entwichene Gefangene Aussagen machen zu können, [73] werden im folgenden die Zahlen des Untersuchungszeitraumes 1986 bis 1988 den Zahlen der Folgejahre 1989 bis 1996 gegenübergestellt.

Dabei ergibt sich folgendes Bild:

---

[73] Das qualitative Ausmaß der Gefährdung wurde aus den bereits dargelegten Gründen bewußt auf den Untersuchungszeitraum der Jahre 1986 bis 1988 beschränkt (vgl. insoweit Seite 22, Fußnote 49).

Tabelle 5:
Anzahl und Anteil der in den Anstalten des geschlossenen Vollzuges des Landes Nordrhein-Westfalen insgesamt Inhaftierten und der hieraus Entwichenen in den Jahren 1986 bis 1996

Jahr	Geschlossener Vollzug (eingefriedeter Bereich)				
	Alle Gefangenen	Entwichene			Quote (in %)
		insgesamt	Erwach-sene	Jugendli-che	insge-samt
1986	11.796,9	17	8	9	0,14
1987	11.183,9	40	22	18	0,36
1988	11.105,5	21	17	4	0,19
1989	11.107,3	15	15	0	0,14
1990	11.171,2	20	11	9	0,18
1991	11.479,3	49	38	11	0,43
1992	12.280,9	24	17	7	0,20
1993	13.600,4	37	23	14	0,27
1994	14.324,2	38	30	8	0,27
1995	13.619,7	19	14	5	0,14
1996	13.601,2	16	12	4	0,14
Mittel 86-96	12.297,3	26,9	18,8	8,1	0,22
Mittel 86-88	11.362,1	26,0	15,7	10,3	0,23
Mittel 89-96	12.648,0	27,25	20,0	7,25	0,22

Quelle:
1. Justizministerium des Landes Nordrhein-Westfalen, Tabelle St 8, 1986 bis 1996.
2. Eigene Berechnungen.

Aus dieser Gegenüberstellung ergibt sich zunächst, daß auch in den acht Folgejahren die absolute Anzahl der personenbezogenen Entweichungen starken Schwankungen unterlegen war (zwischen 15 und 49 Entwichenen), was angesichts der
weitgehend kontinuierlichen Entwicklung der Inhaftiertenzahlen zu entsprechenden
Schwankungen bei der jährlichen Entweichungsquote führt (zwischen 0,14 und
0,43 %).

Bemerkenswert ist jedoch, daß die Durchschnittswerte der Jahre 1986 bis 1988 und
1989 bis 1996 nahezu identisch sind:

Während 1986 bis 1988 durchschnittlich 26 Gefangene pro Jahr entwichen sind,
waren es in den Jahren 1989 bis 1996 jährlich durchschnittlich 27,25.

Dieser ohnehin nur sehr geringe zahlenmäßige Anstieg (= 4,8 % Steigerung) relativiert sich unter Berücksichtigung der Inhaftiertenzahlen in den genannten Zeiträu-
men:

Während in den Jahren 1986 bis 1988 im geschlossenen Vollzug des Landes
Nordrhein-Westfalen durchschnittlich 11.362,1 Gefangene gezählt wurden, waren
dies in den Folgejahren 1986 bis 1996 durchschnittlich 12.648,0 (= 11,3 % Steigerung), weshalb die Entweichungsquote sogar geringfügig von 0,23 % auf 0,22 %
gesunken ist.

Aufgrund der festgestellten weitgehenden Kontinuität der absoluten Entweichungszahlen und insbesondere der Entweichungsquoten der Folgejahre 1989 bis 1996
gegenüber dem Untersuchungszeitraum 1986 bis 1988 erscheint es gerechtfertigt,
den Untersuchungsergebnissen zum quantitativen Ausmaß der von entwichenen

Gefangenen für die Allgemeinheit ausgehenden Gefährdung Gültigkeit nicht nur für den Untersuchungszeitraum, sondern auch darüber hinaus, jedenfalls bis 1996, beizumessen.

e) Exkurs: Entwicklung der Diskussion zur Sicherheit im Strafvollzug

Angesichts der dargestellten Kontinuität der Entweichungsquoten aus Anstalten des geschlossenen Vollzuges über zwei Jahrzehnte hinweg erstaunt, daß heute kaum noch jemand positiv von der Behandlung im Vollzug spricht.

Während die 70er und 80er Jahre dadurch geprägt waren, daß sich ein auf Erziehung, Behandlung und Resozialisierung setzendes Menschenbild durchgesetzt hatte und Konzepte umgesetzt wurden, mit denen Kriminalität möglichst reduziert und verhindert werden sollte, hat zwischenzeitlich ein harter Positionswechsel stattgefunden. [74]

Ausgehend von den USA vollzog sich in den 70er Jahren eine kriminalpolitische Wende von der Spezial- zur Generalprävention als Leitprinzip von Strafzumessung und -vollzug. [75] Das Schlagwort „nothing works" für Behandlungsexperimente im

---

74 Georg Wagner, 1995, Seite 183;

  Schwind, 1995, Seite 217;

  Maelicke, 1999, Seite 73.

75 Preusker, 1987, Seite 11;

  Müller-Dietz, 1990, Seite 308;

  Herrfahrdt, 1990, Seite 6.

Strafvollzug wurde geprägt, [76] nachdem amerikanische Evaluationsstudien im Ergebnis nachzuweisen schienen, daß trotz intensiver Bemühungen um eine ständige Verbesserung der Behandlungsangebote bei dem überwiegenden Teil der Haftentlassenen immer wieder mit erneutem Rückfall zu rechnen war und die erhofften Resozialisierungserfolge ausblieben. [77]

Die Grundkonzeption des Strafvollzugsgesetzes wurde daraufhin in Frage gestellt und in der Fachdiskussion kam es zu einer Entwicklung, die mit dem Stichwort „Abkehr vom Behandlungsgedanken" oder gelegentlich sogar mit dem Stichwort „Abkehr von der Behandlungsideologie" zutreffend charakterisiert werden konnte. [78]

Es entwickelten sich deutliche Anzeichen dafür, daß der Vollzug primär

---

76 Vgl. insoweit:

    Walter, 1992, Seite 162;

    Dünkel, 1996, Seite 23;

    jeweils mit weiteren Nachweisen.

77 Vgl. insoweit:

    Arloth, 1990, Seite 30;

    Dünkel, 1996, Seite 23;

    Müller-Dietz, 1998, Seite 13;

    Maelicke, 1999, Seite 74;

    Walter, 1999, Rdz. 330 ff.;

    die angesichts der methodischen Schwierigkeiten solcher Untersuchungen und der problematischen Bestimmung des Begriffs „Rückfall" auf die Schwierigkeit der Erfolgsbeurteilungen von Resozialisierungsbemühungen hinweisen und klarstellen, daß sie mit der Frage nach dem Erfolg des Strafvollzuges als Ganzes nicht identisch ist.

78 Kerner, 1988, Seite 390, 392;

    Müller-Dietz, 1990, Seite 308;

    Müller-Dietz, in: Kleines Kriminologisches Wörterbuch, 1992, Seite 515 f.;

    Dünkel, 1996, Seite 23.

wieder zu einer Einrichtung der sicheren Verwahrung gefährlicher Rechtsbrecher ausgestaltet würde. [79]

Der Strafvollzug, dessen Ziel es ist, den Gefangenen zu befähigen, künftig in sozialer Verantwortung ein Leben ohne Straftaten zu führen (§ 2 Satz 1 StVollzG), muß sich heute nicht mehr daran messen lassen, ob er und wie er diesem gesetzlichen Auftrag nachkommt. [80] Sein Erfolg bzw. Mißerfolg wird vielmehr nur an den

---

79 Koepsel, 1992, Seite 47; und

derselbe, 1987, Seite 79: „Wir müssen uns darüber klar sein, daß der Bürger nur bereit ist, das heutige Vollzugssystem zu finanzieren, wenn er damit die Hoffnung verbinden kann, daß aus vielen verurteilten Rechtsbrechern normale straffreie Bürger werden. Sollte die kriminologische Forschung diese Hoffnung eines Tages in Zweifel ziehen, dann sehe ich die große Gefahr, daß das Gesetz `ausgedünnt` wird, daß der Behandlungsvollzug abgebaut wird."

80 So jedoch noch Ende der 80er Jahre, kurz nach Einführung des Strafvollzugsgesetzes. Beispielhaft hierfür ist die Kleine Anfrage im Deutschen Bundestag vom 29. März 1979 (Drucksache 8/2713). Unter der Überschrift „Erfahrungen mit dem Strafvollzugsgesetz" wurden dort folgende Fragen gestellt:

1. Ist die vom Gesetzgeber beabsichtigte Wirkung des Strafvollzugsgesetzes eingetreten, daß neue, am Resozialisierungsgedanken orientierte Formen des Strafvollzuges entwickelt worden sind und in den Justizvollzugsanstalten angewandt werden?

2. Liegen der Bundesregierung Erkenntnisse darüber vor, inwieweit die Durchführung neuer Behandlungsformen im Strafvollzug zu einem Rückgang der Rückfallquote geführt hat?

3. Inwieweit hat die Reform des Strafvollzuges zu einer Intensivierung der ambulanten Nachbetreuung von Haftentlassenen geführt?

4. Hält die Bundesregierung angesichts der teilweise erhobenen Kritik zusätzliche Verbesserungen des Strafvollzuges für erforderlich, um den tatsächlichen Erfolg eines resozialisierenden Strafvollzuges sicherzustellen?.......und schließlich:

9. Hält die Bundesregierung die teilweise geäußerte Behauptung, das Behandlungsklima in den einzelnen Justizvollzugsanstalten habe sich aufgrund der besonderen Sicherheitsvorkehrungen gegenüber inhaftierten Terroristen verschlechtert, für zutreffend?

Rückfallquoten und an der Anzahl der gelungenen Entweichungen und Ausbrüche gemessen. [81] Guter Vollzug ist demnach der Vollzug, in dem „nichts passiert." [82]

Trotz dieser sich abzeichnenden Entwicklung erteilte der damalige nordrhein-westfälische Justizminister Krumsiek noch 1990 allen Bestrebungen eine Absage, die von der Wiedereingliederung des Täters in die Rechtsgemeinschaft als vorrangigem

---

81 Beispielhaft hierfür sind zwei Kleine Anfragen im Landtag Nordrhein-Westfalen vom 11. Juli 1988 (Drucksache 10/3503) und vom 15. Juli 1999 (Drucksache 12/4164) wo - anläßlich von konkreten Entweichungsfällen - folgende Fragen an die Landesregierung gestellt wurden:

Kleine Anfrage vom 11. Juli 1988:

1. Wie vielen Gefangenen ist in den Jahren 1985, 1986, 1987 und 1988 ein Ausbruch gelungen und wie viele konnten nach welcher Zeit wieder verhaftet werden?

2. Um welche Täter, differenziert nach Art und Schwere der Taten, handelte es sich?

3. Wie viele und welche Straftaten wurden von diesen Gefangenen während der Ausbruchszeit verübt ?

4. Welche Ursachen für den Erfolg der in Frage 1 bezeichneten Ausbrüche hat die Landesregierung ermittelt und welche Abhilfemaßnahmen hat sie ergriffen?

5. Wie wirkt sich die Personalknappheit bei den Justizvollzugsanstalten und insbesondere die Arbeitszeitverkürzung im öffentlichen Dienst auf die Ausbruchsgefahr aus?

Kleine Anfrage vom 15. Juli 1999:

2. Wie viele Mittel wurden im Zeitraum von 1995 - 1999 für die Sicherheit in den bereits vorhandenen Justizvollzugsanstalten des Landes Nordrhein-Westfalen bereitgestellt?

4. Welche konkreten Maßnahmen wurden in der Zeit von 1995 - 1999 finanziert, um die Sicherheit in den nordrhein-westfälischen Justizvollzugsanstalten zu erhöhen?

5. Wie viele Ausbrüche gab es von 1995 - 1998 aus den nordrhein-westfälischen Justizvollzugsanstalten?

82 Preusker, 1987, Seite 14.

Vgl. insoweit auch die Pressemitteilung des Ministeriums der Justiz und für Bundes- und Europaangelegenheiten des Landes Brandenburg vom 23. Juni 1999: „Minister Dr. Bräutigam: `Die Brandenburger Justizvollzugsanstalten haben Mängel, sind aber im Grundsatz in Ordnung. Von einer verheerenden Bilanz kann keine Rede sein. Das zeigt die Ausbruchsstatistik im Vergleich zu anderen Ländern...`."

Ziel des Vollzuges abrücken wollten. Stattdessen wurde im sogenannten „Vollzugskonzept 2000" die konsequente Fortsetzung des „schon lange beschrittenen Weges", weg vom alten Verwahrvollzug und hin zum modernen Behandlungsvollzug, bekräftigt. [83]

Diese Perspektive erschien vor dem Hintergrund sinkender Belegungszahlen (1983: 17.339; 1989: 14.112) und der damals noch möglichen Einrichtung zusätzlicher Stellen für den Strafvollzug durchaus realistisch. Mit dem 1989 fertiggestellten „Vollzugskonzept 2000" wurde dementsprechend der Versuch unternommen, auf der Grundlage „einer neuen Prognose der voraussichtlichen Gefangenenzahlen bis zum Jahr 2000 Anhaltspunkte für die Entwicklung des Vollzuges im nächsten Jahrzehnt und seine Ausgestaltung zur Jahrtausendwende zu gewinnen sowie Ansätze für organisatorisch-strukturelle und konzeptionelle Maßnahmen zu entwickeln, um dem gesetzlichen Auftrag des Resozialisierungsvollzuges unter den sich verändernden Bedingungen auch in Zukunft weiter und, wenn möglich, noch besser gerecht zu werden." [84] Dabei ging die neue Belegungsprognose für das Jahr 2000 in Nordrhein-Westfalen von einem Belegungsrückgang gegenüber 1988 von 10 % auf nur noch 13.280 Gefangene aus. [85]

Tatsächlich sind die Belegungszahlen jedoch stark angestiegen. Zum Stichtag des 31. März 1998 betrug die Zahl der Gefangenen in den Gefängnissen des Landes Nordrhein-Westfalen 18.869. Zusammen mit der allseits beklagten Veränderung der Gefangenenklientel [86] und der finanzbedingten Unmöglichkeit, mehr Vollzugsper-

---

83 Justizministerium des Landes Nordrhein-Westfalen, 1989, Seite 2.

   Vgl. insoweit auch: Justizministerium des Landes Nordrhein-Westfalen, 1990, Vorwort.

84 Justizministerium des Landes Nordrhein-Westfalen, 1989, Seite 2.

85 Justizministerium des Landes Nordrhein-Westfalen, 1989, Seite 29.

86 Vgl. insoweit Justizministerium des Landes Nordrhein-Westfalen, 1993, Seite 17:

   Im Zeitraum 1983 bis 1992 (Stand jeweils 31. März) stieg der Anteil der erwachsenen männlichen Strafgefangenen mit einer Vollzugsdauer von über zwei Jahren von 29,8 % auf 38,1 %

sonal einzustellen, führte dies in den vergangenen Jahren zu einer zunehmend angespannten Situation im gesamten Strafvollzug, unter dem vor allem der Behandlungsvollzug zu leiden droht. [87]

Parallel hierzu hatte die Akzeptanz des Resozialisierungsvollzuges in der Öffentlichkeit und in der Bevölkerung bereits in den 80er Jahren immer mehr an Boden
verloren, [88] was auch in der politischen Diskussion dazu führte, daß auf der Suche
nach neuen Mehrheiten die Stimmen derer immer lauter wurden, die unter Berufung
auf eine angeblich für die Allgemeinheit nicht mehr gewährleistete Sicherheit eine

---

(= 27,9 % Steigerung) und mit Verurteilungen wegen Sittlichkeitsdelikten, Tötungsdelikten,
Raub, Erpressung und Betäubungsmitteldelikten von 32,8 % auf 42,2 % (= 29 % Steigerung).

87 Rotthaus, 1987, Seite 5;

Müller-Dietz, in: Kleines Kriminologisches Wörterbuch, 1992, Seite 513 f.;

Schwind, 1995, Seite 219.

88 Justizministerium des Landes Nordrhein-Westfalen, 1989, Seite 3;

Rotthaus, 1987, Seite 5;

Georg Wagner, 1988, Seite 13;

und derselbe, 1992, Seite 57, unter Hinweis auf eine Umfrage von Müller-Dietz aus dem Jahre
1987, wonach im Zeitraum von 1975 bis 1987 der Resozialisierungsgedanke in der Zustimmung
der Befragten von 61,2 % auf 47,5 % gesunken ist.

Vgl. insoweit auch:

Weber, 1992, Seite 42;

Schwind, 1995, Seite 218, der auf den, im Trend dieser Entwicklung liegenden Beschluß des
Bundesverfassungsgerichts vom 28. Juni 1983 hinweist (abgedruckt in BVerfGE 64, Seite 261
ff.), „in dem das Gericht die Meinung vertritt, daß das Ziel des Vollzuges nur `vornehmlich` (also
keineswegs ausschließlich) in der Resozialisierung besteht; danach wäre auch der Strafzweck der
Vergeltung (milder: der des Schuldausgleichs) im Strafvollzug zu beachten und zwar bei der
Gewährung oder Versagung einer Vollzugslockerung."

Zurückdrängung des Behandlungsvollzuges zugunsten des Verwahrvollzuges forderten. [89]

Nur vier Jahre nach Veröffentlichung des „Vollzugskonzeptes 2000" legte der nordrhein-westfälische Justizminister unter dem Titel „Anmerkungen zum Vollzugskonzept 2000" ein Positionspapier vor, das als Einleitung einer politischen Kehrtwende im Sinne einer „roll-back-Entwicklung" interpretiert wird. [90] Unter Hinweis auf „den statistisch hinreichend bestätigten steigenden Anteil von langstrafigen und schwerkriminellen Gefangenen" wird dort festgestellt, daß „diese Entwicklung auch zu zusätzlichen Belastungen der Vollzugsbediensteten und zu gewissen Einschränkungen des behandlerisch ausgestatteten Vollzuges in einigen Anstalten zugunsten von Sicherheitsüberlegungen führen muß, ..." [91] Ergänzend wird festgestellt: „Es ist die Aufgabe aller für den Vollzug Tätigen, diesen neuen Entwicklungen, insbesondere unter Sicherheitsgesichtspunkten, Rechnung zu tragen. Dabei muß davon ausgegangen werden, daß bei allen Bemühungen um weitere Verbesserungen in baulicher / technischer und personeller Hinsicht aufgrund der angespannten Finanzlage des Landes auch der Vollzug für eine absehbare Zeit im wesentlichen mit den vorhandenen Mitteln auskommen muß. Dies bedeutet, daß hier-

---

89 Vorndran, 1986, Seite 4 ff.;

Schwind, 1986, Seite 23;

Herrfahrdt, 1990, Seite 5 f.;

Müller-Dietz, 1990, Seite 308.

90 Schulte-Altedorneburg, 1994, Seite 222.

Vgl. insoweit auch Schwind, 1995, Seite 218, Fußnote 12, der zu der „roll-back-Entwicklung" feststellt: „Die Geschichte des Strafvollzuges unterliegt offenbar einer bestimmten Gesetzmäßigkeit (Wellenbewegungen), die darin besteht, daß Mißstände auftreten (oft gefördert durch Überbelegung der Anstalten), die Reformvorstellungen und Reformversuche auslösen, die wiederum am fehlenden Geld schließlich scheitern bzw. Gegenbewegungen auslösen, die zwar keine Mißstände begünstigen wollen, aber vor der Humanisierung des Strafvollzugs entweder generell warnen oder die entsprechenden Bemühungen als übertrieben zurückschneiden wollen."

91 Justizministerium des Landes Nordrhein-Westfalen, 1993, Seite 14.

durch entstehende zusätzliche Belastungen der Vollzugsbediensteten - soweit unvermeidbar - gegebenenfalls auch durch Einschränkungen des behandlerisch ausgestalteten Vollzuges zugunsten unerläßlicher Sicherungsmaßnahmen aufgefangen werden müssen." [92]

Heute werden eindeutige Prioritäten der Reform des Strafvollzuges - wie das Beispiel des Aufbaus in den neuen Bundesländern belegt - bei der Gewährleistung von Sicherheit gesetzt, womit die entweichungssichere Unterbringung gemeint ist und wofür trotz allgemein beklagter Finanzknappheit Millionen bereitgestellt werden. [93] Sicherheit gewinnt an Gewicht, wenn nicht sogar an Vorrang vor Behandlung und Wiedereingliederung. [94]

Unabhängig von der Frage, ob diese Sicherheit ausschließlich instrumentell, das heißt als an baulichen und technischen Vorkehrungen orientierte repressive Sicher-

---

92 Justizministerium des Landes Nordrhein-Westfalen, 1993, Seite 40.

93 Dünkel, 1994, Seite 101 und 103.

Vgl. insoweit auch die Pressemitteilung des Justizministerium des Landes Sachsen-Anhalt vom 04. März 1998 zum Thema Strafvollzug: „Die Sicherheit der Bevölkerung hat für Justizministerin Karin Schubert `Vorrang vor anderen Aspekten`. Die Vollzugsanstalten des Landes haben nach ihrer Ansicht `die Bürger und Bürgerinnen wirkungsvoll vor Straftätern zu schützen, die ein straffreies Leben in der Gesellschaft ablehnen.` Insbesondere dieser Aufgabe ist die Landesregierung in hohem Maße gerecht geworden. Insgesamt 34,3 Millionen Mark wurden in den letzten Jahren für die Erhöhung der Sicherheit der Anstalten ausgegeben, `dieses Geld hat sich ausgezahlt. Hatten wir 1994 noch sieben Ausbrüche mit 14 Gefangenen, 1995 drei Ausbrüche mit 11 Gefangenen, so hatten wir 1997 nur noch einen Ausbruch mit 2 Gefangenen zu verzeichnen.` Justizministerin Karin Schubert: `Für mich ist dies der Beweis, daß sich unser intensives Bemühen für die Sicherheit der Bevölkerung auszahlt.`"

94 Müller-Dietz, in: Kleines Kriminologisches Wörterbuch, 1992, Seite 513;

Berlit, 1988, Seite 22;

Alisch, 1988, Seite 16 f.;

Maelicke, 1999, Seite 74.

heit verstanden wird [95] und ob eine Sicherung der Allgemeinheit tatsächlich durch das Wegschließen der Gefangenen erreicht werden kann, soll im folgenden untersucht werden, ob mit einer gelungenen Entweichung auch tatsächlich eine Gefährdung der Allgemeinheit durch neuerliche Straftaten der Gefangenen einhergeht.

4. Vergleich der personenbezogenen Daten der Probandengruppe mit den entsprechenden Durchschnittswerten aller Gefangenen der Anstalten des geschlossenen Vollzuges des Landes Nordrhein-Westfalen in den Jahren 1986 bis 1988

Da sich die vorliegende Untersuchung mit der Straffälligkeit entwichener Gefangener aus dem Bereich des geschlossenen Vollzuges befaßt, erscheint es sinnvoll, zunächst diejenigen Daten der Probandengruppe einer näheren Untersuchung zu unterziehen, denen auch in der allgemeinen Erforschung der Kriminalitätsursachen eine grundsätzliche Bedeutung beigemessen wird. Diese dürften ebenfalls einen entscheidenden Einfluß auf die Kriminalität der Entwichenen haben und sind daher bei der Wertung der Ergebnisse mitzuberücksichtigen.

---

95 Kritisch hierzu:

Georg Wagner, 1988, Seite 8;

und derselbe, 1992 b, Seite 55;

Bundschuh, 1992, Seite 73 und 75;

Beachtold, 1994, Seite 18;

Walter, 1995, Seite 199;

Braum / Varwig / Bader, 1999, Seite 69.

Zu den gesicherten Erkenntnissen der Kriminologie, die nahezu generelle Gültigkeit haben, zählt die Tatsache, daß neben dem Lebensalter auch das Geschlecht entscheidenden Einfluß auf die Delinquenzbelastung hat, [96] weshalb diese beiden Merkmale im folgenden näher erörtert werden sollen.

Zur Vervollständigung der personenbezogenen Daten wird ergänzend auch auf den Deutschen- und Nichtdeutschenanteil innerhalb der Probandengruppe eingegangen werden.

a) Das Alter

Wie soeben angesprochen, ist in der Kriminologie eine altersspezifische Verteilung der gesellschaftlichen Kriminalitätsbelastung als gesichert anzusehen. Kriminalstatistische Analysen belegen, daß die individuelle Kriminalitätsbelastung bis zum Alter von 20 Jahren ansteigt, um dann bis zum 35. Lebensjahr zunächst allmählich und danach stärker abzusinken. [97]

Dem entspricht - wenn auch mit einer gewissen zeitlichen Verzögerung - die Altersstruktur im Strafvollzug. Diese Verzögerung ist das Ergebnis eines bereits seit langem zu beobachtenden Verlagerungsprozesses, weg von stationären hin zu ambulanten Sanktionen, mit einer erweiterten Anwendung der Geldstrafe und einer extensiven Nutzung der Möglichkeit einer Strafaussetzung zur Bewährung, [98] so daß

---

96 Göppinger, 1997, Seite 497.

97 Eisenberg, 1995, Seite 609 f.;

Göppinger, 1997, Seite 497.

98 Walter, 1999, Rdz. 68.

die Inhaftierung im allgemeinen nur noch eine relativ seltene Folge einer Straftat ist, [99] die im Sanktionensystem nur als letztes Mittel zum Einsatz kommt.

Aufgrund der im Vergleich mit der allgemeinen Kriminalitätsbelastung verschobenen Altersstruktur werden daher im Jugendstrafvollzug ganz überwiegend junge Erwachsene und schon volljährige Gefangene angetroffen; im Erwachsenenstrafvollzug liegt der Altersschwerpunkt sogar bei den 30 bis 40jährigen. [100]

aa) Altersstruktur der Probandengruppe

Im Zusammenhang mit der Entweichungserscheinung stellt sich daher einerseits die Frage, welche altersspezifische Verteilung die Probandengruppe zeigt und andererseits, ob hier Abweichungen von der allgemeinen Altersstruktur im Strafvollzug festzustellen sind.

---

99 Tröndle / Fischer, 1999, § 47 Rdz. 1.

100 Walter, 1999, Rdz. 70.

Tabelle 6:
Altersstruktur der Probandengruppe

Alter	Entwichene					
	1986	*1987*	*1988*	*Summe*	*Anteil (n = 78)*	*Kumulativ*
14-17 Jahre	0	6	3	9	11,5 %	11,5 %
18-20 Jahre	5	12	7	24	30,8 %	42,3 %
21-24 Jahre	9	5	3	17	21,8 %	64,1 %
25-29 Jahre	2	9	4	15	19,2 %	83,3 %
30-34 Jahre	0	2	2	4	5,1 %	88,4 %
35-39 Jahre	0	6	1	7	9,0 %	97,4 %
40-44 Jahre	1	0	0	1	1,3 %	98,7 %
45-49 Jahre	0	0	1	1	1,3 %	100,0 %
50 Jahre und älter	0	0	0	0	0,0 %	100,0 %
Summe	17	40	21	78	100,0 %	100,0 %

Die vorstehende Übersicht läßt erkennen, daß die Mehrzahl, nämlich 64,1 % der Entwichenen, den Altersgruppen der zwischen 14 bis 24jährigen angehört, wobei die Gruppe der 18 bis 20jährigen mit 30,8 % besonders stark beteiligt ist, was den Schluß nahelegt, daß das besondere Vorkommnis der Entweichung aus dem geschlossenen Vollzug vor allem ein „besonderes Vorkommnis" bei den jüngeren Gefangenen ist.

Eine dahingehende Interpretation der Zahlen ist jedoch ohne Einbeziehung der entsprechenden Vergleichswerte aller Insassen des geschlossenen Vollzuges nicht möglich. Entscheidend ist daher, ob bei der Altersstruktur der Probandengruppe eine signifikante Abweichung zur Altersstruktur aller in Anstalten des geschlossenen Vollzuges Inhaftierten festzustellen ist.

bb) Vergleich der Altersstruktur der entwichenen Strafgefangenen mit der Altersstruktur aller in den Jahren 1986 bis 1988 in den Anstalten des geschlossenen Vollzuges des Landes Nordrhein-Westfalen inhaftierten Strafgefangenen und Sicherungsverwahrten

Da die statistischen Erhebungen der Justizverwaltungen lediglich für die Strafgefangenen und Sicherungsverwahrten eine detaillierte Altersstruktur ausweisen, während bezüglich der Gruppe der Untersuchungshäftlinge nur danach unterschieden wird, ob es sich hierbei um Jugendliche (14 bis 17jährige), Heranwachsende (18 bis 20jährige) oder Erwachsene (über 21jährige) handelt, kann ein differenzierter Vergleich der Altersstruktur nur bezüglich der Teilgruppe der Strafgefangenen (56 der 78 Probanden) erfolgen, wobei sich folgendes Bild ergibt:

Tabelle 7:

Vergleich der Altersstruktur der entwichenen Strafgefangenen mit der Alters-
struktur aller in den Jahren 1986 bis 1988 in den Anstalten des geschlossenen
Vollzuges des Landes Nordrhein-Westfalen inhaftierten Strafgefangenen und
Sicherungsverwahrten

Alter	1986		1987		1988	
	Gefangene	*Entwi-chene*	*Gefangene*	*Entwi-chene*	*Gefangene*	*Entwi-chene*
14-17 Jahre	157 (1,8 %)	0 (0,0 %)	137 (1,7 %)	5 (15,1 %)	120 (1,5 %)	1 (12,5 %)
18-20 Jahre	851 (9,7 %)	5 (33,3 %)	746 (9,1 %)	11 (33,3 %)	633 (8,1 %)	3 (37,5 %)
21-24 Jahre	1.619 (18,4 %)	8 (53,3 %)	1.482 (18,2 %)	4 (12,1 %)	1.399 (17,8 %)	2 (25,0 %)
25-29 Jahre	2.091 (23,8 %)	1 (6,7 %)	1.956 (23,9 %)	6 (18,2 %)	1.934 (24,7 %)	2 (25,0 %)
30-34 Jahre	1.405 (16,0 %)	0 (0,0 %)	1.286 (15,7 %)	2 (6,1 %)	1.261 (16,1 %)	0 (0,0 %)
35-39 Jahre	927 (10,5 %)	0 (0,0 %)	901 (11,0 %)	5 (15,2 %)	911 (11,6 %)	0 (0,0 %)
40-44 Jahre	666 (7,6 %)	1 (6,7 %)	636 (7,8 %)	0 (0,0 %)	599 (7,6 %)	0 (0,0 %)
45-49 Jahre	533 (6,1 %)	0 (0,0 %)	510 (6,2 %)	0 (0,0 %)	480 (6,1 %)	0 (0,0 %)
50 Jahre und älter	538 (6,1 %)	0 (0,0 %)	522 (6,4 %)	0 (0,0 %)	509 (6,5 %)	0 (0,0 %)
Summe	8.787 (100,0 %)	15 (100,0 %)	8.176 (100,0 %)	33 (100,0 %)	7.846 (100,0 %)	8 (100,0 %)

Quelle:
1. Justizministerium des Landes Nordrhein-Westfalen, Tabelle St 2, 1986 bis 1988, Blatt 4, Spalte 23.
2. Eigene Berechnungen.

Bemerkenswert ist hier vor allem, daß die ersten drei Altersgruppen, also die der 14 bis 24jährigen, bei den Entwichenen im Vergleich zu den insgesamt im geschlossenen Vollzug Inhaftierten dieser Altersgruppe wesentlich stärker vertreten sind. Demgegenüber finden sich unter den Entwichenen kaum Gefangene, die älter als 30 Jahre sind und sogar nur ein einziger Gefangener, der älter als 40 Jahre ist, während im Vergleich hierzu im gesamten geschlossenen Vollzug die Hälfte aller Gefangenen den Altersgruppen ab 30 Jahre angehört.

Besonderen Aussagewert bekommen die ermittelten Zahlen, wenn ihre Mittelwerte errechnet und diese in Bezug zueinander gesetzt werden.

Tabelle 8:
Vergleich der anteiligen Altersstruktur der entwichenen Strafgefangenen mit der anteiligen Altersstruktur aller in den Jahren 1986 bis 1988 in den Anstalten des geschlossenen Vollzuges des Landes Nordrhein-Westfalen inhaftierten Strafgefangenen und Sicherungsverwahrten

Alter	Mittelwerte		Faktor
	Gefangene	Entwichene	
14-17 Jahre	1,7 %	9,2 %	5,4
18-20 Jahre	9,0 %	34,7 %	3,9
21-24 Jahre	18,1 %	30,1 %	1,7
25-29 Jahre	24,1 %	16,6 %	0,7
30-34 Jahre	15,9 %	2,0 %	0,1
35-39 Jahre	11,0 %	5,1 %	0,5
40-44 Jahre	7,7 %	2,2 %	0,3
45-49 Jahre	6,1 %	0,0 %	--
50 Jahre und älter	6,3 %	0,0 %	--
Summe	99,9 %	99,9 %	--

Bei dieser Gegenüberstellung des prozentualen Anteils der einzelnen Altersgruppen an der Gesamtzahl der inhaftierten Strafgefangenen und Sicherungsverwahrten einerseits und an der Gesamtzahl der entwichenen Strafgefangenen andererseits zeigt sich besonders deutlich, daß die Altersgruppen der Jugendlichen (14 - 17 Jahre) und Heranwachsenden (18 - 20 Jahre) in der Gruppe der Entwichenen weit überproportional häufig vertreten sind (Faktor: 5,4 und 3,9), und daß sich dies bei der Altersgruppe der jungen Erwachsenen (21 - 24 Jahre), wenn auch in abgeschwächter Form (Faktor: 1,7), noch deutlich abzeichnet.

Die Entweichungsfrequenz erreicht also in der Gruppe der Jugendlichen und Heranwachsenden ihren Höhepunkt, während der Schwerpunkt der in den untersuchten Anstalten insgesamt Inhaftierten mit 24,1 % bei der Altersklasse der 25 bis 29jährigen liegt.

Daß es sich hierbei nicht um ein zufälliges Ergebnis handelt, belegt ein Vergleich mit der bereits erwähnten Untersuchung von Diekmann, der ebenfalls zu entsprechenden alterspezifischen Schwerpunktbildungen kommt. Festgestellt wird dort, "daß bei verhältnismäßig starker Beteiligung der Jugendlichen bis zu 18 Jahren (= 13,28 %) 54,18 % aller Entwichenen den Altersgruppen zwischen 18 und 25 Jahren angehören."[101]

Ob für dieses Erscheinungsbild eine höhere Aktivität, Spontanität und Risikofreude der jugendlichen Anstaltsinsassen ausschlaggebend ist[102] oder die Ursache eher in den Besonderheiten des Jugendstrafvollzuges mit seinem ausgeprägten Erziehungsgedanken und den damit einhergehenden Behandlungsmethoden zu suchen ist, die eine weitgehende Auflockerung und in geeigneten Fällen auch eine Öffnung der Mauern vorsehen (vgl. § 91 Absatz 3 des Jugendgerichtsgesetzes),[103] kann und soll an dieser Stelle nicht geklärt werden, da die Frage nach den Ursachen der Entweichungserscheinung nicht Thema der vorliegenden Untersuchung ist.

Von besonderem Interesse ist jedoch, ob die hohe Entweichungsquote der Jugendlichen (14 - 17 Jahre = 9,2 % im Durchschnittswert), der Heranwachsenden (18 - 20 Jahre = 34,7 % im Durchschnittswert) und der jungen Erwachsenen (21 - 24

---

101 Diekmann, 1964, Seite 82.

102 Diekmann, 1964, Seite 84.

103 Bulczack, in: Schwind / Blau, 1988, Seite 76 f.;

Calliess, 1992, Seite 189 f..

Jahre = 30,1 % im Durchschnittswert) auch eine qualitative Entsprechung findet in Gestalt einer überproportionalen Beteiligung an der zu verzeichnenden Kriminalität der Entwichenen.

Die Klärung dieser Frage bleibt dem noch folgenden Hauptteil der Untersuchung vorbehalten.

cc) Vergleich der Altersstruktur der Probandengruppe mit der Altersstruktur aller in den Jahren 1986 bis 1988 in den Anstalten des geschlossenen Vollzuges des Landes Nordrhein-Westfalen inhaftierten Strafgefangenen, Sicherungsverwahrten und Untersuchungsgefangenen

Zur Vervollständigung der Datenerhebung zur Altersstruktur soll abschließend noch kurz der Frage nachgegangen werden, ob das gefundene Ergebnis auch bei Einbeziehung der bislang unberücksichtigt gebliebenen Gruppe der Untersuchungshäftlinge Bestand hat.

Wie bereits erwähnt, differenziert die amtliche Statistik hinsichtlich der Untersuchungsgefangenen lediglich danach, ob diese 14 bis unter 21 Jahre alt oder 21 Jahre und älter sind. Dennoch erscheint eine Heranziehung dieser - wenn auch groben - statistischen Unterteilung sinnvoll, da die Gruppe der Untersuchungsgefangenen einen großen Anteil sowohl der insgesamt Inhaftierten als auch der Entwichenen ausmacht.

Werden die Werte aller 1986 bis 1988 Inhaftierten den Werten der in diesen Jahren Entwichenen gegenübergestellt, so ergibt sich im einzelnen folgende altersspezifische Verteilung:

Tabelle 9:

Vergleich der Altersstruktur der Probandengruppe mit der Altersstruktur aller in den Jahren 1986 bis 1988 in den Anstalten des geschlossenen Vollzuges des Landes Nordrhein-Westfalen inhaftierten Strafgefangenen, Sicherungsverwahrten und Untersuchungsgefangenen *

Alter	1986		1987		1988	
	Gefangene	Entwichene	Gefangene	Entwichene	Gefangene	Entwichene
14-20 Jahre	1.567 (13,3 %)	5 (29,4 %)	1.309 (12,0 %)	18 (45,0 %)	1.232 (11,4 %)	9 (47,4 %)
ab 21 Jahre	10.200 (86,7 %)	12 (70,6 %)	9.614 (88,0 %)	22 (55,0 %)	9.598 (88,6 %)	10 (52,6 %)
Summe	11.767 (100,0 %)	17 (100,0 %)	10.923 (100,0 %)	40 (100,0 %)	10.830 (100,0 %)	19 (100,0 %)

Anmerkung:
* Da die Strafvollzugsstatistik zu der Altersstruktur der weiblichen Untersuchungsgefangenen keinerlei Auskunft erteilt, mußten sowohl die Entweichungsfälle als auch die Gefangenenzahlen jeweils um den Frauenanteil bereinigt werden, so daß sich diese Untersuchung nur auf männliche Probanden und Gefangene bezieht.

Quelle:
1. Justizministerium des Landes Nordrhein-Westfalen, Tabelle St 2, 1986 bis 1988, Blatt 4, Spalte 24.
2. Justizministerium des Landes Nordrhein-Westfalen, Übersicht: Zahl der Gefangenen, die sich in Untersuchungshaft befunden haben, 1986 bis 1988.
3. Eigene Berechnungen.

Auch unter Berücksichtigung der Untersuchungsgefangenen bestätigt sich mithin das Ergebnis der weit überdurchschnittlichen Beteiligung der Jugendlichen und Heranwachsenden an den Entweichungsvorgängen.

Werden von diesen Zahlen wiederum Durchschnittswerte ermittelt, so wird dies besonders deutlich:

Tabelle 10:
Vergleich der anteiligen Altersstruktur der Probandengruppe mit der anteiligen Altersstruktur aller in den Jahren 1986 bis 1988 in den Anstalten des geschlossenen Vollzuges des Landes Nordrhein-Westfalen inhaftierten Strafgefangenen, Sicherungsverwahrten und Untersuchungsgefangenen

Alter	Mittelwerte		Faktor
	Gefangene	Entwichene	
14-20 Jahre	12,2 %	40,6 %	3,3
21 Jahre und älter	87,8 %	59,4 %	0,7
Summe	100,0 %	100,0 %	--

Auch die nur grobe altersmäßige Differenzierung bei gleichzeitiger Einbeziehung der Untersuchungsgefangenen bestätigt damit die grundsätzliche Aussage, wonach die Gruppe der Jugendlichen und Heranwachsenden unter den Entwichenen weit überproportional vertreten ist (Faktor: 3,3 gegenüber 0,7).

Zusammenfassend bleibt damit festzustellen, daß der Schwerpunkt der Entwichenen eindeutig bei der Altersklasse der unter 25jährigen liegt.

b) Das Geschlecht

Neben dem Alter zählt anerkanntermaßen auch das Geschlecht zu den wichtigsten persönlichen Merkmalen, die Einfluß auf die Kriminalitätserscheinung haben. [104]

aa) Geschlechtsspezifische Zusammensetzung der Probandengruppe

Die geschlechtsspezifische Zusammensetzung der Probanden in absoluten und prozentualen Zahlen stellt sich dabei im Erhebungszeitraum wie folgt dar:

Tabelle 11:
Anzahl und Anteil der männlichen und weiblichen Probanden

Jahr	Anzahl der Entwichenen	-- davon Männer	-- davon Frauen
1986	17	17 (100,0 %)	0 (0,0 %)
1987	40	40 (100,0 %)	0 (0,0 %)
1988	21	19 (90,5 %)	2 (9,5 %)
Summe	78	76 (97,4 %)	2 (2,6 %)

---

104 Schneider, 1987, Seite 561;

Göppinger, 1997, Seite 524 ff..

Vgl. insbesondere Eisenberg, 1995, Seite 953 ff, zu einigen Erklärungsansätzen zum geringen Anteil weiblicher Personen, da er nicht schon durch den Anteil der Wohnbevölkerung erklärbar ist (Seite 957 ff.).

Im Rahmen der vorliegenden Untersuchung konnte lediglich ein Entweichungsvorgang aus dem eingefriedeten Bereich einer Anstalt des geschlossenen Vollzuges
festgestellt werden, bei dem im Jahre 1988 zwei weibliche Anstaltsinsassen gemeinsam die Flucht ergriffen; der Frauenanteil an der Probandengruppe betrug damit 2,6 %.

Die grundsätzliche Feststellung, wonach Kriminalität und Strafvollzug überwiegend
männliche Erscheinungen sind, [105] scheint demnach auch für das besondere
Vollzugsvorkommnis der Entweichung Gültigkeit zu haben. [106]

bb) Vergleich der geschlechtsspezifischen Zusammensetzung der Probandengruppe mit der geschlechtsspezifischen Zusammensetzung aller in den
Jahren 1986 bis 1988 in den Anstalten des geschlossenen Vollzuges des
Landes Nordrhein-Westfalen inhaftierten Strafgefangenen, Sicherungsverwahrten und Untersuchungsgefangenen

Eine verläßliche Interpretation der Zahlen wird jedoch auch hier erst durch die In-
bezugsetzung zu den entsprechenden Vergleichszahlen aller Insassen des geschlossenen Vollzuges möglich, die der folgenden Tabelle entnommen werden können.

---

105 Justizministerium des Landes Nordrhein-Westfalen, 1995, Seite 6;
Eisenberg, 1995, Seite 610.

106 Vgl. insoweit Horn, 1973, Seite 102, die - jedoch ohne nähere empirische Begründung - feststellt, daß „Fluchtversuche aus dem Anstaltsgelände selbst ... nur in seltenen Ausnahmefällen
statt(finden)."
Im übrigen hierzu:
Einselne, 1971, Seite 131 ff.; und
dieselbe, 1950, Seite 12.

Tabelle 12:

Anzahl und Anteil der männlichen und weiblichen Gefangenen an der Gesamtzahl aller in den Jahren 1986 bis 1988 in den Anstalten des geschlossenen Vollzuges des Landes Nordrhein-Westfalen inhaftierten Strafgefangenen, Sicherungsverwahrten und Untersuchungsgefangenen

Jahr	Anzahl der Gefangenen	-- davon Männer	-- davon Frauen
1986	12.283	11.767 (95,8 %)	516 (4,2 %)
1987	11.385	10.923 (95,9 %)	462 (4,1 %)
1988	11.329	10.830 (95,6 %)	499 (4,4 %)
Mittel	11.665,6	11.173,3 (95,8 %)	492,3 (4,2 %)

Quelle:
1. Justizministerium des Landes Nordrhein-Westfalen, Tabelle St 2, 1986 bis 1988, Blatt 4, Spalte 23.
2. Justizministerium des Landes Nordrhein-Westfalen, Übersicht: Zahl der Gefangenen, die sich in Untersuchungshaft befunden haben, 1986 bis 1988.
3. Eigene Berechnungen.

Der Anteil der Frauen von nur 2,6 % aller entwichenen Probanden liegt somit noch unterhalb des Anteils der weiblichen Gefangenen an der Gesamtzahl der im geschlossenen Vollzug des Landes Nordrhein-Westfalen in den Jahren 1986 bis 1988 Inhaftierten, der im Durchschnitt bei 4,2 % lag.

Es bleibt damit bei der grundsätzlichen Aussage, daß das Phänomen der Entweichung offensichtlich ein männliches ist.

cc) Exkurs: Besonderheiten des Frauenvollzuges

Die Ausgestaltung des Frauenstrafvollzuges weist - außer den bereits erwähnten geringen Gefangenenzahlen - noch weitere Besonderheiten auf, die sich in der konkreten Ausgestaltung des Vollzugsalltages niederschlagen und die vor allem auch unter Berücksichtigung der hier in Rede stehenden „Sicherungsfunktion" des Vollzuges Veranlassung geben, Überlegungen zur grundsätzlichen Berechtigung des geschlossenen Frauenvollzuges anzustellen.

Die Erfahrungen der Praxis zeigen, daß sich die äußeren Umstände des Freiheitsentzuges auf Frauen im allgemeinen belastender auswirken als auf männliche Gefangene [107] und bei ihnen vermehrt persönliche Schwierigkeiten und Störungen zu beobachten sind. Ob es sich hierbei um situativ bedingte oder bereits in den Vollzug mitgebrachte Probleme handelt, [108] kann an dieser Stelle dahinstehen. Fest steht jedoch, daß die spezifischen weiblichen Bedürfnisse im Vollzugsalltag nicht genügend Berücksichtigung finden. [109]

Zwar sieht der in § 140 Absatz 2 StVollzG normierte Trennungsgrundsatz eine Unterbringung von Frauen in gesonderten Einrichtungen vor. Die geringe Anzahl der weiblichen Gefangenen führt jedoch dazu, daß sie landesweit nur in wenigen

---

107 Justizministerium des Landes Nordrhein-Westfalen, 1991, Seite 15, und 1995, Seite 11.

108 Walter, 1999, Rdz. 175.

109 Vgl. Einselne / Bernhardt, in : Schwind / Blau, 1988, Seite 58, die zu Recht darauf hinweisen, daß lediglich sieben Vorschriften des Strafvollzugsgesetzes ausschließlich Frauen betreffen (§§ 76 bis 80, 135 und 142 StVollzG) und sich inhaltlich mit Schwangerschaft, Mutterschaft und Sicherungsverwahrung von Frauen befassen.

Vollzugsanstalten untergebracht sind, wobei es sich - bis auf eine Ausnahme - nur um getrennte Abteilungen in Anstalten für Männer handelt. [110]

Diese nur wenigen, selbständigen Frauenanstalten haben den großen Nachteil, daß sie die Frauen regelmäßig erheblich weiter als männliche Gefangene von ihrem heimatlichen Bezugsfeld trennen, was nicht nur die Besuchsmöglichkeiten für die Angehörigen, sondern auch die spätere Wiedereingliederung wesentlich erschwert. Zwar würde eine Vielzahl kleinster Einrichtungen dies vermeiden. Diese wären aber noch stärker der Gefahr ausgesetzt, daß sich kein eigenständiger, in der Organisation und in der personellen und sachlichen Ausstattung auf die spezifischen Bedürfnisse der Frauen zugeschnittener Vollzug entwickeln könnte. [111]

Selbst die in Nordrhein-Westfalen praktizierte Unterbringung in wenigen besonderen Abteilungen der auch für männliche Gefangene zuständigen Justizvollzugsanstalten birgt die Gefahr, daß sich die immer noch relativ kleine Gruppe der inhaftierten Frauen in einer „verhängnisvollen Anhängselsituation" [112] zum „Männervollzug" befinden. Dies führt im Vollzugsalltag immer wieder dazu, daß die auf den „Männervollzug" zugeschnittenen Regelungen und Richtlinien weitgehend übernommen werden. Die frauenspezifischen Belange können dabei in weiten Bereichen nicht genügend berücksichtigt werden. [113]

Im Gegensatz zu dieser „vollzuglichen Angleichung" besteht unter Vollzugspraktikern weitgehende Einigkeit, daß die Sicherheit und Ordnung bei weiblichen

---

110 Vgl. Justizministerium des Landes Nordrhein-Westfalen, 1990, Seite 57, wonach im Untersuchungszeitraum fünf Justizvollzugseinrichtungen für die weiblichen Straf- und Untersuchungsgefangenen zur Verfügung standen.

111 Kaiser, in: Kaiser / Kerner / Schöch, 1992, Seite 326 f.;
     Walter, 1999, Rdz. 176.

112 Walter, 1999, Rdz. 176.

113 Einselne / Bernhardt, in: Schwind / Blau, 1988, Seite 58.

Gefangenen in der Regel mit geringerem Aufwand und weniger Einschränkungen zu gewährleisten ist als bei Männern. [114]

Dies hat vielfach in den Anstalten des geschlossenen Vollzuges dazu geführt, daß bei weiblichen Gefangenen die allgemeinen Sicherheitsvorkehrungen innerhalb der Einrichtungen großzügiger ausgelegt und insgesamt mehr Freiheiten eingeräumt werden als bei Männern. Beispielsweise dürfen die weiblichen Gefangenen in ihrer Freizeit grundsätzlich eigene Kleidung tragen, und es wird ihnen auch - von einigen Ausnahmen abgesehen - die Ausstattung des Haftraumes mit privaten Gegenständen großzügiger gestattet als im Männervollzug. Daneben wird ihnen über die üblichen Gemeinschaftsveranstaltungen ein größeres Maß an Gemeinschaft ermöglicht, beispielsweise, indem die Haftraumtüren zeitweise geöffnet bleiben und die Mahlzeiten gemeinsam eingenommen werden. [115]

Diese „Annehmlichkeiten" im Vollzug können sicher vielen Frauen die Bewältigung der Haft spürbar erleichtern. [116] Dies darf aber nicht den Blick dafür verstellen, daß die genannten strukturellen Besonderheiten des Frauenvollzuges grundsätzlich auch eine offenere Form des Frauenvollzuges rechtfertigen dürfte. Denn obwohl das Sicherheitsproblem im Frauenvollzug kaum eine Rolle spielt, wird der Vollzug weiterhin in geschlossenen Anstalten durchgeführt, die nach ihrem gesetzlich festgelegten Auftrag ausdrücklich der „sicheren Unterbringung" der Gefangenen dienen sollen (vgl. § 141 Absatz 2, 1. Halbsatz StVollzG). Die meisten Haftplätze für Frauen sind daher - weil sich ihre Organisation am Risiko des gefährlichsten männlichen Strafgefangenen orientiert - [117] absolut übersichert.

---

114 Horn, 1973, Seite 100;

Justizministerium des Landes Nordrhein-Westfalen, 1991, Seite 15; und 1995, Seite 11.

115 Vgl. Justizministerium des Landes Nordrhein-Westfalen, 1990, Seite 57 f. und 59; sowie 1997, Seite 59 f. und 61.

116 Walter, 1999, Rdz. 177.

117 Horn, 1973, Seite 142.

Hier wird besonders deutlich, „daß der Vollzug keineswegs immer aus Sicherheitsgründen in geschlossenen Anstalten durchgeführt wird", [118] sondern daß wenige problematische Gefangene, bei denen tatsächlich eine sichere Unterbringung erforderlich ist, indirekt den Sicherungsstandard für alle Insassen mitbestimmen. [119] Angesichts der Tatsache, daß das durchschnittliche Sicherheitsrisiko, das von weiblichen Gefangenen ausgeht, erheblich unter dem Durchschnittswert im Männervollzug liegt [120] und angesichts der insgesamt geringen Zahl weiblicher Gefangener, die eine Differenzierung nach dem Sicherheitsfaktor aus Gründen der Rentabilität nicht möglich macht, drängt sich die - von einigen auch geforderte - Konsequenz auf, Frauenanstalten grundsätzlich als (halb)offene Anstalten zu organisieren. [121] Für diejenigen Frauen, die ein überdurchschnittliches Sicherheitsrisiko bedeuten, könnte dann innerhalb dieser Anstalten eine kleine geschlossene Abteilung eingerichtet werden. Diese Umkehrung des Regel-Ausnahme-Prinzips, welches im übrigen den gesetzgeberischen Vorstellungen entsprechen würde, [122] wäre eine konsequente Umsetzung der Erkenntnis, daß der Sicherheitsfaktor in Frauenhaftanstalten nur eine untergeordnete Rolle spielt.

In diesem Zusammenhang ist auf den folgenden Beschluß der 68. Konferenz der Justizministerinnen und -minister vom 11. bis 12. Juni 1997 in Saarbrücken hinzuweisen, wo es zur Lage des Justizvollzuges in der Bundesrepublik Deutschland heißt: *„Bei der weiteren Entwicklung des Justizvollzuges ist darauf hinzuwirken,*

---

118 Walter, 1999, Rdz. 177.

119 Horn, 1973, Seite 142;

Walter, 1999, Rdz. 177.

120 Horn, 1973, Seite 142.

121 Vgl. ausdrücklich Horn, 1973, Seite 140 und 142.

122 Vgl. insoweit:

Hoffmann / Lesting, in: AK StVollzG, 1990, § 10 Rdz. 4;

Schüler-Springorum, 1978, Seite 12, wonach der offene Vollzug nach dem Willen des Gesetzgebers die Regelvollzugsform darstellen soll.

daß frauenspezifische Belange im Vollzug besondere Berücksichtigung finden. Dazu gehören unter anderem der Ausbau von vom Männervollzug getrennten Einrichtungen und eine besondere Würdigung der geringeren Sicherheitsanforderungen im Frauenvollzug." [123]

Wie dieser Beschluß zukünftig in Nordrhein-Westfalen umgesetzt wird, bleibt abzuwarten. Jedoch sind hier bereits seit vielen Jahren strukturelle Verbesserungen des Frauenvollzuges zu verzeichnen, die auf eine weitere infrastrukturelle Veränderung von geschlossenen zu offenen Anstalten hinzielen und auch die Schaffung interner Verlegungsmöglichkeiten in eine offene Fraueneinrichtung bei *jeder* Anstalt / Abteilung des Frauenvollzuges vorsehen. [124]

Parallel hierzu ist in Nordrhein-Westfallen eine Erweiterung der Originärzuständigkeit des offenen Vollzuges erfolgt, die - unabhängig von der Dauer der verhängten Strafe - eine durchlässigere Zuweisung bereits zu Beginn des Vollzuges ermöglicht.

Die zahlreichen sicherheitsbedingten Beschränkungen in Anstalten des geschlossenen Vollzuges können daher bei den Gefangenen, die kein Sicherheitsrisiko darstellen, und zu denen ohne Zweifel zahlreiche weibliche Gefangene zählen dürften, von vornherein dazu führen, daß sie der Vollzugsform zugeführt werden, in der unter Verzicht auf größere Sicherungen eine möglichst große Selbständigkeit gewährt und Eigenverantwortung gefördert wird, nämlich den offenen Vollzug (vgl. §§ 10 und 141 Absatz 2 StVollzG).

---

123 Justizministerium des Landes Nordrhein-Westfalen, 1997, Beschluß zu TOP II.4.

124 Vgl. Justizministerium des Landes Nordrhein-Westfalen, 1989, Seite 95 und 97, wo hierzu im „Vollzugskonzept 2000" konkrete Überlegungen dargelegt und rund 220 Plätze im offenen Frauenvollzug angestrebt werden (Stand 1995: 162 Plätze).

c)   Die Nationalität

aa) Nationalitätenstruktur der Probandengruppe

Die Berücksichtigung der Nationalitätenstruktur innerhalb der Probandengruppe ist vorwiegend insbesondere deshalb von Interesse, weil im Zusammenhang mit den zunehmenden Anforderungen und Schwierigkeiten im Strafvollzug auch der hohe Ausländeranteil unter den Gefangenen beklagt wird, [125] wobei Sprachschwierigkeiten, Bildungsdefizite und soziokulturell bedingte Unterschiede unverändert die Schwerpunkte der Problematik darstellen. [126]

Die Probandengruppe besteht aus 55 deutschen und 23 nichtdeutschen Anstaltsinsassen. Dies entspricht einem Anteil von 70,5 % bzw. 29,5 %, wobei jedoch in den einzelnen Jahrgängen erhebliche Unterschiede - von 11,8 % bis hin zu 47,6 % - zu verzeichnen sind.

Dabei ergibt sich im einzelnen folgendes Bild:

---

125 Justizministerium des Landes Nordrhein-Westfalen, Übersicht über die Anzahl und den Belegungsanteil der ausländischen Gefangenen an bestimmten Stichtagen seit 1981 in Nordrhein-
Westfalen (Az.: 4470 - IV B. 38).

126 Kaiser, in: Kaiser / Kerner / Schöch, 1992, Seite 284.

Tabelle 13:
Anzahl und Anteil der deutschen und nichtdeutschen Probanden

Jahr	Anzahl der Entwichenen	-- davon Deutsche	-- davon Nichtdeutsche
1986	17 (100,0 %)	15 (88,2 %)	2 (11,8 %)
1987	40 (100,0 %)	29 (72,5 %)	11 (27,5 %)
1988	21 (100,0 %)	11 (52,4 %)	10 (47,6 %)
Summe	78 (100,0 %)	55 (70,5 %)	23 (29,5 %)

bb) Vergleich der Nationalitätenstruktur der entwichenen Strafgefangenen mit der Nationalitätenstruktur aller in den Jahren 1986 bis 1988 in den Anstalten des geschlossenen Vollzuges des Landes Nordrhein-Westfalen inhaftierten Strafgefangenen und Sicherungsverwahrten

Auch die vorstehend wiedergegebenen Zahlen sind, isoliert betrachtet, nur beschränkt aussagefähig. Sie werden dies erst durch eine Gegenüberstellung mit den entsprechenden Anteilen der Deutschen und Nichtdeutschen an der Gesamtzahl der Inhaftierten im geschlossenen Vollzug. Da die amtlichen Statistiken jedoch wiederum - wie bereits bei der Frage der Altersstruktur - [127] nur für die Gruppe der Strafgefangenen und Sicherungsverwahrten eine Differenzierung nach dem Deutschen- und Nichtdeutschenanteil vornehmen, muß in der folgenden Berechnung der

---

127 Vgl. Seite 62.

Anteil der Untersuchungshäftlinge (= 22 Probanden) erneut unberücksichtigt bleiben.

Danach ergibt sich für die nordrhein-westfälischen Anstalten des geschlossenen Vollzuges folgendes Bild:

Tabelle 14:
Vergleich der Anzahl und des Anteils der Deutschen und Nichtdeutschen an der Gesamtzahl aller in den Jahren 1986 bis 1988 in den Anstalten des geschlossenen Vollzuges des Landes Nordrhein-Westfalen inhaftierten Strafgefangenen und Sicherungsverwahrten mit der Anzahl und dem Anteil der deutschen und nichtdeutschen entwichenen Strafgefangenen

Jahr	Gefangene			Entwichene		
	Insgesamt	Deutsche	Nicht-deutsche	Insgesamt	Deutsche	Nicht-deutsche
1986	8.787 (100,0 %)	8.044 (91,5 %)	743 (8,5 %)	15 (100,0 %)	14 (93,3 %)	1 (6,7 %)
1987	8.176 (100,0 %)	7.404 (90,6 %)	772 (9,4 %)	33 (100,0 %)	24 (72,7 %)	9 (27,3 %)
1988	7.846 (100,0 %)	7.036 (89,7 %)	810 (10,3 %)	8 (100,0 %)	3 (37,5 %)	5 (62,5 %)
Mittel	8.270 (100,0 %)	7.495 (90,6 %)	775 (9,4 %)	18,7 (100,0 %)	13,7 (73,3 %)	5 (26,8 %)

Quelle:
1. Justizministerium des Landes Nordrhein-Westfalen, Tabelle St 4, 1986 bis 1988, Teil 2, Spalte 17 bis 20.
2. Eigene Berechnungen

Es ist danach offensichtlich, daß die nichtdeutschen Anstaltsinsassen weit überproportional an Entweichungen aus dem geschlossenen Vollzug beteiligt sind. Während ihr durchschnittlicher Anteil an der Gesamtzahl der Inhaftierten lediglich 9,4 % beträgt, sind sie zu 26,8 % an den Entweichungen beteiligt, mithin fast dreimal so häufig, wie es ihrem Anteil entsprechen würde.

cc) Erklärungsansätze für die überproportionale Beteiligung der nichtdeutschen Gefangenen an der Gesamtzahl der Entwichenen

Zwar ist die Erforschung der Gründe für diese weit überdurchschnittliche Beteiligung von Nichtdeutschen und Staatenlosen an Entweichungen nicht das primäre Thema der vorliegenden Untersuchung. Jedoch ist dieses Ergebnis derart markant, daß im folgenden doch einige ihrer möglichen Ursachen kurz angesprochen werden sollen.

Ein Erklärungsansatz könnte sein, daß die nichtdeutschen Entwichenen überwiegend den jüngeren Altersgruppen angehören, deren Mitglieder - wie dargestellt - überproportional häufig an Entweichungen beteiligt sind.

Eine Überprüfung der nichtdeutschen Probandengruppe ergibt jedoch, daß die unter 21jährigen Probanden (acht) kaum häufiger als die über 21jährigen Probanden (sieben - davon vier älter als 24 Jahre) an den Entweichungen beteiligt sind.

Ursächlich für den überproportionalen Entweichungsdrang der nichtdeutschen Probanden müssen daher andere Gegebenheiten sein.

Hierbei dürfte vor allem dem Umstand entscheidende Bedeutung zukommen, daß es sich bei den Ausländern im Strafvollzug nicht um eine homogene Minderheit handelt, sondern vielmehr um eine aus zahlreichen Nationalitäten bestehende Gruppe sehr unterschiedlicher kultureller und religiöser Herkunft. Ihnen fällt es daher besonders schwer, sich in der isolierenden Umgebung einer Justizvollzugsanstalt zurechtzufinden und die nach dem geltenden Recht auch ihnen zustehenden Chancen wahrzunehmen. [128] Die ohnehin schon schwierige Situation der nichtdeutschen Gefangenen wird dadurch zusätzlich verschärft und stellt sicherlich einen besonderen Anreiz zur Entweichung dar.

Hinzu kommen die sprachlichen Probleme, die eine Integration in den Vollzugsalltag erschweren und insgesamt vielfach zu einer Ablehnung durch deutsche Mithäftlinge führen. [129]

Nicht zuletzt dürfte aber auch die bestehende Ausweisungspraxis die nichtdeutschen Gefangenen verstärkt zur Entweichung motivieren. [130] Ausländischen Gefangenen, mit deren Ausweisung oder Abschiebung zu rechnen ist, werden nämlich im Vollzugsalltag - auch in Fällen genereller Eignung - an beruflichen und schulischen Bildungsmaßnahmen kaum beteiligt und von Vollzugslockerungen weitgehend ausgeschlossen, um sie für ausländerpolizeiliche Maßnahmen zur Verfügung zu halten. [131] Unabhängig von den bereits angesprochenen Sprach- und Verständigungsschwierigkeiten befindet sich daher der ausländische Gefangene grundsätzlich „im Spannungsfeld zwischen Resozialisierungsauftrag und Zielsetzung des Ausländerrechts, das den Ausländer als grundsätzlich verschiebbares und auch abschiebbares Wesen betrachtet." [132]

---

128 Nährich, 1975, 145 ff., mit einem umfassenden Überblick zur Vollzugssituation nichtdeutscher Gefangener.

Vgl. insoweit auch: Justizministerium des Landes Nordrhein-Westfalen, 1993, Seite 60.

129 Walter, 1999, Rdz. 88.

130 Vgl. insoweit Rotthaus, 1992 a, Seite 43: „Für Ausländer bringt der Strafvollzug besondere Schwierigkeiten und Notlagen mit sich, ... Allerdings haben in vielen Fällen ihre Sorgen und Probleme eher mit dem Ausländeramt, den von dort kommenden Entscheidungen über die Frage von Ausweisungen und Abschiebung als mit dem Vollzug zu tun."

131 Nährich, 1975, Seite 150;

Walter, 1999 Rdz. 88.

132 Walter, 1999, Rdz. 88.

Diese Benachteiligung und Ungleichbehandlung von deutschen und nichtdeutschen Gefangenen dürfte ein weiteres, nachvollziehbares Entweichungsmotiv für nichtdeutsche Gefangene darstellen.

Aber auch folgende Besonderheit dürfte einen zusätzlichen Anreiz zur Entweichung bilden:

Alle derzeit noch flüchtigen Probanden (sechs von 78) sind ausnahmslos Nichtdeutsche. Damit liegt die Vermutung nahe, daß die nichtdeutschen Inhaftierten im Gegensatz zu den deutschen im Falle einer erfolgreichen Entweichung die durchaus realistische Aussicht haben, im - wohl zumeist heimatlichen - Ausland ein „normales" und „legales" Leben führen zu können, ohne dem Zugriff der deutschen Strafverfolgungsbehörden ausgesetzt zu sein. Ein deutscher Anstaltsinsasse weiß demgegenüber, daß ihm im Falle der Flucht nur der Weg in die Illegalität bleibt und damit - unter dem gegebenen Fahndungsdruck - früher oder später die Rückführung in den Strafvollzug droht.

Zwar liegen keine näheren Erkenntnisse über den derzeitigen Aufenthalt der sechs noch flüchtigen nichtdeutschen Probanden vor, jedoch erscheint es kaum vorstellbar, daß sie jahrelang in Deutschland in der Illegalität leben konnten, ohne im Fahndungsnetz zu enden. Jedenfalls wären sie in diesem Fall strafrechtlich nicht mehr in Erscheinung getreten, was als absoluter Resozialisierungserfolg gewertet werden könnte. Da hiervon jedoch kaum ausgegangen werden kann, dürfte als nahezu sicher gelten, daß sich die noch flüchtigen, nichtdeutschen Entwichenen nicht mehr in Deutschland aufhalten.

Diese Annahme wird im übrigen auch dadurch gestützt, daß ein nicht unerheblicher Teil (weitere vier) der wieder ergriffenen nichtdeutschen Entwichenen im benachbarten Ausland oder beim Grenzübertritt nach Deutschland gestellt und in den Strafvollzug zurückgeführt wurden. Mithin steht zumindest in diesen Fällen fest, daß die Flucht ins Ausland für nichtdeutsche Anstaltsinsassen eine besondere Bedeutung hat.

Festgehalten werden kann damit, daß es bei näherer Betrachtung keineswegs verwundern darf, daß der Anteil der nichtdeutschen und staatenlosen Gefangenen an der Gesamtzahl der Entwichenen weit überdurchschnittlich hoch ist.

d) Zusammenfassung

Die wichtigsten der vorstehend ausgewerteten personenbezogenen Daten stellen sich im Überblick wie folgt dar:

Bei der Auswertung des Lebensalters der Entwichenen ist zu verzeichnen, daß über die Hälfte der Entwichenen der Altersgruppe zwischen 18 und 24 Jahren angehören und daß Jugendliche und Heranwachsende - dies gilt in abgeschwächter Form ebenso für die 21 bis 24jährigen - auch unter Berücksichtigung ihres hohen Anteils an der Gesamtzahl der Inhaftierten weit überproportional häufig an Entweichungen beteiligt sind.

Bei der geschlechtspezifischen Auswertung zeigt sich, daß die weiblichen Anstaltsinsassen noch über ihren ohnehin geringen Anteil an der Gesamtzahl der im geschlossenen Vollzug Inhaftierten hinaus auch in der Probandengruppe der Entwichenen unterrepräsentiert sind.

Bezüglich der Nationalität läßt sich feststellen, daß die nichtdeutschen Anstaltsinsassen, in Relation zu ihrem Anteil an der Gesamtzahl aller Inhaftierten, fast dreimal so häufig wie die deutschen Anstaltsinsassen entweichen.

5. Ausgewählte Kriterien einer möglichen Gefährlichkeitsprognose

Außer den bereits ermittelten personenbezogenen Daten der Probanden dürften für die vorliegende Untersuchung insbesondere auch die Art der Delikte, die zur Einweisung der Probanden in eine geschlossene Justizvollzugsanstalt geführt haben, sowie die Vorstrafenbelastung der Probanden von besonderer Bedeutung sein, weil hieraus Rückschlüsse auf die abstrakte Gefährlichkeit der Entwichenen und dadurch zugleich auch auf die Gefährdung der Allgemeinheit nach erfolgreicher Entweichung gezogen werden könnten.

Dies ist vor allem vor dem Hintergrund der eingangs bereits erwähnten, in der Öffentlichkeit und in der politischen Diskussion aufgestellten These von Interesse, wonach es gerade die schwierigen und besonders gefährlichen Insassen sein sollen, „die sich aus dem staatlichen Gewahrsam befreien, um erneutes Unheil anzurichten."[133]

Darüber hinaus wird auch der Frage nachgegangen, welcher Zeitraum zwischen Verlassen des unmittelbaren Anstaltsbereiches und Rückkehr bzw. Rückführung in den staatlichen Gewahrsam lag. Denn es ist zumindest naheliegend, daß auch die Dauer der Entweichung einen unmittelbaren Einfluß auf die zu verzeichnende Kriminalitätserscheinung haben dürfte.[134]

---

133 Vgl. Seite 6.

134 Vgl. insoweit Giger, 1959, Seite 262 und 330.

a) Haupteinweisungsdelikte der Probanden als Indiz für eine Gefährlichkeits-prognose

aa) Haupteinweisungsdelikte der Probandengruppe

Zunächst soll dargestellt werden, wegen welcher Delikte die einzelnen Probanden zur Zeit der Entweichung in den Anstalten des geschlossenen Vollzuges inhaftiert waren, wobei jedoch lediglich das nach seiner abstrakten Strafandrohung schwerste Delikt (sogenanntes Haupteinweisungsdelikt) berücksichtigt wird.

Die alleinige Erfassung des Haupteinweisungsdeliktes hat zwar den Nachteil, daß im Einzelfall nicht das gesamte Erscheinungsbild des deliktischen Geschehens, das zur Inhaftierung der Probanden geführt hat, dargestellt werden kann.

Demgegenüber überwiegen jedoch die wesentlichen Vorteile dieser Methode:

Zum einen gewährleistet sie eine bessere Übersichtlichkeit. Zum anderen wird die mehrmalige Erfassung eines einheitlichen kriminellen Vorganges innerhalb verschiedener Deliktsgruppen mit der Folge einer hierauf beruhenden Verfälschung der anteilsmäßigen Deliktsquoten innerhalb der Deliktsgruppen vermieden. [135]

Vor allem spricht aber für diese Vorgehensweise, daß sie den Vorgaben der einschlägigen amtlichen Statistiken [136] entspricht und so den Vergleich der Probandenzahlen mit dem vorhandenen amtlichen Datenmaterial der Landesjustizverwaltung ermöglicht.

Dies vorausgeschickt, stellt sich die Struktur der Haupteinweisungsdelikte bei den Probanden wie folgt dar, wobei die Aufteilung in Deliktsgruppen ebenfalls der Vorgabe in den amtlichen Statistiken entspricht.

---

135 Giger, 1959, Seite 283.
136 Vgl. Justizministerium des Landes Nordrhein-Westfalen, Tabelle St 6 , 1986 bis 1988.

Tabelle 15:
Struktur der Haupteinweisungsdelikte der Probandengruppe

Deliktsgruppen bzw. Delikte* **	Anzahl (n = 78)	Anteil (in %)
Widerstand gegen die Staatsgewalt (§§ 111 - 121)		
-- Gefangenenmeuterei (§ 121 Absatz 1 Nummer 2)	1	1,3
Falsche uneidliche Aussage und Meineid (§§ 153 - 163)		
-- Falsche uneidliche Aussage (§ 153)	1	1,3
Straftaten gegen das Leben (§§ 211 - 222)		
-- Mord (§ 211)	6	7,7
-- Totschlag (§ 212)	2	2,6
Körperverletzung (§§ 223 - 233)		
-- Gefährliche Körperverletzung (§ 223 a)***	1	1,3
Straftaten gegen die persönliche Freiheit (§§ 234 - 241 a)		
-- Geiselnahme (§ 239 b)***	1	1,3
Diebstahl und Unterschlagung (§§ 242 - 248 c)		
-- Diebstahl (§ 242)	7	8,9
-- Besonders schwerer Fall des Diebstahls (§ 243)	30	38,5
-- Unbefugter Gebrauch eines Fahrzeuges (§ 248 b)	2	2,6
Raub und Erpressung (§§ 249 - 256)		
-- Raub (§ 249)	4	5,1
-- Schwerer Raub (250)	14	17,9
-- Räuberische Erpressung (§ 255)	1	1,3
Betrug und Untreue (§§ 263 - 266)		
-- Betrug (§ 263)	1	1,3
Gemeingefährliche Straftaten (§§ 306 - 315 a, 316 a - 323 c)		
-- Räuberischer Angriff auf Kraftfahrer (§ 316 a)	1	1,3
Straftaten im Straßenverkehr		
-- Gefährlicher Eingriff in den Straßenverkehr (§§ 315 b Absatz 1 Nr. 3 i.V.m. 315 Absatz 3 Nr. 2)	1	1,3
Sonstige Straftaten nach dem StGB		
-- Geldfälschung (§ 146)	1	1,3
Straftaten nach dem StVG insgesamt	1	1,3
Straftaten nach dem BtMG insgesamt	3	3,8

Anmerkungen:

* Bei den genannten Paragraphen handelt es sich ausnahmslos um solche des Strafgesetzbuches.

** Aus Gründen der Übersichtlichkeit findet - entsprechend der Vorgabe in den amtlichen Statistiken - keine Unterscheidung zwischen versuchtem und vollendetem Delikt statt.

*** Bei den Vorschriften der gefährlichen Körperverletzung und der Geiselnahme wurde die zum Entweichungszeitpunkt geltende Gesetzesfassung zugrunde gelegt, das heißt, im erstgenannten Falle war eine Freiheitsstrafe bis zu fünf Jahren und im zweiten Fall eine solche nicht unter drei Jahren vorgesehen.

Augenfällig ist bei dieser Tabelle vor allem, daß über ein Drittel der Probanden (= 38,5 %) wegen eines besonders schweren Falls des Diebstahls (§ 243 StGB) inhaftiert waren und daß die gesamte Deliktsgruppe Diebstahl und Unterschlagung (§§ 242 - 248 c StGB) mit 50,0 % die mit Abstand stärkste Gruppe der Haupteinweisungsdelikte darstellt.

Dies ist besonders deshalb bemerkenswert, da es sich hierbei um eine Deliktsgruppe handelt, die im allgemeinen allenfalls - wenn überhaupt - mit relativ kurzen Freiheitsstrafen belegt wird und daher grundsätzlich Raum bietet für die seit der Strafrechtsreform der Jahre 1969 / 1970 angestrebte Zurückdrängung der Freiheitsstrafe zugunsten der Möglichkeit einer Strafaussetzung zur Bewährung.

Hinzu kommt, daß bei diesen Delikten auch die Untersuchungshaft - zumindest aus Gründen der Verhältnismäßigkeit - nicht ohne weiteres angeordnet wird.

Bezogen auf die Probandengruppe liegt demnach die Vermutung nahe, daß es sich bei den wegen Diebstahlsdelikten Inhaftierten überwiegend um Rückfalltäter handelt, bei denen mit zunehmender Anzahl der Verurteilungen das Risiko wächst, auch einmal eine Freiheitsstrafe ohne Bewährung zu erhalten, bei erneuter Auffälligkeit dann mit längeren Freiheitsstrafen bedacht zu werden und schließlich - im Wechselspiel von Straftat und Sanktionierung - immer wieder und immer länger im

geschlossenen Vollzug zu enden (sogenannter Drehtüreffekt des Strafvollzuges). [137]
Die Tatsache einer - gegebenenfalls auch längerfristigen - Inhaftierung im geschlossenen Vollzug bedeutet mithin nicht zugleich, daß der betreffende Gefangene
zu den „besonders gefährlichen" Straftätern gehört, von denen eine besondere Gefahr schwerer Straftaten für die Allgemeinheit ausgeht.

Aus den vorgenannten Gründen dürfte daher auch die Anzahl der Vorstrafen nur
bedingt aussagekräftig für die Qualifizierung eines Gefangenen als „besonders gefährlich" sein.

Erstaunlich hoch ist auch der Anteil der schweren Raubtaten, der bei 17,9 % liegt.
Der Gesamtanteil der Deliktsgruppe Raub und Erpressung (§§ 249 - 256 StGB) liegt
sogar bei 24,3 %. Demzufolge wurde immerhin nahezu jeder vierte Proband wegen
dieser Deliktsart als Haupteinweisungsdelikt dem geschlossenen Vollzug zugeführt.

Wird im übrigen berücksichtigt, daß es sich bei dieser Deliktsgruppe um eine
durch das Gewaltmoment der Nötigung qualifizierte Form der Wegnahme bzw. der
Vermögensverfügung handelt, so bedeutet dies, daß sich insgesamt 76,9 % der Probanden wegen eines Deliktes aus dem Eigentums- bzw. Vermögensbereich im wei-
testen Sinne [138] im geschlossenen Vollzug befanden.

Zuletzt soll noch die Deliktsgruppe der Straftaten gegen das Leben (§§ 211 - 222
StGB) besondere Erwähnung finden, die mit über 10 % einen überraschend hohen
Anteil ausmacht (Mord: 7,7 %; Totschlag: 2,6 %). Sie stellt damit neben Diebstahl
und Unterschlagung, gefolgt von Raub und Erpressung, die mit Abstand drittstärkste
Deliktsgruppe dar.

---

137 Kerner, in: Kaiser / Kerner / Schöch, 1992, Seite 378;
   Walter, 1999, Rdz. 83.

138 Neben den genannten Deliktsgruppen Diebstahl und Unterschlagung sowie Raub und Erpressung wurden in dieser Berechnung auch die Delikte des Betruges und des räuberischen Angrif-
   fes auf Kraftfahrer berücksichtigt.

Wie noch im einzelnen im Rahmen der Analyse der Presseberichterstattung darzustellen sein wird, ist es gerade diese Gruppe der Straftäter, denen als Haupteinweisungsdelikt die Begehung eines Mordes oder Totschlages zum Vorwurf gemacht wird, auf die sich im Falle einer gelungenen Entweichung die besondere Aufmerksamkeit der Medien richtet, und zwar häufig verbunden mit der - zumindest unterschwellig - geschürten Angst der Lesergemeinde vor einer erneuten, einschlägigen Straffälligkeit der Entwichenen. In Erinnerung gerufen sei nur an die eingangs erwähnte Presseschlagzeile: „Häftling entkommen: Mörder floh im LKW".

Grundsätzliche Bedenken gegen diese Form der Berichterstattung erscheinen angebracht, da es sich bei der Gruppe der wegen Tötungsdelikten Inhaftierten in vielen Fällen um Täter handelt, die einen anderen Menschen - oft den Lebensgefährten - in einer einmaligen persönlichen Konfliktsituation getötet haben. [139] Demzufolge kann gerade bei dieser Tätergruppe aufgrund der Besonderheiten der tatauslösenden Momente und einer häufig vorzufindenden günstigen Sozialprognose nicht ohne weiteres von einer Wiederholungsgefahr ausgegangen werden. Die in § 2 Satz 2 StVollzG enthaltene Aufgabe des Strafvollzuges, nämlich die Allgemeinheit vor weiteren Straftaten der Gefangenen zu schützen, kommt damit gerade bei diesen Tätern von vornherein nicht zum Tragen.

Es stellt sich daher die Frage, ob im Falle einer Entweichung die Furcht vor diesen Tätern, die durch die Presseberichterstattung in der Bevölkerung bisweilen erzeugt wird, letztlich nicht völlig unbegründet ist.

Eine Einzelfallbetrachtung der wegen Mordes und Totschlags inhaftierten Probanden führt jedoch zu dem überraschenden Ergebnis, daß in fünf von acht Fällen neben dem Tötungsdelikt als Haupteinweisungsdelikt zugleich eine Strafbarkeit aus dem Deliktsbereich des schweren Raubes (§ 250 StGB) bzw. des Raubes mit Todesfolge (§ 251 StGB) als weiteres Einweisungsdelikt zu verzeichnen ist. Damit handelt es sich zumindest in diesen fünf Fällen gerade nicht um den für Tötungsde-

---

139 Walter, 1999, Rdz. 119.

likte typischen Konflikttäter, sondern vielmehr um Gewalttäter, die die Tötung im Zusammenhang mit einem weiteren Delikt - zumeist aus dem Eigentums- und Vermögensbereich - begangen haben.

Dieses Ergebnis scheint damit nicht nur die einschlägige Presseberichterstattung zu rechtfertigen, sondern auch die These zu bestätigen, wonach es gerade die besonders gefährlichen Inhaftierten sind, deren Entweichung befürchtet werden muß und die bei zu vermutender einschlägiger Rückfälligkeit eine besondere Gefahrenquelle für die Allgemeinheit darstellen.

Ob sich diese latente Gefahr erneuter, einschlägiger Rückfälligkeit von Gewalttätern bei gelungener Entweichung auch tatsächlich realisiert, ist eine Frage, der im einzelnen noch im Hauptteil der Untersuchung nachgegangen wird.

bb) Untersuchung der Haupteinweisungsdelikte nach bestimmten Kriterien

Um zunächst die abstrakte „Gefährlichkeit" der Probandengruppe genauer bestimmen zu können, sollen im folgenden die Haupteinweisungsdelikte auf ihren Schweregrad und den damit verbundenen Unrechtsgehalt einer detaillierten Betrachtung unterzogen werden. Damit soll eine weitere Grundlage für die Beantwortung der Frage geschaffen werden, ob durch die Feststellung der den Probanden zur Last gelegten Haupteinweisungsdelikte ein zuverlässiger Rückschluß auf die Gefährdung der Allgemeinheit durch entwichene Straftäter möglich ist.

(1) Verbrechen und Vergehen

Zunächst soll der abstrakte Unrechtsgehalt der Haupteinweisungsdelikte näher erfaßt werden.

Hierfür werden die Haupteinweisungsdelikte der Probanden nach der im Strafgesetzbuch geltenden Zweiteilung der Straftaten in Verbrechen und Vergehen unterteilt, da hierin der grundsätzliche Schweregrad der Tat nach Unrecht und Schuld zum Ausdruck kommt. [140]

Bei den von den Probanden begangenen Haupteinweisungsdelikten stellt sich das Verhältnis zwischen Verbrechen und Vergehen wie folgt dar:

Tabelle 16:
Anzahl und Anteil der Verbrechen und Vergehen unter den Haupteinweisungsdelikten

	Anzahl *(n = 78)*	*Anteil* *(in %)*
Vergehen	44	56,4
Verbrechen	33	42,3
Ungeklärt*	1	1,3

Anmerkung:
* Bei der einen ungeklärten Tat handelt es sich um einen Verstoß gegen das Betäubungsmittelgesetz, bei dem zwar das Strafmaß (1 Jahr und 8 Monate Freiheitsstrafe) bekannt ist, nicht jedoch der genaue Tatvorwurf.

---

140 Gribbohm, in: LK, 1997, § 12 Rdz. 11 ff.;

Tröndle / Fischer, 1999, § 12 Rdz. 2.

Danach ist bei immerhin 33 Probanden (= 42,3 %) das Haupteinweisungsdelikt ein Verbrechen, also mit einem Regelstrafrahmen von mindestens einem Jahr Freiheitsstrafe bedroht.

Eine nähere Betrachtung der unter den Verbrechenstatbestand fallenden Delikte zeigt, daß das angedrohte Mindestmaß der Freiheitsstrafe tatsächlich aber nur in sechs Fällen (= 18,2 % der Verbrechensvorwürfe) ein Jahr beträgt. Es handelt sich hierbei um vier Fälle des Raubes sowie jeweils einen Fall der räuberischen Erpressung und des gefährlichen Eingriffs in den Straßenverkehr.

Demgegenüber beträgt die Mindeststrafe in drei Fällen (= 9,1 % der Verbrechensvorwürfe) bereits zwei Jahre, nämlich in zwei Fällen eines Verstoßes gegen das Betäubungsmittelgesetz [141] und in einem Fall der Geldfälschung. Bei einer weiteren Straftat, nämlich einer Geiselnahme, [142] beläuft sich die Mindeststrafandrohung auf nicht unter drei Jahren (= 3,1 % der Verbrechensvorwürfe) und bei 17 Delikten (= 51,5 % der Verbrechensvorwürfe) immerhin auf nicht unter fünf Jahren. Hierzu zählen 14 Fälle des schweren Raubes, zwei Fälle des Totschlags sowie ein Fall des räuberischen Angriffs auf Kraftfahrer.

In sechs Fällen (= 18,6 % der Verbrechensvorwürfe) lautet die Strafandrohung sogar auf lebenslange Freiheitsstrafe; es handelt sich hierbei um die sechs Mordtaten.

Innerhalb der Verbrechenstatbestände läßt sich damit nochmals eine eindeutige Tendenz feststellen, hin zu den schweren bzw. schwersten Deliktsgruppen mit dem abstrakt höchsten Strafmaß.

Aber auch bei den 44, den Probanden vorgeworfenen Vergehenstatbeständen ist zu einem großen Teil eine erhöhte Mindeststrafandrohung festzustellen.

---

141 Es handelt sich dabei um Verstöße gegen § 30 Absatz 1 BtMG.

142 Bei dieser Vorschrift wurde die zum Entweichungszeitpunkt geltende Gesetzesfassung zugrunde gelegt.

So sind 32 Delikte (= 72,7 % der Vergehenstatbestände) mit einer Freiheitsstrafe von nicht unter drei Monaten bedroht, wobei es sich in 30 Fällen um einen besonders schweren Diebstahl sowie in je einem Fall um eine Gefangenenmeuterei sowie um eine falsche uneidliche Aussage handelt.

Lediglich 12 Delikte (= 27,3 % der Vergehenstatbestände) waren mit einer geringeren Freiheitsstrafe oder wahlweise mit Geldstrafe bedroht.

Es bleibt daher bei dem Eindruck, daß es sich bei den den Probanden vorgeworfenen Haupteinweisungsdelikten größtenteils um solche handelt, die in der Abstufung der Delikte bereits einem höheren Grad des Unrechtsgehaltes und des Schuldvorwurfs zugeordnet werden müssen. [143]

---

143 Auf die Heranziehung des im Urteil ausgesprochenen Strafmaßes als weiterem Indikator für die Schwere der Tat und damit für die potentielle Gefährlichkeit des Probanden wurde in der vorliegenden Untersuchung aus folgenden Gründen verzichtet: Zum einen kann den Bundeszentralregisterauszügen bei Mehrfachverurteilungen in einem Entscheidungsteil (Gesamtstrafe oder Verurteilungen zu mehreren Einzelstrafen) nicht entnommen werden, welches Einzeldelikt mit welcher Sanktion geahndet wurde (vgl. insoweit bereits die Ausführungen auf Seite 33), so daß auch nicht nachvollziehbar ist, mit welcher Einsatzstrafe das jeweilige Haupteinweisungsdelikt belegt wurde. Zum anderen ist das im Einzelfall verhängte Strafmaß aber auch von vielen Faktoren abhängig, die weniger von der Schwere der Tat, als vielmehr von der Person des Täters bestimmt werden. So spielt vor allem die Frage eine Rolle, ob Jugend- oder Erwachsenenstrafrecht Anwendung findet. Darüber hinaus sind aber auch die strafrechtliche Vorbelastung des jeweiligen Täters sowie die regionalen Unterschiede in der Strafzumessungspraxis für das konkret verhängte Strafmaß von erheblicher Bedeutung.

(2) Gewaltanwendung gegen Personen und Sachen

Auch die Anwendung von Gewalt - insbesondere gegen Personen - bei der Tatbegehung stellt einen anerkannten Indikator für die Schwere der Tat dar. Im folgenden soll daher untersucht werden, in welchem Umfang die Haupteinweisungsdelikte der Probanden durch den Einsatz von Gewalt gegen Personen und Sachen gekennzeichnet sind.

Im einzelnen ergibt sich hierzu folgendes Bild:

Tabelle 17:
Anzahl und Anteil der mit Gewalt verbundenen Haupteinweisungsdelikte

	Anzahl *(n = 78)*	*Anteil* *(in %)*
Keine Gewaltanwendung	16	20,5
Gewalt gegen Personen	30	38,5
Gewalt gegen Sachen	28	35,9
*Ungeklärt **	4	5,1

Anmerkung:
* Lediglich in drei der 30 Fälle des besonders schweren Diebstahls konnte anhand der zur Verfügung stehenden Unterlagen nicht festgestellt werden, welcher Absatz bzw. welche Nummer des § 243 StGB durch den Probanden verwirklicht wurde, so daß die Frage der Gewaltanwendung in diesen Fällen offen bleiben mußte.
Auch war eine nähere Klassifizierung der Straftat des gefährlichen Eingriffs in den Straßenverkehr nicht möglich, da in der zitierten Vorschrift sowohl eine Gefährdung von Leib oder Leben eines anderen als auch von fremden Sachen von bedeutendem Wert in Betracht kommt.

Danach dominieren unter den Haupteinweisungsdelikten eindeutig diejenigen Straftaten, die durch den Einsatz von Gewalt ihren wesentlichen Unrechtsgehalt und damit ihr Gepräge erhalten. Während lediglich ein Fünftel der Straftaten (= 20,5 %) ohne den Einsatz von Gewalt begangen wurde, liegt der Anteil der Straftaten, bei denen Gewalt gegen Personen bzw. Gewalt gegen Sachen angewandt wurde, bei 38,5 % bzw. 35,9 %.

Der hohe Anteil der mit Gewalt gegen Sachen verbundenen Straftaten (= 35,9%) läßt sich zum einen darauf zurückführen, daß 30 der Probanden wegen eines besonders schweren Falles des Diebstahls im Sinne des § 243 StGB als Haupteinweisungsdelikt dem Justizvollzug zugeführt worden waren, wobei es sich fast ausnahmslos um Einbruchsdiebstähle in Geschäfts- und Wohnräume sowie um PKW-Aufbruchsdiebstähle handelte.

Zum anderen zeigt sich, daß die große Anzahl der Delikte mit Gewaltanwendung gegen Personen aus der Vielzahl der durch das Gewaltmerkmal der Nötigung qualifizierten Eigentums- und Vermögensdelikte (Raub und Erpressung = 24,3 %, räuberischer Angriff auf Kraftfahrer = 1,3 %) resultiert. Daneben findet sich aber auch hier mit 10,3 % der hohe Anteil von Mord- und Totschlagsdelikten wieder.

(3) Gewaltkriminalität im Sinne der Polizeilichen Kriminalstatistik

Aufschlußreich ist auch eine nähere Betrachtung der den Probanden vorgeworfenen Haupteinweisungsdelikte unter dem Gesichtspunkt, der in der Presseberichterstattung regelmäßig besondere Aufmerksamkeit erfährt, ob es sich nämlich um einen entwichenen Täter handelt, der wegen eines Gewaltdeliktes inhaftiert war, bei dem es sich also um einen sogenannten „Gewalttäter" handelt. [144]

---

144 Als Gewalttäter wird in Anlehnung an die Begriffserläuterung „Gewaltkriminalität" in Ziffer 3.4 der Vorbemerkungen zur Polizeilichen Kriminalstatistik des Landes Nordrhein-Westfalen

Tabelle 18:
Anzahl und Anteil der Gewaltkriminalität im Sinne der Polizeilichen Kriminalstatistik unter den Haupteinweisungsdelikten

	Anzahl (n = 78)	Anteil (in %)
Gewaltkriminalität	30	38,5
Sonstige Kriminalität	48	61,5

Der Anteil der Gewalttäter im Sinne der Polizeilichen Kriminalstatistik beträgt damit innerhalb der Probandengruppe 38,5 %; mehr als jeder dritte Proband zählt also zu dieser als besonders gefährlich eingestuften Tätergruppierung.

Ob hier signifikante Unterschiede zur allgemeinen Gefangenenstruktur zu verzeichnen sind, soll im nun folgenden Kapitel näher untersucht werden.

---

ein Täter bezeichnet, dem die Delikte Mord, Totschlag, Kindestötung, Vergewaltigung, Raub, Körperverletzung mit tödlichem Ausgang, gefährliche und schwere Körperverletzung, erpresserischer Menschenraub, Geiselnahme oder Angriff auf den Luftverkehr vorgeworfen werden. In Ergänzung hierzu wurde in der vorliegenden Untersuchung auch ein Fall des räuberischen Angriffs auf einen Kraftfahrer (§ 316 a StGB) sowie ein Fall der räuberischen Erpressung (§ 255 StGB) als Gewalttat mitberücksichtigt, da diese Delikte von ihrem Erscheinungsbild den sonstigen Delikten der Gewaltkriminalität entsprechen, so daß ihre Gleichbehandlung angezeigt ist.

cc) **Vergleich der Deliktsstruktur der Haupteinweisungsdelikte bei den entwichenen Strafgefangenen mit derjenigen aller in den Jahren 1986 bis 1988 in den Anstalten des geschlossenen Vollzuges des Landes Nordrhein-Westfalen inhaftierten Strafgefangenen und Sicherungsverwahrten**

Die in dem Vorabschnitt gefundenen Ergebnisse zur Frage des Gewaltmoments innerhalb der Haupteinweisungsdelikte der Probandengruppe scheinen tatsächlich die in der öffentlichen Diskussion vertretene These zu bestätigen, wonach es gerade die besonders gefährlichen Gefangenen sein sollen, von denen im Falle einer Entweichung eine besondere Gefährdung der Allgemeinheit zu befürchten sei.

Diese Aussage kann letztlich jedoch nur weiter erhärtet oder aber entkräftet werden durch einen Vergleich zwischen den Haupteinweisungsdelikten der entwichenen Probanden und denen der im Erhebungszeitraum im geschlossenen Vollzug des Landes Nordrhein-Westfalen insgesamt Inhaftierten, da nur so eine überproportionale Beteiligung bestimmter Tätergruppen an den Entweichungsvorgängen festgestellt werden kann.

Bedingt durch die Vorgaben der amtlichen Strafvollzugsstatistik, [145] die lediglich bei der Gruppe der Strafhäftlinge eine Differenzierung nach den Haupteinweisungsdelikten vornimmt, kann im folgenden wiederum nur ein Vergleich mit der Teilgruppe der 56 entwichenen Strafgefangenen unter den 78 entwichenen Probanden erfolgen.

In den Jahren 1986 bis 1988 stellen sich die absoluten Zahlen hierbei wie folgt dar:

---

145 Vgl. insoweit Justizministerium des Landes Nordrhein-Westfalen, Tabelle St 6.

Tabelle 19:

Vergleich der Deliktsstruktur der Haupteinweisungsdelikte bei den entwichenen Strafgefangenen mit derjenigen aller in den Jahren 1986 bis 1988 in den Anstalten des geschlossenen Vollzuges des Landes Nordrhein-Westfalen inhaftierten Strafgefangenen und Sicherungsverwahrten

Haupteinweisungsdelikte*	Entwichene (n = 56)		Gefangene	
		in %		in %
Widerstand gegen die Staatsgewalt (§§ 111 - 121)				
-- Gefangenenmeuterei (§ 121 Absatz 1 Nummer 2)**	1	1,8	17,7	0,2
Falsche uneidliche Aussage und Meineid (§§ 153 - 163)				
-- Falsche uneidliche Aussage (§ 153)**	1	1,8	20,0	0,2
Straftaten gegen das Leben (§§ 211 - 222)				
-- Mord (§ 211)	6	10,7	572	6,9
-- Totschlag (§ 212)	1	1,8	302	3,7
Körperverletzung (§§ 223 - 233)				
-- Gefährliche Körperverletzung (§ 223 a)	1	1,8	292,7	3,5
Straftaten gegen die persönliche Freiheit (§§ 234 – 241 a)				
-- Geiselnahme (§ 239 b)**	1	1,8	78,3	1,0
Diebstahl und Unterschlagung (§§ 242 – 248 c)				
-- Diebstahl (§ 242)	6	10,7	700,3	8,5
-- Besonders schwerer Fall des Diebstahls (§ 243)	21	37,5	1934	23,4
-- Unbefugter Gebrauch eines Fahrzeuges (§ 248 b)***	2	3,6	8,7	0,1
Raub und Erpressung (§§ 249 - 256)				
-- Raub (§ 249)	2	3,6	226	2,7
-- Schwerer Raub (§ 250)	9	16,1	552	6,7
-- Räuberische Erpressung (§ 255)	1	1,8	562	6,8
Betrug und Untreue (§§ 263 - 266)				
-- Betrug (§ 263)	1	1,8	409,3	5,0
Gemeingefährliche Straftaten (§§ 306 - 315 a, 316 a – 323 c)				
-- Räuberischer Angriff auf Kraftfahrer (§ 316 a)	1	1,8	53	0,6
Straftaten im Straßenverkehr				
-- Gefährlicher Eingriff in den Straßenverkehr (§§ 315 b Absatz 1 Nr. 3 i.V.m. 315 Absatz 3 Nr. 2)	1	1,8	10	0,1
Straftaten nach dem StVG insgesamt	1	1,8	72,3	0,9
Summe	56	100,0	5810,3	70,3

Anmerkungen:
* Bei den genannten Paragraphen handelt es sich ausnahmslos um solche des Strafgesetzbuches.
** Da die amtliche Statistik die Gefangenenmeuterei (§ 121 Absatz 1 Nr. 2 StGB), die Falsche uneidliche Aussage (§ 153 StGB) und die Geiselnahme (§ 239 b StGB) nicht gesondert ausweist, wurden hier als Vergleichszahlen die Gesamtzahlen der einschlägigen Deliktsgruppen zugrunde gelegt.
*** Bei der Straftat des unbefugten Gebrauchs eines Fahrzeuges (§ 248 b StGB) beinhaltet die Vergleichszahl auch noch den Straftatbestand der Entziehung elektrischer Energie (§ 248 c StGB), da beide Straftaten in der Statistik zusammen ausgewiesen werden.

Quelle:
1. Justizministerium des Landes Nordrhein-Westfalen, Tabelle St 6, Blatt 1 bis 8, Spalte 19.
2. Eigene Berechnungen:
Die erste Spalte „Entwichene" gibt die Anzahl und den prozentualen Anteil der im Erhebungszeitraum entwichenen Strafgefangenen wieder.
Die zweite Spalte „Gefangene" beinhaltet die durchschnittliche Anzahl und den durchschnittlichen prozentualen Anteil der 1986 bis 1988 insgesamt inhaftierten Strafgefangenen und Sicherungsverwahrten zum Stichtag: 31. März.

Aus der vorstehenden Gegenüberstellung ergibt sich zunächst, daß die Gruppe der wegen Diebstahls- und Unterschlagungsdelikten Inhaftierten bei den Entwichenen erheblich überrepräsentiert ist (51,8 % gegenüber 32,0 %).

Eine mögliche Erklärung hierfür könnte darin zu suchen sein, daß die überproportional häufig an den Entweichungsfällen beteiligten Jugendlichen und Heranwachsenden möglicherweise überdurchschnittlich häufig wegen Taten aus dieser Deliktsgruppe inhaftiert waren.

Wie bereits dargestellt, [146] gehören 25 der 56 entwichenen Strafgefangenen, also etwa 45 %, der Altersgruppe der 14 bis unter 21jährigen an. Eine genaue Betrachtung der Einzelfälle zeigt allerdings, daß lediglich acht der 21 Haupteinweisungsdelikte des besonders schweren Diebstahls (= 38,1 %) von den 14 bis unter

---

146 Vgl. Seite 63, Tabelle 7.

21jährigen Probanden begangen wurden. Dieser relativ geringe Anteil zeigt, daß die überproportional hohe Anzahl der Diebstahls- und Unterschlagungsdelikte unter den Haupteinweisungsdelikten in keinem Zusammenhang steht mit dem niedrigen Durchschnittsalter der Probanden.

Da es sich bei den Diebstahlsdelikten zu einem großen Teil um Einbruchsdiebstähle in Geschäfts- und Wohnräume handelt, erscheint demgegenüber die Annahme naheliegender, daß „Einbrüche" und „Ausbrüche" wesensverwandt sind und aus diesem Grunde sogenannte „Einbrecher" auch überdurchschnittlich häufig unter den „Ausbrechern" zu finden sind.

Werden die beiden weiteren Deliktsgruppen, die hauptsächlich zur Einweisung der Probanden in die Justizvollzugsanstalten geführt haben - nämlich Raub und Erpressung (§§ 249 - 256 StGB) sowie die Tötungsdelikte (§§ 211 - 222 StGB) - einer entsprechenden vergleichenden Untersuchung unterzogen, so ergibt sich folgendes Bild:

Die Gruppe der wegen Mord und Totschlag Inhaftierten ist auf den ersten Blick bei den Entwichenen (12,5 %) etwas stärker vertreten als bei den Inhaftierten insgesamt (10,6 %).

Bei den wegen Raub und Erpressung (§§ 249 - 256 StGB) Inhaftierten ist dagegen wiederum eine deutlich überdurchschnittliche Beteiligung an den Entweichungen festzustellen (21,5 % gegenüber 16,2 %).

Im Gegensatz zu den Feststellungen bei den Diebstahls- und Unterschlagungsdelikten ist hier der weit überproportionale Anteil der Jugendlichen und Heranwachsenden auffallend. Während diese Altersgruppe insgesamt „nur" 44,6 % der entwichenen Strafgefangenen ausmacht, stellt sie neun der 12 Probanden (= 75,0 %), die wegen Raub und Erpressung inhaftiert sind. Ob diese Altersgruppe auch an den Straftaten, die im Zusammenhang mit der Entweichung begangen wurden, überdurchschnittlich häufig vertreten sind, wird noch im einzelnen untersucht werden.

dd) Exkurs: Statistische Besonderheiten bei Langzeitstrafen

Abschließend ist noch darauf hinzuweisen, daß bei der Interpretation der durchschnittlichen prozentualen Anteile der wegen Raub und Erpressung bzw. Mord und Totschlag inhaftierten Strafgefangenen und Sicherungsverwahrten folgende statistische Besonderheit berücksichtigt werden muß:

Der hohe Anteil der wegen schwerster Straftaten inhaftierten Strafgefangenen und Sicherungsverwahrten (im Erhebungszeitraum waren 10,3 % aller Strafgefangenen wegen Mord oder Totschlag und 24,3 % wegen Raub oder Erpressung inhaftiert) bedeutet keineswegs, daß tatsächlich ein Drittel der im geschlossenen Vollzug Inhaftierten wegen eines solchen Deliktes zu einer Freiheitsstrafe verurteilt wurde. Der hohe Anteil der wegen dieser Straftaten im geschlossenen Vollzug inhaftierten Strafgefangenen und Sicherungsverwahrten beruht vielmehr darauf, daß es sich hierbei ausnahmslos um Delikte handelt, die mit mehrjährigen Freiheitsstrafen belegt werden, was zur Folge hat, daß die einzelnen Gefangenen auch öfter an den Stichtagen gezählt und damit bei den hier zugrundegelegten Stichtagserhebungen überproportional häufig erfaßt werden. Es dürfte sich daher in erheblichem Umfang um eine statistisch bedingte Anteilserhöhung dieser Gefangenengruppen handeln. [147]

Hieraus folgt jedoch für die vorliegende Untersuchung, daß die Gruppe der wegen Mord und Totschlag sowie Raub und Erpressung inhaftierten Probanden tatsächlich erheblich häufiger an Entweichungen beteiligt war, als dies der Vergleich mit den statistischen Durchschnittszahlen belegt, da diese faktisch niedriger zu bewerten sind.

---

147 Kerner, in: Kaiser / Kerner / Schöch, 1992, Seite 373.

Ob hieraus jedoch wirklich auf eine erhebliche oder überdurchschnittliche Gefährdung der Allgemeinheit durch entwichene Gefangene dieser Deliktsgruppen geschlossen werden kann, läßt sich letztendlich nur anhand der tatsächlichen, von dieser Tätergruppe anläßlich der Entweichung verübten Kriminalität beurteilen.

Dies ist Untersuchungsgegenstand des noch folgenden Hauptteils der Arbeit.

b) Vorstrafen der Probanden als Indiz für eine Gefährlichkeitsprognose

Möglicherweise hat auch die Vorstrafenbelastung der Probanden - und hier insbesondere die Anzahl der jeweiligen Vorstrafen - eine nicht geringe Bedeutung für die im Zusammenhang mit der Entweichung begangenen Straftaten.

aa) Vorstrafen der Probandengruppe

Zunächst soll daher die Vorstrafenbelastung der 78 Probanden im Überblick dargestellt werden, um so die Grundlage für weitere, diesbezügliche Untersuchungen zu schaffen.

Tabelle 20:
Vorstrafenbelastung der Probandengruppe

Anzahl der Vorstrafen *	Anzahl der Probanden (n = 78)	Anteil der Probanden (in %)	Kumulativer Anteil (in %)
0	5	6,4	6,4
1	5	6,4	12,8
2	9	11,5	24,3
3	10	12,8	37,1
4	7	9,0	46,1
5 bis 10	34	43,6	89,7
11 bis 20	8	10,3	100,0
21 und mehr	0	0,0	100,0

Anmerkung:
* Um eine Vergleichbarkeit mit den amtlichen Vorstrafenstatistiken zu ermöglichen, sind hier nur die Verurteilungen berücksichtigt worden, die zum Zeitpunkt
der Entweichung bereits rechtskräftig waren. Noch nicht rechtskräftige Verurteilungen sind also ebenso wenig erfaßt, wie erst später erfolgte Verurteilungen wegen vor der Entweichung begangener Straftaten. Beim späteren Vergleich von
Anzahl und Qualität der früheren Kriminalität der Probanden werden demgegenüber diese weiteren Verurteilungen miteinbezogen. Ergänzend ist darauf hinzuweisen, daß die in der Untersuchung zugrundegelegten - unterschiedlichen -
Vorstrafenzahlen aus Spalte 3 der Anlage 1 ersichtlich sind.

Bei dieser Übersicht ist vor allem der sehr hohe Anteil von vielfach Vorbestraften

bemerkenswert. Insbesondere zeigt sich hier ein deutlicher Schwerpunkt bei der

Gruppe der mit fünf bis zehn Vorstrafen belasteten Probanden (= 43,6 %).

Mehr als die Hälfte aller Probanden (= 53,9 %) weisen zum Zeitpunkt ihrer Entweichung fünf oder mehr Vorstrafen auf. Angesichts der festgestellten Altersstruktur der Probandengruppe, [148] die ein deutliches Schwergewicht bei den Jugendlichen und Heranwachsenden ausweist, ist dieses Ergebnis durchaus überraschend.

Es stellt sich daher die grundsätzliche Frage, ob die Probandengruppe insgesamt eine überdurchschnittlich hohe Vorstrafenbelastung aufweist. Dies wird bei einem Vergleich mit der Vorstrafenbelastung der insgesamt im geschlossenen Vollzug Inhaftierten deutlich.

bb) Vergleich der Vorstrafenbelastung der entwichenen Strafgefangenen mit derjenigen aller in den Jahren 1986 bis 1988 in den Anstalten des geschlossenen Vollzuges des Landes Nordrhein-Westfalen inhaftierten Strafgefangenen und Sicherungsverwahrten

An dieser Stelle soll daher zunächst der grundsätzlichen Frage nachgegangen werden, ob und inwieweit bei der Probandengruppe hinsichtlich der Vorstrafenbelastung ein Unterschied gegenüber der Gesamtheit der in den Anstalten des geschlossenen Vollzuges des Landes Nordrhein-Westfalen einsitzenden Gefangenen festgestellt werden kann. Da die diesbezügliche amtliche Statistik eine Differenzierung nur hinsichtlich der Strafgefangenen und Sicherungsverwahrten vornimmt, nicht jedoch hinsichtlich der Untersuchungsgefangenen, muß aus Gründen der Vergleichbarkeit auch hier wiederum die Probandengruppe um den Anteil der Untersuchungsgefangenen (= 22 Probanden) bereinigt werden.

---

148 Vgl. Seite 61, Tabelle 6.

Bei dieser Gegenüberstellung ergibt sich folgendes Bild:

Tabelle 21:
Anteil der Vorbestraften unter den entwichenen Strafgefangenen und unter den in den Jahren 1986 bis 1988 in den Anstalten des geschlossenen Vollzuges des Landes Nordrhein-Westfalen inhaftierten Strafgefangenen und Sicherungsverwahrten

	Gefangene im Jahresdurchschnitt		Entwichene im Jahresdurchschnitt (n = 18,7)	
	Anzahl	*Anteil*	*Anzahl*	*Anteil*
Ohne Vorstrafen	2.488	30,1 %	1,0	5,3 %
Mit Vorstrafen * *(davon Freiheits- oder Jugendstrafe)*	5.782 (5.033)	69,9 % (60,9 %)	17,7 (16,7)	94,7 % (89,3 %)
Insgesamt	8.270	100,0 %	18,7	100,0 %

Anmerkung:
* Mit Ausnahme der Fürsorgeerziehung wurden alle Entscheidungen erfaßt, die im Bundeszentralregister und im Erziehungsregister (§§ 3, 59 BZRG) eingetragen sind, das heißt, neben Geld- und Freiheitsstrafen auch Jugendstrafe sowie Erziehungsmaßregeln und Zuchtmittel. Im übrigen beinhalten die Angaben auch Zuchthaus, Gefängnis, Einschliessung und Haft.

Quelle:
1. Justizministerium des Landes Nordrhein-Westfalen, Tabelle St 5, 1986 bis 1988, Teil 1, Blatt 1, Spalte 1 und 2 sowie Teil 2, Blatt 1, Spalte 17 und 18.
2. Eigene Berechnungen.

Zunächst ist festzustellen, daß die Gruppe der Nichtvorbestraften, also der Strafgefangenen, die gleich ihre erste Strafe im Vollzug zu verbüßen haben, unter der Gesamtheit der Gefangenen wesentlich häufiger vertreten ist als unter den Entwichenen (30,1 % gegenüber 5,3 %). [149]

Dies bedeutet umgekehrt, daß fast alle entwichenen Probanden (genau 94,7 %) vorbestraft sind, während dies nur bei 69,9 % aller Gefangenen des geschlossenen Vollzuges in Nordrhein-Westfalen der Fall ist.

Auch liegt bei den Entwichenen der Anteil der bereits früher mit einer Freiheits- oder Jugendstrafe belegten Gefangenen um circa ein Drittel höher als bei der Gesamtzahl aller inhaftierten Strafgefangenen und Sicherungsverwahrten.

Bereits dieser erste Vergleich zeigt, daß die kriminelle Vorbelastung der Entwichenen viel ausgeprägter ist als bei der Gesamtheit der Strafgefangenen und Sicherungsverwahrten.

Angesichts der bereits angesprochenen Altersstruktur der Entwichenen [150] ist dies ein besonders bemerkenswertes Ergebnis, da es sich hierbei zu einem großen Teil (= 44,6 %) um Jugendliche und Heranwachsende handelt, bei denen - aufgrund ihres geringen Alters und der demgemäß relativ kurzen Zeit für eine „kriminellen Karriere" - eigentlich zu erwarten gewesen wäre, daß ihre kriminelle Vorbelastung unterdurchschnittlich hoch ausfallen würde.

Dies ist jedoch, wie sich auch aus der nachfolgenden Übersicht ergibt, keineswegs so.

---

149 Dabei ist allerdings wegen eventuell erfolgter Tilgungen früherer Strafen im Strafregister (Bundeszentralregister bzw. ergänzend Erziehungsregister) ein gewisser Unsicherheitsfaktor zu berücksichtigen. Vgl. insoweit auch den Hinweis bei Kerner, in: Kaiser / Kerner / Schöch, 1992, Seite 375.

150 Vgl. Seite 61, Tabelle 6.

Tabelle 22:

Vergleich der Vorstrafenbelastung der aus dem geschlossenen Jugendstrafvollzug entwichenen Strafgefangenen mit derjenigen aller in den Jahren 1986 bis 1988 im geschlossenen Jugendstrafvollzug des Landes Nordrhein-Westfalen inhaftierten Strafgefangenen

Anzahl der Vorstrafen	Gefangene im Jahresdurchschnitt		Entwichene im Jahresdurchschnitt (n = 10,7)	
	Anzahl	Anteil (in %)	Anzahl	Anteil (in %)
0	936,0	67,2	0,7	6,3
1	330,0	23,7	0,3	3,1
2	106,7	7,7	2,0	18,7
3	12,3	0,9	2,3	21,8
4	4,7	0,3	1,7	15,7
5 bis 10	2,7	0,2	3,7	34,4
11 bis 20	0,0	0,0	0,0	0,0
21 und mehr	0,0	0,0	0,0	0,0

Quelle:
1. Justizministerium des Landes Nordrhein-Westfalen, Tabelle St 5, 1986 bis 1988, Teil 2, Blatt 2, Spalte 1 und 2.
2. Eigene Berechnungen.

Aufgrund dieser Zahlen kann zunächst festgestellt werden, daß die soeben geäußerte Vermutung, wonach bei einem Großteil der im Jugendstrafvollzug Inhaftierten keine oder allenfalls nur wenige Vorstrafen vorliegen, tatsächlich zutreffend ist (die Gruppe der jugendlichen Anstaltsinsassen mit maximal zwei Vorstrafen beläuft sich auf 98,6 %). Demgegenüber weisen nur 29,1 % der entsprechenden Probandengruppe unter den Entwichenen eine solch geringe Vorstrafenbelastung auf.

Als Zwischenergebnis bleibt festzuhalten, daß die Jugendlichen und Heranwachsenden unter den entwichenen Probanden zu einem Großteil vielfach vorbestraft sind. Während der Anteil der häufiger als zweimal Vorbestraften unter den inhaftierten Jugendlichen und Heranwachsenden insgesamt nur 1,4 % ausmacht, beträgt er bei den entwichenen Strafgefangenen dieser Altersgruppe 71 %, er liegt also circa 50mal höher.

Ob ein entsprechend signifikanter Unterschied auch bei der Gesamtheit der entwichenen Strafgefangenen feststellbar ist, soll die nächste Übersicht zeigen.

Tabelle 23:
Vergleich der Vorstrafenbelastung der entwichenen Strafgefangenen mit derjenigen aller in den Jahren 1986 bis 1988 in den Anstalten des geschlossenen Vollzuges des Landes Nordrhein-Westfalen inhaftierten Strafgefangenen und Sicherungsverwahrten

Anzahl der Vorstrafen	Gefangene im Jahresdurchschnitt		Entwichene im Jahresdurchschnitt ($n = 18,7$)		
	Absoluter Anteil (in %)	Kumulativer Anteil (in %)	Anzahl	Absoluter Anteil (in %)	Kumulativer Anteil (in %)
0	30,1	30,1	1	5,4	5,4
1	17,1	47,2	1	5,4	10,8
2	11,9	59,1	2	10,7	21,5
3	9,0	68,1	3	16,1	37,6
4	7,9	75,1	1,7	8,9	46,5
5 bis 10	18,9	94,0	8	42,9	89,4
11 bis 20	5,4	99,4	2	10,7	100,1
21 und mehr	0,6	100,0	0	0,0	100,1

Quelle:
1. Justizministerium des Landes Nordrhein-Westfalen, Tabelle St 5, 1986 bis 1988, Teil 1, Blatt 2, Spalte 1 und 2.
2. Eigene Berechnungen.

Bestätigung findet danach nochmals die grundsätzliche Annahme, daß sich in Anstalten des geschlossenen Vollzuges überwiegend Strafgefangene [151] befinden, die bereits mindestens eine Vorstrafe aufweisen, wobei die Durchschnittsquote der drei Jahrgänge bei nahezu 70 % liegt.

Auffallend ist weiter, daß es sich überwiegend um mehrfach Vorbestrafte handelt, wobei die Gruppe der ein- bis viermal Vorbestraften mit einem Anteil von insgesamt 45,9 % dominiert. Der Anteil der Gefangenen mit fünf oder mehr Vorstrafen liegt im Durchschnitt bei „nur" 24,9 %.

Die ermittelten Vergleichswerte bei der Gruppe der entwichenen Gefangenen weisen - wie bereits zuvor für die Teilgruppe der Jugendlichen und Heranwachsenden nachgewiesen wurde - hierzu erhebliche Unterschiede auf:

94,6 % aller entwichenen Strafgefangenen sind vorbestraft, wobei die Gruppe der mehr als dreimal Vorbestraften mit 62,5 % besonders stark vertreten ist.

Lediglich 46,5 % der Probanden sind zuvor nur ein- bis viermal mit strafrechtlichen Sanktionen belegt worden, im Gegensatz zu 75,1 % der Gesamtzahl der Strafgefangenen und Sicherungsverwahrten.

Eine weitere Aufschlüsselung zeigt, daß immerhin 53,6 % der Entwichenen fünf oder mehr Vorstrafen aufweisen, wohingegen es bei der Gesamtzahl der Gefangenen des geschlossenen Vollzuges lediglich 24,9 % waren.

---

151 Bei der Gruppe der Sicherungsverwahrten ergibt sich dies bereits aus den gesetzlichen Vorgaben des § 66 StGB, wonach die Anordnung der Unterbringung in der Maßregel der Besserung und Sicherung unter anderem an das Vorliegen von Vorverurteilungen geknüpft ist.

Somit wird die sich bereits bei den Jugendlichen und Heranwachsenen abzeichnende eindeutige Tendenz bestätigt, daß mit zunehmender Vorstrafenhäufigkeit eine häufigere Beteiligung an Entweichungen zu verzeichnen ist.

Abschließend kann festgehalten werden, daß die quantitative kriminelle Vorbelastung, wie sie durch die Anzahl der Vorstrafen zum Ausdruck kommt, bei den Entwichenen - und hier insbesondere bei den Jugendlichen und Heranwachsenden - erheblich über dem Durchschnitt aller Inhaftierten liegt, was für die These spricht, daß es vor allem die Anstaltsinsassen mit höherer krimineller Energie sind, die sich an Entweichungen aus dem eingefriedeten Bereich des geschlossenen Vollzuges beteiligen.

c) Dauer der Entweichung der Probanden als Indiz für eine Gefährlichkeitsprognose

Für die Frage, in welchem Umfang entwichene Straftäter erneut straffällig werden, ist auch die Dauer der Entweichung von erheblichem Interesse.

Diesbezüglich wird die naheliegende These vertreten, daß die Zahl der begangenen Delikte „proportional zur Fluchtdauer" ansteige, [152] ein entwichener Proband also um so mehr Straftaten begehe, je länger er sich in seiner widerrechtlich erlangten Freiheit befindet.

Naheliegend ist diese These insbesondere deshalb, weil ein entwichener Gefangener während seiner Fluchtzeit so gut wie keine Chance besitzt, im bürgerlichen Leben Fuß zu fassen [153] und ihm in aller Regel tatsächlich kaum eine andere Mög-

---

152 Giger, 1959, Seite 262 und 330.

153 Giger, 1960, Seite 38;

Diekmann, 1964, Seite 79.

lichkeit zum Erwerb seines Lebensunterhaltes bleiben dürfte, als ihn sich durch neue Straftaten, seien es Eigentums- oder Vermögensdelikte, zu verschaffen.

Andererseits beschränkt sich die mögliche Straffälligkeit entwichener Gefangener nicht nur auf den Zeitraum, den sie außerhalb der Anstaltsmauern verbringen. Bereits die erste Phase des Entweichungsvorganges, der unmittelbar der Überwindung des Anstaltsgewahrsams dient, ist häufig mit deliktischem Handeln, insbesondere mit Gewaltanwendung gegen Personen und / oder Sachen, verbunden. Aber auch die Wiederergreifung und Rückführung des Entwichenen in die Justizvollzugsanstalt, die die dritte und zugleich letzte Phase des Entweichungsvorganges darstellt, [154] ist oftmals mit Widerstandsleistungen gegen den Festnahmeakt verbunden. Beide Phasen führen dabei typischerweise zu Rechtsgutsbeeinträchtigungen im Bereich des staatlichen Zwangsgewahrsams sowie der staatlichen Vollstreckungshandlungen und der dazu berufenen Organe, wie sie im sechsten Abschnitt des Strafgesetzbuches unter Strafe gestellt sind. [155]

Unter Berücksichtigung dieser Umstände bleibt daher zu untersuchen, ob tatsächlich ein unmittelbarer Zusammenhang mit der Dauer der Entweichung und dem Ausmaß der Straffälligkeit besteht.

An dieser Stelle soll zunächst dargestellt werden, inwieweit die entwichenen Probanden aufgrund der jeweiligen Dauer ihrer Entweichung überhaupt die zeitliche Möglichkeit für die Begehung von Straftaten hatten. Später wird dann differenzierend untersucht werden, inwieweit speziell die gegen die Allgemeinheit gerichteten Straftaten der Probanden in Abhängigkeit zu der Dauer der widerrechtlich erlangten Freiheit stehen.

---

154 Vgl. insoweit Diekmann, 1964, Seite 66 und 72 ff..

155 Eser, in: Schönke / Schröder, 1997, § 121 Rdz. 1 und § 113 Rdz. 2.

Tabelle 24:
Entweichungsdauer der Probandengruppe

Entweichungsdauer*	Entweichungen (absolut)		Entweichungen (kumulativ)	
	Anzahl (n = 78)	Anteil (in %)	Anzahl (n = 78)	Anteil (in %)
Bis zu 1 Stunde	19	23,4	19	23,4
Bis zu 12 Stunden	11	14,1	30	37,5
Bis zu 1 Tag	3	3,9	33	41,4
Bis zu 2 Tagen	3	3,9	36	45,3
Bis zu 3 Tagen	1	1,3	37	46,6
Bis zu 5 Tagen	5	6,4	42	53,0
Bis zu 1 Woche	1	1,3	43	54,3
Bis zu 2 Wochen	5	6,4	48	60,7
Bis zu 3 Wochen	7	9,0	55	69,7
Bis zu 1 Monat	3	3,9	58	73,6
Bis zu 2 Monaten	7	9,0	65	82,6
Bis zu 3 Monaten	1	1,3	66	83,9
Bis zu 4 Monaten	2	2,6	68	86,5
Bis zu 5 Monaten	1	1,3	69	87,8
Bis zu 6 Monaten	--	--	--	--
Bis zu 8 Monaten	1	1,3	70	89,1
Bis zu 10 Monaten	1	1,3	71	90,4
Bis zu 1 Jahr	--	--	--	--
Über 1 Jahr	1	1,3	72	91,7
Noch flüchtig	6	7,7	78	99,4

Anmerkung:
* Der Zeitpunkt der Entweichung beginnt, wenn der staatliche Gewahrsam über den jeweiligen Gefangenen - wenn auch nur vorübergehend - aufgehoben ist. Dies ist regelmäßig mit dem Verlassen des umwehrten Anstaltsbereiches der Fall, unabhängig davon, ob sich der Entwichene damit bereits „in Sicherheit" gebracht hat oder nicht.

Die vorstehende Tabelle zeigt das überraschende und bemerkenswerte Ergebnis, daß nahezu ein Viertel (23,4 %) aller Entwichenen bereits innerhalb der ersten Stunde nach Überwindung des Anstaltsgewahrsams wiederergriffen wurde. Nach Ablauf der ersten zwölf Stunden befanden sich bereits weit über ein Drittel (37,5 %) der Entwichenen wieder in der Anstalt und nach nur fünf Tagen waren bereits über die Hälfte (52,8 %) aller Entwichenen wieder verhaftet, nach einem Monat sogar nahezu drei Viertel (73,3 %).

Dieses Ergebnis rechtfertigt damit die grundsätzliche Aussage, daß ein Großteil der Entwichenen bereits in kürzester Zeit wiederergriffen wurde. [156]

Andererseits kann der vorstehenden Tabelle aber auch entnommen werden, daß nach Ablauf von zwei Monaten nur noch vereinzelt Ergreifungen möglich sind und daß ein doch bemerkenswert hoher Anteil der Entwichenen von immerhin 7,7 % nach

---

156 Wie bei der Auswertung der Entweichungsfälle deutlich wurde, dürfte eine Hauptursache für die häufig rasche Wiederergreifung darin liegen, daß viele Entweichungen auf spontanen Entschlüssen der Gefangenen beruhten, die eine sich plötzlich bietende, günstige Gelegenheit zur Flucht nutzten. Notwendigerweise blieb hierbei der weitere Weg in die Freiheit dem Zufall überlassen. Aufgrund der vielfältigen Fahndungsmaßnahmen war in diesen Fällen ohne sorgfältige Vorbereitung ein Abtauchen kaum möglich und eine rasche Wiederergreifung unausweichlich. Aber auch bei sorgfältiger Planung des eigentlichen Entweichungsvorganges konnte überraschend häufig festgestellt werden, daß die Gefangenen für ihren weiteren Fluchtweg keine konkreten Planungen oder gar Vorkehrungen getroffen hatten und aus diesem Grunde meist schnell im „Fahndungsnetz" der Polizei landeten.

Vgl. insoweit:

Giger, 1959, Seite 205 f., 265 f.;

Diekmann, 1964, Seite 59;

Babelotzky, 1984, Seite 243.

wie vor flüchtig ist, wobei es sich ausnahmslos um nichtdeutsche Gefangene handelt. [157]

Zu einzelnen, näheren Umständen des die Entweichung beendeten Wiederergreifungsvorganges ist nach Auswertung der zur Verfügung stehenden Unterlagen folgendes zu bemerken:

Zur Art der Wiederergreifung kann gesagt werden, daß 62 der 78 Entwichenen (= 79,5 %) von der Polizei, acht (= 10,3 %) von Justizvollzugsangehörigen und einer (= 1,3 %) von einem Privatmann ergriffen wurden. Ein Proband (= 1,3 %) stellte sich selber und sechs Probanden (= 7,7 %) sind nach wie vor flüchtig.

Bemerkenswert ist weiter, daß 65 Probanden (= 83,3 %) im Rahmen der normalen Fahndung bzw. Nacheile festgenommen werden konnten. Immerhin sechs der entwichenen Gefangenen (= 7,7 %) wurden anläßlich einer Straftat ergriffen, wobei es sich in drei Fällen um einen Einbruchsdiebstahl und jeweils einmal um einen versuchten PKW-Diebstahl, einen bewaffneten Banküberfall und einen räuberischen Überfall auf einen Kraftfahrer handelte.

Zusammenfassend kann an dieser Stelle festgehalten werden, daß ein Großteil der entwichenen Probanden bereits nach relativ kurzer Zeit wieder dem Anstaltsgewahrsam zugeführt werden konnte und daß eine auf Dauer erfolgreiche Entweichung - zumindest im Untersuchungszeitraum - ausschließlich nichtdeutschen Inhaftierten gelungen ist.

Die Beantwortung der zu Beginn aufgeworfenen Frage, ob den Probanden überhaupt die zeitliche Möglichkeit bzw. der zeitliche Rahmen für die Begehung von Straftaten blieb und ob den verschiedenen zeitlichen Abschnitten eine typische Kri-

---

157 Vgl. Seite 83.

minalität zugeordnet werden kann, bleibt dem folgenden Hauptteil der Untersuchung vorbehalten.

d) Zusammenfassung

Festzuhalten ist zunächst, daß bei den Haupteinweisungsdelikten der Probanden die Deliktsgruppe Diebstahl und Unterschlagung (§§ 242 - 248 c StGB) mit weitem Abstand den größten Anteil ausmacht. Daneben erscheint vor allem bemerkenswert, daß circa zwei Fünftel der Probanden als Haupteinweisungsdelikt ein Verbrechen mit Gewaltanwendung gegen Personen zum Vorwurf gemacht wird, das sogar zur Gewaltkriminalität im Sinne der Polizeilichen Kriminalstatistik gehört. Vornehmlich handelt es sich hierbei - mit fast einem Viertel - um Straftaten aus den Deliktsgruppen Raub und Erpressung (§§ 249 - 256 StGB) sowie - mit über einem Zehntel - um Straftaten gegen das Leben (§§ 211 - 222 StGB).

Dieses Ergebnis spricht ebenso für die These, daß vor allem die besonders schwierigen und gefährlichen Gefangenen an Entweichungen beteiligt sind, wie die ebenfalls festgestellte weit überdurchschnittlich hohe Vorstrafenbelastung der Probandengruppe.

Die Übersicht über die Dauer der Entweichung zeigt einerseits, daß ein Großteil der Entwichenen bereits nach kurzer Zeit wieder dem Anstaltsgewahrsam zugeführt werden konnte, andererseits wird aber auch erkennbar, daß nach mehr als zwei Monaten Entweichungsdauer kaum noch Ergreifungen zu erwarten sind. Aussicht auf eine dauerhaft erfolgreiche Entweichung haben dabei offenkundig nur die nichtdeutschen Entwichenen; ausnahmslos alle deutschen Probanden konnten früher oder später wiederergriffen werden.

6. Straftatbestände und Straftaten der Probanden im Zusammenhang mit der Entweichung

a) Verlauf der Untersuchung

Im nunmehr folgenden Hauptteil der Untersuchung soll zunächst die von den Probanden im Zusammenhang mit der Entweichung konkret begangene Kriminalität untersucht werden, also das gesamte deliktische Verhalten der entwichenen Probanden, beginnend mit der Überwindung des staatlichen Anstaltsgewahrsams bis hin zur - freiwilligen oder unfreiwilligen - Rückkehr in die Justizvollzugsanstalt. Um dabei einen möglichst umfassenden Überblick über das Ausmaß der Kriminalitätserscheinung geben zu können, werden hierfür zunächst einmal alle Straftatbestände und Straftaten dargestellt, die Gegenstand eines staatsanwaltschaftlichen Ermittlungsverfahrens waren.

Um die quantitative Bedeutung der Entweichungskriminalität im Verhältnis zur gesellschaftlichen Gesamtkriminalität näher beurteilen zu können, werden alsdann die erhobenen Straftaten der Probanden den in der Polizeilichen Kriminalstatistik registrierten Taten gegenübergestellt.

Im Anschluß hieran werden die zur Verurteilung gelangten Straftaten und Straftatbestände einer näheren Betrachtung unterzogen.

Schließlich wird das Gesamterscheinungsbild der abgeurteilten Entweichungskriminalität den drei Bereichen Anstalt, Allgemeinheit und Wiederergreifung zugeordnet, um so eine differenzierte Datengrundlage zur Beantwortung der zentralen Frage dieser Untersuchung bilden zu können, nämlich, in welchem Umfang und in welcher Form die Sicherheit der Allgemeinheit durch Entweichungskriminalität tatsächlich beeinträchtigt wurde.

Dieser zentrale Aspekt der Gefährdung der Allgemeinheit durch entwichene Anstaltsinsassen wird dann durch eine detaillierte Auswertung der konkreten Einzelfälle genauer beleuchtet.

Abschließend wird der weiteren Fragestellung der vorliegenden Untersuchung nachgegangen, ob es tatsächlich die besonders schwierigen und gefährlichen Anstaltsinsassen sind, die im Falle einer Entweichung erneut straffällig werden und von denen daher eine nicht unerhebliche Gefährdung der Allgemeinheit ausgeht. In diesem Zusammenhang wird neben Parallelen zwischen den Entweichungsdelikten und der früheren und späteren Kriminalität der Probanden insbesondere auch aufgezeigt, ob und inwieweit die im ersten Teil der Untersuchung dargestellten personenbezogenen Daten - Alter, Geschlecht, Nationalität und Vorstrafenbelastung - sowie die Dauer der Entweichung Einfluß auf die Kriminalitätserscheinung haben und ob hieraus schließlich eine Gefährdungsprognose der Allgemeinheit durch entwichene Gefangene des geschlossenen Vollzuges abgeleitet werden kann.

b) Straftatbestände und Straftaten der Probanden, die Gegenstand eines Ermittlungsverfahrens waren

aa) Quantitativer Überblick über die Entweichungskriminalität der Probanden

Bevor die inhaltliche Analyse der Entweichungskriminalität erfolgt, soll zunächst ein quantitativer Überblick über die gesamte Straffälligkeit der Probanden gegeben werden, die Gegenstand eines Ermittlungsverfahrens war, also unabhängig davon, ob die Ermittlungen mit einer Anklageerhebung und Verurteilung oder mit einer Einstellung endeten.

Dabei liegen der Erhebung der Grunddaten folgende Grundsätze zugrunde:

Zum Zwecke der vollständigen Erfassung des gesamten deliktischen Erschei-
nungsbildes der Entweichungskriminalität werden - anders als bei der Darstellung
der Haupteinweisungsdelikte - [158] die von den Probanden mehrfach verletzten Delikte mit ihrer vollen Anzahl berücksichtigt, wobei aus Gründen der Übersichtlichkeit - wie bisher - nicht zwischen vollendetem und versuchtem Delikt unterschieden
wird. Bei der Darstellung werden dabei einerseits jeweils alle, auch tateinheitlich
begangenen Delikte aufgeführt (Erfassung der Straftatbestände), wodurch alle verletzten Rechtsgüter erfaßt werden und keine, unter Umständen schwerwiegenden
Rechtsgutsverletzungen unberücksichtigt bleiben. Um andererseits die mehrmalige
Erfassung eines einheitlichen kriminellen Vorganges - bei dem es sich strafprozes-
sual um eine Tat im Sinne des § 264 StPO handelt - [159] zu vermeiden und zugleich
den Schwerpunkt der Deliktsverwirklichung besser erfassen zu können, werden in
einer weiteren Übersicht bei den strafrechtsdogmatisch in Tateinheit stehenden
Fallgestaltungen jeweils nur die schwersten Delikte erfaßt (Erfassung der Straftaten). [160]

Unter Zugrundelegung dieser Grundsätze ist nach Auswertung aller zur Verfügung
stehenden Unterlagen festzustellen, daß gegen die 78 Probanden Ermittlungsverfahren wegen insgesamt 139 Straftatbeständen und 111 Straftaten eingeleitet wurden. Durchschnittlich entfallen danach auf jeden entwichenen Anstaltsinsassen 1,8
Straftatbestände und 1,4 Straftaten.

---

158 Vgl. 86 ff..

159 Kleinknecht / Meyer-Goßner, 1999, § 264, Rdz. 2.

160 Die Erfassung sowohl der Straftatbestände als auch der Straftaten erscheint angesichts des offensichtlich lediglich qualitativen Problems der Entweichungskriminalität angezeigt.

Eine nähere Betrachtung der Einzelfälle zeigt hierbei, daß sich diese maximal in Betracht kommende Entweichungskriminalität keineswegs gleichmäßig auf alle 78 Probanden verteilt. So wurde gegen 26 der Entwichenen (= 33,3 % der Probandengruppe) überhaupt kein Ermittlungsverfahren eingeleitet, was angesichts der überproportional hohen Vorstrafenbelastung [161] durchaus bemerkenswert erscheint.

Aber auch auf die verbleibenden 52 Probanden (= 66,7 % der Probandengruppe), gegen die ein Ermittlungsverfahren eingeleitet wurde, verteilt sich die Kriminalitätsbelastung nicht gleichmäßig. Während bei einigen Probanden nur wegen einer Straftat und nur wegen eines Straftatbestandes ermittelt wurde, waren bei anderen Entwichenen bis zu 20 Entweichungstaten Gegenstand der Ermittlungen.

Bereits hierdurch wird deutlich, wie unvorhersehbar und „unberechenbar" die mögliche Gefährdung der Allgemeinheit durch entwichene Gefangene aus Anstalten des geschlossenen Vollzuges ist. Im folgenden interessiert daher insbesondere die Frage, ob eine spezifische Art der Entweichungskriminalität feststellbar ist und ob insoweit zumindest eine qualitative Kriminalitätsprognose möglich sein könnte.

(1) Ermittelte Straftatbestände

Hinsichtlich der Straftatbestände, die Gegenstand eines gegen die Probanden gerichteten Ermittlungsverfahrens waren, ergibt sich im einzelnen das aus der folgenden Tabelle ersichtliche Bild, wobei Zahl und Art der ermittelten Tatbestände bereits einen ersten Eindruck davon vermitteln, welche spezifischen Gefahren von Gefangenenentweichungen ausgehen.

---

161 Vgl. Seite 110, Tabelle 23.

Tabelle 25:
Anzahl und Anteil der Straftatbestände, die Gegenstand eines Ermittlungsverfahrens waren

Deliktsgruppen bzw. Delikte*	Anzahl (n = 139)	Anteil (in %)
Widerstand gegen die Staatsgewalt (§§ 111 – 121)		
-- Widerstand gegen Vollstreckungsbeamte	2	1,4
(§ 113 Absatz 1)		
-- Widerstand gegen Vollstreckungsbeamte	1	0,7
(§ 113 Absatz 2 Nummer 1)	5	3,6
-- Gefangenenmeuterei (§ 121 Absatz 1 Nummer 1)		
-- Gefangenenmeuterei	2	1,4
(§ 121 Absatz 3 Nummer 2 i.V.m. Absatz 1 Nummer 1)	26	18,7
-- Gefangenenmeuterei (§ 121 Absatz 1 Nummer 2)	4	2,9
-- Gefangenenbefreiung (§ 120)		
Körperverletzung (§§ 223 – 233)		
-- Körperverletzung (§ 223)	1	0,7
-- Gefährliche Körperverletzung (§ 223 a)	6	4,3
Straftaten gegen die persönliche Freiheit (§§ 234 - 241 a)		
-- Erpresserischer Menschenraub (§ 239 a)	6	4,3
-- Geiselnahme (§ 239 b)	9	6,5
-- Nötigung (§ 240)	1	0,7
-- Freiheitsberaubung (§ 239)	5	3,6
Diebstahl und Unterschlagung (§§ 242 - 248 c)		
-- Diebstahl (§ 242)	3	2,2
-- Besonders schwerer Fall des Diebstahls (§ 243)	39	28,1
Raub und Erpressung (§§ 249 – 256)		
-- Raub (§ 249)	2	1,4
-- Schwerer Raub bzw.		
Schwere räuberische Erpressung (§§ 255, 250)	13	9,4
Urkundenfälschung (§§ 267 – 282)		
-- Urkundenfälschung (§ 267)	2	1,4
Sachbeschädigung (§§ 303 – 305)		
-- Gemeinschädliche Sachbeschädigung (§ 304)	2	1,4
Gemeingefährliche Straftaten (§§ 306 - 323 c)		
-- Schwere Brandstiftung (§ 306)	1	0,7
Straftaten im Straßenverkehr		
-- Unerlaubtes Entfernen vom Unfallort (§ 142)	3	2,2
Straftaten nach dem StVG insgesamt	3	2,2
Straftaten nach dem BtMG insgesamt	1	0,7
Straftaten nach dem WaffG insgesamt	2	1,4

Anmerkung:
* Bei den genannten Paragraphen handelt es sich ausnahmslos um solche des Strafgesetzbuches.

Bei der Betrachtung der in der Tabelle aufgezeigten Deliktsstruktur fällt vor allem die Tatsache auf, daß die bei den Haupteinweisungsdelikten [162] noch kaum in Erscheinung getretenen Delikte der Widerstandsleistung gegen die Staatsgewalt mit nunmehr fast 30 % aller Straftatbestände besonders stark vertreten sind. Der hohe Anteil dieser Delikte verdeutlicht, daß es sich bei der Gefangenenentweichung aus Anstalten des geschlossenen Vollzuges um einen Vorgang der Auflehnung gegen den staatlichen Zwangsgewahrsam über einen Gefangenen in seiner sachlichen und personellen Ausgestaltung handelt, der in vielen Fällen typischerweise mit Gewalt gegen Personen und / oder Sachen verbunden ist und dessen Schutz insbesondere bei den Straftatbeständen des sechsten Abschnittes des Strafgesetzbuches im Vordergrund steht.

So wurde den Probanden die Begehung von 33 Gefangenenmeutereien (§ 121 StGB) und vier Gefangenenbefreiungen (§ 120 StGB) zum Vorwurf gemacht. Dabei dürfte der mit 1,4 % überraschend geringe Anteil der Sachbeschädigungsdelikte (§§ 303 - 305 StGB) darauf zurückzuführen sein, daß diese Delikte besonders in den Fällen der Einzelentweichungen strafrechtlich nicht gesondert verfolgt wurden. [163] Im übrigen wird die Sachbeschädigung bei gleichzeitiger Verwirklichung des Tatbestandes der Gefangenenmeuterei im Wege der Gesetzeskonkurrenz verdrängt. [164]

---

162 Vgl. Seite 87, wobei jedoch in der dort zum Vergleich herangezogenen Tabelle 15 lediglich das schwerste Delikt erfaßt wird, mithin also die Straftaten und nicht - wie vorliegend - die Straftatbestände.

163 Vgl. Seite 23 ff..

164 Tröndle / Fischer, 1999, § 121 Rdz. 20.

Des weiteren ist die Deliktsgruppe Diebstahl und Unterschlagung (§§ 242 - 248 c StGB) besonders stark vertreten. Sie macht mit 30,3 % aller verletzten Straftatbestände den größten Anteil aus.

Die durch die Anwendung von Gewalt gegen Personen qualifizierte Deliktsgruppe Raub und Erpressung (§§ 249 - 256 StGB) beläuft sich auf 10,8 % und unterstreicht damit den Schwerpunkt der Straffälligkeit der Probanden im Bereich der Eigentums- und Vermögensdelikte.

Ob es sich hierbei - was naheliegend erscheint - um Straftaten handelt, die im Anschluß an den eigentlichen Entweichungsvorgang, der zur Überwindung des Anstaltsgewahrsams führte, begangen wurden und der Erhaltung bzw. Sicherung des illegalen Lebens in Freiheit dienten, wird noch gesondert untersucht werden.

Dies gilt in gleicher Weise für die Frage, in welcher Phase der Entweichung und wem gegenüber die mit insgesamt 15,1 % zahlreich vertretenen Straftaten gegen die persönliche Freiheit (§§ 234 - 241 a StGB) verwirklicht wurden. Diese Untersuchung ist Teil der zentralen Fragestellung, in welchem Umfang Rechtsgüter der Allgemeinheit beeinträchtigt wurden.

Anzumerken bleibt noch, daß die verbleibenden Straftatbestände den unterschiedlichsten Deliktsgruppen angehören, ohne daß insoweit eine weitere Schwerpunktbildung feststellbar wäre. Besonders erwähnenswert erscheint allerdings der Umstand, daß nicht ein einziger der Probanden auch nur im Verdacht stand, im Zusammenhang mit seiner Entweichung ein Tötungsdelikt begangen zu haben. Angesichts der Tatsache, daß immerhin acht der Probanden (= 10,3 % der Probandengruppe) [165] zum Zeitpunkt der Entweichung wegen eines Mord- oder Totschlagsdeliktes inhaftiert waren, ist dies durchaus bemerkenswert.

---

165 Vgl. Seite 87, Tabelle 15.

(2) Ermittelte Straftaten

Das im vorhergehenden Abschnitt gewonnene Bild der Entweichungskriminalität ändert sich in vielfältiger Hinsicht, sobald nicht auf die Straftatbestände, sondern auf die Straftaten abgestellt wird, die Gegenstand eines gegen die Probanden gerichteten Ermittlungsverfahrens waren. Da bei tateinheitlicher Verwirklichung mehrerer Delikte lediglich das schwerste berücksichtigt wird, kommt bei dieser Form der Darstellung das Schwergewicht der verübten Kriminalität besonders deutlich zum Ausdruck und vermittelt somit einen noch besseren Eindruck der charakteristischen Strukturen der Entweichungskriminalität.

Tabelle 26:
Anzahl und Anteil der Straftaten, die Gegenstand eines Ermittlungsverfahren waren

Deliktsgruppen bzw. Delikte*	Anzahl (n = 111)	Anteil (in %)
Widerstand gegen die Staatsgewalt (§§ 111 – 121)		
-- Widerstand gegen Vollstreckungsbeamte	1	0,9
(§ 113 Absatz 1)	2	1,8
-- Gefangenenmeuterei (§ 121 Absatz 1 Nummer 1)		
-- Gefangenenmeuterei	2	1,8
(§ 121 Absatz 3 Nummer 2 i.V.m. Absatz 1 Nummer 1)	26	23,4
-- Gefangenenmeuterei (§ 121 Absatz 1 Nummer 2)	3	2,7
-- Gefangenenbefreiung (§ 120)		
Körperverletzung (§§ 223 – 233)		
-- Gefährliche Körperverletzung (§ 223 a)	1	0,9
Straftaten gegen die persönliche Freiheit (§§ 234 - 241 a)		
-- Geiselnahme (§ 239 b)	3	2,7
-- Nötigung (§ 240)	1	0,9
-- Freiheitsberaubung (§ 239)	5	4,5
Diebstahl und Unterschlagung (§§ 242 - 248 c)		
-- Diebstahl (§ 242)	3	2,7
-- Besonders schwerer Fall des Diebstahls (§ 243)	39	35,1
Raub und Erpressung (§§ 249 – 256)		
-- Raub (§ 249)	2	1,8
-- Schwerer Raub bzw.		
Schwere räuberische Erpressung (§§ 255, 250)	13	11,7
Urkundenfälschung (§§ 267 – 282)		
-- Urkundenfälschung (§ 267)	2	1,8
Gemeingefährliche Straftaten (§§ 306 - 323 c)		
-- Schwere Brandstiftung (§ 306)	1	0,9
Straftaten im Straßenverkehr		
-- Unerlaubtes Entfernen vom Unfallort (§ 142)	3	2,7
Straftaten nach dem StVG insgesamt	2	1,8
Straftaten nach dem BtMG insgesamt	1	0,9
Straftaten nach dem WaffG insgesamt	1	0,9

Anmerkung:
* Bei den genannten Paragraphen handelt es sich ausnahmslos um solche des Strafgesetzbuches.

Der augenfälligste Unterschied gegenüber der vorhergehenden Übersicht über die verwirklichten Straftatbestände [166] besteht in einer starken Verminderung der Deliktsgruppe der Straftaten gegen die persönliche Freiheit (Reduzierung von 15,1 % auf 8,1 %). Zurückzuführen ist dies auf sechs Fälle, bei denen den Probanden die tateinheitliche Begehung (§ 52 StGB) eines erpresserischen Menschenraubes (§ 239 a StGB), einer Geiselnahme (§ 239 b StGB) sowie einer schweren räuberischen Erpressung (§§ 255, 253, 250, 249 StGB) vorgeworfen wurde. Da nach der im Untersuchungszeitraum geltenden Gesetzesfassung die schwere räuberische Erpressung - mit einer Mindeststrafandrohung von fünf Jahren - das schwerste Delikt darstellt, haben sich die Delikte des erpresserischen Menschenraubes und der Geiselnahme (Mindeststrafandrohung seinerzeit jeweils drei Jahre) gegenüber der vorhergehenden Übersicht um jeweils sechs Fälle vermindert.

Eine weitere, überproportionale Verminderung ist auch bei der Gruppe der Körperverletzungsdelikte (von sieben auf einen Fall) zu verzeichnen. Diese ist darauf zurückzuführen, daß in drei Fällen eine Geiselnahme (§ 239 b StGB) und in jeweils einem Fall eine Gefangenenmeuterei (§ 121 StGB), eine Freiheitsberaubung (§ 239 StGB) und ein Raub (§ 249 StGB) tateinheitlich (§ 52 StGB) mit dem Vergehen der Körperverletzung (§ 223 StGB) bzw. der gefährlichen Körperverletzung (§ 223 a StGB) begangen wurden, deren im Entweichungszeitpunkt geltende Gesetzesfassung noch keine erhöhte Mindeststrafandrohung vorsah.

Die erhebliche Erhöhung der prozentualen Anteile im Bereich der Deliktsgruppe Diebstahl und Unterschlagung (von 30,3 % auf 37,8 %) ist alleine darauf zurückzuführen, daß die Anzahl dieser Delikte, bei ansonsten gesunkenen Gesamtzahlen, gleichgeblieben ist. Für das Bild der festgestellten Kriminalitätserscheinung der entwichenen Gefangenen bedeutet dies zugleich, daß es sich ausnahmslos um ein-

---

166 Vgl. Seite 123, Tabelle 25.

zelne, gemäß § 53 StGB realkonkurrierende Eigentumsdelikte handelt, die nicht durch tateinheitlich begangene, schwerere Delikte verdrängt werden.

Ähnliches gilt für die Deliktsgruppe Raub und Erpressung (§§ 249 bis 256 StGB). Auch hier liegen bei jeweils 15 Straftatbeständen und Straftaten realkonkurrierende Taten vor, wobei die unterschiedlichen prozentualen Anteile auf den verschiedenen Bezugsgrößen von 139 Straftatbeständen bzw. 111 Straftaten beruhen.

Obwohl sich die Anzahl der Delikte aus der Gruppe Widerstand gegen die Staats-gewalt (§§ 111 - 121 StGB) von 40 Straftatbeständen auf 34 Straftaten verringert hat, bleibt ihr prozentualer Anteil weitgehend konstant (28,7 % der Straftatbestände und 30,6 % der Straftaten). Mit fast einem Drittel kann hier ein eindeutiger Schwer-punkt der Entweichungskriminalität ausgemacht werden. Es handelt sich dabei - bis auf eine Straftat des Widerstandes gegen Vollstreckungsbeamte - um Delikte der Gefangenenbefreiung (§ 120 StGB) und der Gefangenenmeuterei (§ 121 StGB).

Daß es sich hierbei um charakteristische Entweichungsdelikte handelt, verdeut-licht auch ein Vergleich der Entweichungskriminalität mit den Haupteinweisungs-delikten. Nur einer der 78 Entwichenen (= 1,3 % der Probandengruppe) war wegen eines Deliktes aus der Gruppe des Widerstandes gegen die Staatsgewalt (konkret wegen Gefangenenmeuterei gemäß § 121 Absatz 1 Nummer 2 StGB) in den ge-schlossenen Vollzug überführt worden. [167] Dem entspricht, daß durchschnittlich lediglich 0,2 % der in Nordrhein-Westfalen insgesamt inhaftierten Strafgefangenen wegen einer Straftat aus dieser Deliktsgruppe inhaftiert waren. [168] Auch hierdurch

---

167 Proband Nummer 68 gemäß Anlage 1. Interessanterweise wurde dieser Proband auch erneut unter anderem wegen einer Gefangenenbefreiung gemäß § 121 Absatz 1 Nummer 1 StGB ver-urteilt, worauf jedoch im weiteren Verlauf der Untersuchung nochmals an anderer Stelle einge-gangen wird.

168 Vgl. Seite 99, Tabelle 19.

wird unterstrichen, daß es sich nicht um „normale" Kriminalität, sondern um ein spezifisches Erscheinungsbild der „Entweichungs"-Kriminalität handelt.

(3) Zusammenfassung

Zusammenfassend kann festgestellt werden, daß bei den Entweichungsdelikten - soweit auf die eingeleiteten Ermittlungsverfahren abgestellt wird - eine Schwerpunktbildung im Bereich der Widerstandsleistung gegen die Staatsgewalt (§§ 111 - 121 StGB) sowie im Bereich der Eigentumsdelikte (§§ 242 - 248 c StGB) und der Deliktsgruppe Raub und Erpressung (§§ 249 - 256 StGB) zu erkennen ist, und zwar sowohl hinsichtlich der verwirklichten Straftatbestände, als auch hinsichtlich der begangenen Straftaten.

Andererseits ist bemerkenswert, daß die bei den Haupteinweisungsdelikten noch mit über 10 % vertretene Gruppe der Tötungsdelikte bei der Entweichungskriminalität völlig fehlt.

bb) Quantitativer Vergleich der Entweichungskriminalität mit der Gesamt-kriminalität im Lande Nordrhein-Westfalen in den Jahren 1986 bis 1988

Das bislang dargelegte Zahlenmaterial über Art und Umfang der Kriminalitätserscheinung der 78 in den Jahren 1986 bis 1988 aus dem geschlossenen Vollzug des Landes Nordrhein-Westfalen entwichenen Anstaltsinsassen ist - isoliert betrachtet - noch wenig aussagekräftig. Insbesondere die Frage, ob es sich hierbei im Verhältnis zu der ohnehin bereits vorhandenen, allgemeinen gesellschaftlichen Kriminalitätsbelastung um eine spürbare, zusätzliche Kriminalität handelt, ist durch die bisherigen Untersuchungsergebnisse noch nicht beantwortet.

Die Fragestellung nach der quantitativen Relevanz der Entweichungskriminalität erfordert einen Vergleich mit der im Untersuchungszeitraum im Lande Nordrhein-Westfalen insgesamt registrierten Kriminalität. Deren Umfang läßt sich der jährlich veröffentlichten Polizeilichen Kriminalstatistik entnehmen, in der - mit Ausnahme der Staatsschutz- und Verkehrsdelikte - alle der Polizei tatsächlich bekannt gewordenen und bearbeiteten Verbrechens- und Vergehensfälle einschließlich der mit Strafe bedrohten Versuche registriert werden. [169]

Um eine Vergleichbarkeit mit den Zahlen der Polizeilichen Kriminalstatistik zu ermöglichen, können daher die von den entwichenen Probanden begangenen Verkehrsdelikte nicht berücksichtigt werden. Ausweislich der Tabellen 25 [170] und 26 [171] handelt es sich dabei um drei Straftatbestände bzw. zwei Straftaten.

Da die Polizeiliche Kriminalstatistik im übrigen - jedenfalls dann, wenn nur ein Opfer geschädigt wurde - auch bei tateinheitlicher Begehung mehrerer Delikte nur

---

169 Zu den in der Polizeilichen Kriminalstatistik nicht erfaßten Verkehrsdelikten zählen alle Verstöße gegen Bestimmungen, die zur Aufrechterhaltung der Verkehrssicherheit auf öffentlichen Straßen erlassen worden sind sowie die durch Verkehrsunfälle bedingten Fahrlässigkeitsdelikte, die Verkehrsunfallflucht und Verstöße gegen das Pflichtversicherungsgesetz. Nicht dazu zählen jedoch Verstöße gegen §§ 315, 315 b StGB, die daher in der Polizeilichen Kriminalstatistik erfaßt werden, vgl. Ziffer I.3.3.2. und I.2.1. der Vorbemerkungen zur Polizeilichen Kriminalstatistik des Landes Nordrhein-Westfalen.

170 Vgl. Seite 123.

171 Vgl. Seite 127.

einen Fall zählt, [172] wird im folgenden ebenfalls nur auf die von den Probanden begangenen Straftaten und nicht auf die verwirklichten Straftatbestände abgestellt.

Ferner ist eine weitere Anpassung an die Polizeiliche Kriminalstatistik insoweit erforderlich, als in der dort maßgeblichen Tabelle 111 eine Straftat auch bei mittäterschaftlicher Begehung nur einmal - also tatbezogen - gezählt wird. [173] Werden dementsprechend auch die von den Probanden begangenen Straftaten bei mittäterschaftlicher Begehung nur einmal gezählt, so führt dies zu einer Reduzierung von zuvor - personenbezogenen - 109 Straftaten [174] auf noch - tatbezogene - 55 Straftaten, die sich auf die verschiedenen Delikte bzw. Deliktsgruppen wie folgt verteilen:

---

172 Vgl. insoweit Eisenberg, 1995, Seite 178, unter Hinweis auf Ziffer 3.4.1.3. und 3.4.1.4. der Richtlinien für die Führung der Polizeilichen Kriminalstatistik (Fassung vom 01. Januar 1983).

173 Dies bedeutet beispielsweise, daß bei einem gemeinschaftlichen Wohnungseinbruch durch vier Täter nur ein besonders schwerer Fall des Diebstahls (§ 243 StGB) gezählt wird.

174 Vgl. Seite 127, Tabelle 26, die hier um die Anzahl der Straßenverkehrsdelikte bereinigt wurde.

Tabelle 27:

Vergleich der Straftaten der Probanden, die Gegenstand eines Ermittlungsverfahrens waren, mit den im Lande Nordrhein-Westfalen in den Jahren 1986 bis 1988 insgesamt registrierten Straftaten

Deliktsgruppen bzw. Delikte *	Straftaten der Probanden 1986 bis 1988		Straftaten insgesamt in NRW im Jahresdurchschnitt	Anteil der Straftaten der Probanden in Promille
	Insgesamt	*Durchschnitt*		
Straftaten insgesamt **	55	18,33	1.226.083	0,015
Widerstand gegen die Staatsgewalt (§§ 111 - 121)***	18	6,00	3.752	1,599
Körperverletzung (§§ 223 - 233) -- Gefährliche Körperverletzung (§ 223 a)	1	0,33	18.240	0,018
Straftaten gegen die persönliche Freiheit**** -- Geiselnahme (§ 239 b)	1	0,33	9	36,667
-- Freiheitsberaubung, Nötigung, Bedrohung (§§ 239, 240, 241)	2	0,67	12.049	0,056
Diebstahl ohne erschwerende Umstände (§ 242)	3	1,00	285.516	0,004
Diebstahl unter erschwerenden Umständen (§§ 243, 244)*****	16	5,33	529.141	0,010
Raub, Räub. Erpressung, Räub. Angriff auf Kraftfahrer (§§ 249, 253, 316 a)******	9	3,00	8.167	0,367
Urkundenfälschung (§§ 267 - 282)***	2	0,67	11.152	0,060
(Vorsätzliche) Brandstiftung	1	0,33	2.075	0,159
Straftaten nach dem BtMG insgesamt	1	0,33	25.237	0,013
Straftaten nach dem WaffG insgesamt	1	0,33	3.827	0,086

Anmerkungen:
* Bei den genannten Paragraphen handelt es sich ausnahmslos um solche des Strafgesetzbuches.
** In der Zeile „Straftaten insgesamt" sind die registrierten Straftaten ohne Verkehrs- und Staatsschutzdelikte aufgeführt.
*** In den Zeilen „Widerstand gegen die Staatsgewalt" und „Urkundenfälschung" wird entsprechend den Vorgaben der Polizeilichen Kriminalstatistik nicht zwischen den unterschiedlichen Delikten dieser Deliktsgruppen differenziert.
**** In der Zeile „Straftaten gegen die persönliche Freiheit" werden entsprechenden Vorgaben der Polizeilichen Kriminalstatistik die Delikte der Freiheitsberaubung, Nötigung und Bedrohung zusammengezählt.
***** In der Zeile „Diebstahl unter erschwerenden Umständen" wird die weitere Differenzierung innerhalb der Polizeilichen Kriminalstatistik, die allein nach kriminalpolizeilichen Kategorien erfolgt, nicht übernommen.
****** In der Zeile „Raub, Räuberische Erpressung, Räuberischer Angriff auf Kraftfahrer" wird entsprechend den Vorgaben der Polizeilichen Kriminalstatistik nicht zwischen den unterschiedlichen Delikten dieser Deliktsgruppe differenziert. Die weitere Differenzierung nach kriminalpolizeilichen Kategorien wird ebenfalls nicht übernommen.

Quelle:
1. Tabelle 111 der Polizeilichen Kriminalstatistik des Landes Nordrhein-Westfalen der Jahrgänge 1986 bis 1988.
2. Eigene Berechnungen.

Grundsätzlich ist zu der vorstehenden tabellarischen Übersicht anzumerken, daß sich die den Probanden vorgeworfenen Straftaten nur auf relativ wenige - genau sieben - der in 29 Abschnitten des Strafgesetzbuches zusammengefaßten Deliktsgruppen konzentrieren.

Bemerkenswerterweise entfallen auf diese Deliktsgruppen aber immerhin durchschnittlich 73,3 % der im Erhebungszeitraum im Jahresdurchschnitt insgesamt registrierten Straftaten (= 899.165 von 1.226.083).

Die tabellarische Aufstellung umfaßt damit nicht nur die im relevanten Zeitraum angefallene Entweichungskriminalität der Probanden, sondern auch einen Großteil der gesamten gesellschaftlichen Kriminalitätserscheinung und erlaubt damit bei einem Vergleich der beiden Bezugsgrößen durchaus repräsentative Aussagen.

Bereits auf den ersten Blick fällt dabei der teilweise große Unterschied der Anteilswerte zwischen den einzelnen Delikten bzw. Deliktsgruppen auf: [175]

So schwankt der Anteil der von den Probanden begangenen Straftaten - abgesehen von den 26,7 % der Delikte bzw. Deliktsgruppen, die von den Probanden überhaupt nicht begangen wurden, bei denen der Anteil der Probanden also bei 0,0 % liegt - zwischen 0,004 Promille (bei den einfachen Diebstählen) bis hin zu 36,667 Promille (bei den Geiselnahmen).

Weitere deutliche Schwerpunkte lassen sich vor allem in den Deliktsbereichen Widerstand gegen die Staatsgewalt (= 1,599 Promille) einerseits, sowie Raub, räuberische Erpressung und räuberischer Angriff auf Kraftfahrer (= 0,367 Promille) andererseits feststellen. Die bereits bei der Darstellung der von den entwichenen Probanden verwirklichten Straftatbestände und Straftaten festgestellte Schwerpunktbildung in diesen beiden Gruppen [176] wird somit auch bei der Gegenüberstellung mit der durchschnittlich begangenen Gesamtkriminalität des Landes Nordrhein-Westfalen bestätigt.

Bemerkenswert erscheint ferner, daß zwar ein Großteil der von den Probanden verwirklichten Straftaten dem Bereich der Diebstahlsdelikte zuzuordnen ist (19 von 55 Straftaten = 34,5 %). Ihr Anteil an den im Jahresdurchschnitt begangenen Straftaten dieser Art ist dennoch relativ gering, er beträgt lediglich 0,010 Promille bei den Diebstählen unter erschwerenden Umständen und sogar nur 0,004 Promille bei den Diebstählen ohne erschwerende Umstände. Er liegt damit unterhalb des Durchschnittswertes von 0,015 Promille.

Im Hinblick darauf, daß die entwichenen Anstaltsinsassen nach der Überwindung des unmittelbaren Anstaltsgewahrsams ihren Lebensunterhalt grundsätzlich nur ille-

---

175 Obwohl diese Unterschiede aufgrund der insgesamt geringen Anzahl der von den Probanden verübten Straftaten nur eingeschränkt aussagekräftig sein dürften, lassen sich ihnen doch zumindest einige interessante Tendenzen entnehmen.

176 Vgl. Seite 123, Tabelle 25, und Seite 127, Tabelle 26.

gal bestreiten können, [177] wäre eher eine überdurchschnittlich häufige Begehung dieser Delikte zu erwarten gewesen. Dies gilt erst recht unter Berücksichtigung des Umstandes, daß exakt die Hälfte der 78 Probanden wegen eines Deliktes aus der Gruppe Diebstahl und Unterschlagung (§§ 242 - 248 c StGB) dem geschlossenen Vollzug zugeführt worden war, [178] weshalb bei einer - zu vermutenden - einschlägigen Rückfälligkeit auch mit entsprechend hohen Anteilswerten zu rechnen gewesen wäre. Besonders bei diesen beiden Formen der Massenkriminalität, die alleine 66,4 % der gesamten Straftaten im Erhebungszeitraum ausmachen, wird daher deutlich, daß sich die in absoluten Zahlen relativ wenigen Taten der Probanden nicht merklich auf die allgemeine Kriminalitätserscheinung auswirken. Zumindest rechnerisch kann in diesem Zusammenhang nicht von einer spürbaren, zusätzlichen Gefährdung der Allgemeinheit gesprochen werden, wobei hier allerdings die Besonderheit besteht, daß diese Straftaten bei sicherer Unterbringung der Gefangenen in den Anstalten des geschlossenen Vollzuges zumindest für die Zeit der Inhaftierung „vermieden" worden wären.

Bei den verbleibenden Deliktsgruppen der Körperverletzung (§§ 223 - 233 StGB), Urkundenfälschung (§§ 267 - 282 StGB) und Brandstiftung (§§ 306 - 323 c StGB) sind ebenfalls Abweichungen von den Durchschnittswerten der Polizeilichen Kriminalstatistik feststellbar; allerdings sind diese - unter Berücksichtigung der

---

177 Sofern die Entwichenen nicht Unterstützung von dritter Seite erhalten, ist ihnen angesichts des bestehenden Fahndungsdrucks und mangels ordnungsgemäßer Melde- und Legitimationsmöglichkeiten eine Eingliederung in die reguläre Arbeits- und Alltagswelt kaum möglich und es bleibt ihnen in vielen Fällen letztlich nur der Ausweg, ihren Lebensunterhalt durch Straftaten zu bestreiten.

Vgl. insoweit auch Arzt, 1991, Seite 85: „Das Interesse an der Wiederfestnahme eines aus dem Strafvollzug Geflohenen wiegt auch deshalb schwer, weil eine abstrakte, zugleich jedoch realistische Gefahr neuer Straftaten besteht. Unsere Gesellschaft ist so organisiert, daß eine Flucht aus dem Strafvollzug in eine legale Existenz kaum möglich ist."

178 Vgl. Seite 87, Tabelle 15.

relativ geringen absoluten Zahlen - nicht derart signifikant, daß sich hieraus inhaltliche Aussagen ableiten ließen.

Die nun folgende Gegenüberstellung der anteiligen deliktsmäßigen Zusammensetzung der Gesamtkriminalität und der anteiligen deliktsmäßigen Zusammensetzung der von den entwichenen Probanden begangenen Straftaten bringt besonders gut zum Ausdruck, welche Delikte bei der Entweichungskriminalität im Verhältnis zur sonstigen allgemeinen Kriminalität über- bzw. unterrepräsentiert sind. Sie ermöglicht damit zugleich eine Aussage zu der Frage, ob es im Vergleich zur sonstigen allgemeinen Kriminalitätserscheinung eine typische Entweichungskriminalität gibt.

Tabelle 28:

Vergleich der anteiligen Deliktsstruktur der Straftaten der Probanden, die Gegenstand eines Ermittlungsverfahrens waren, mit derjenigen der im Lande Nordrhein-Westfalen in den Jahren 1986 bis 1988 insgesamt registrierten Straftaten

Deliktsgruppen bzw. Delikte *	Anteil an der Entweichungskriminalität (in %)	Anteil an der Gesamtkriminalität (in %)	Faktor
Widerstand gegen die Staatsgewalt (§§ 111 - 121)**	32,7	0,3	109,0
Körperverletzung (§§ 223 - 233) *-- Gefährliche Körperverletzung* *(§ 223 a)*	1,8	1,5	1,2
Straftaten gegen die persönliche Freiheit*** *-- Geiselnahme (§ 239 b)*	1,8	0,0007	2.571,4
-- Freiheitsberaubung, Nötigung, Bedrohung (§§ 239, 240, 241)	3,6	1,0	3,6
Diebstahl ohne erschwerende Umstände (§ 242)	5,5	23,3	0,2
Diebstahl unter erschwerenden Umständen (§§ 243, 244)****	29,1	43,2	0,7
Raub, Räub. Erpressung, Räub. Angriff auf Kraftfahrer (§§ 249, 253, 316 a)*****	16,4	0,7	23,4
Urkundenfälschung (§§ 267 – 282)**	3,6	0,9	4,0
(Vorsätzliche) Brandstiftung	1,8	0,2	9,0
Straftaten nach dem BtMG insgesamt	1,8	2,1	0,9
Straftaten nach dem WaffG insgesamt	1,8	0,3	6,0

Anmerkungen:
* Bei den genannten Paragraphen handelt es sich ausnahmslos um solche des Strafgesetzbuches.
** In den Zeilen „Widerstand gegen die Staatsgewalt" und „Urkundenfälschung" wird entsprechend den Vorgaben der Polizeilichen Kriminalstatistik nicht zwischen den unterschiedlichen Delikten dieser Deliktsgruppen differenziert.
*** In der Zeile „Straftaten gegen die persönliche Freiheit" werden entsprechend den Vorgaben der Polizeilichen Kriminalstatistik die Delikte der Freiheitsberaubung, Nötigung und Bedrohung zusammengezählt.
**** In der Zeile „Diebstahl unter erschwerenden Umständen" wird die weitere Differenzierung innerhalb der Polizeilichen Kriminalstatistik, die allein nach kriminalpolizeilichen Kategorien erfolgt, nicht übernommen.
***** In der Zeile „Raub, Räuberische Erpressung, Räuberischer Angriff auf Kraftfahrer" wird entsprechend den Vorgaben der Polizeilichen Kriminalstatistik nicht zwischen den unterschiedlichen Delikten dieser Deliktsgruppe differenziert. Die weitere Differenzierung nach kriminalpolizeilichen Kategorien wird ebenfalls nicht übernommen.

Quelle:
1. Tabelle 111 der Polizeilichen Kriminalstatistik des Landes Nordrhein-Westfalen der Jahrgänge 1986 bis 1988.
2. Eigene Berechnungen.

Besonders auffallend sind die Werte bei den Geiselnahmen: Obwohl diese nur einen Anteil von 0,0007 % an der Gesamtkriminalität ausmachen, liegt ihr Anteil an der Entweichungskriminalität bei 1,8 %. Geiselnahmen wurden von den Probanden also ca. 2.570 mal häufiger begangen, als dies statistisch zu erwarten gewesen wäre.

Ähnliches gilt für die Straftaten aus dem Deliktsbereich Widerstand gegen die Staatsgewalt (§§ 111 - 121 StGB) mit einem 109 mal höheren Anteil, wobei hierauf 32,7 % aller Straftaten der Probanden und nur 0,3 % der in Nordrhein-Westfalen registrierten Gesamtkriminalität entfallen.

Andererseits wird deutlich, daß die schweren Diebstähle bei den Entweichungsdelikten (durchschnittlich 5,33 Straftaten pro Jahr = 29,1 %) im Verhältnis zu den in

Nordrhein-Westfalen insgesamt registrierten schweren Diebstählen (durchschnittlich 529.141 Straftaten pro Jahr = 43,2 %) unterrepräsentiert sind (Faktor = 0,7). Der Anteil der gewaltlosen Eigentumsdelikte ist sogar erheblich unterrepräsentiert (Faktor = 0,2).

Demgegenüber sind die durch Gewalt gegen Personen qualifizierten Eigentums- und Vermögensdelikte des (schweren) Raubes und der (schweren) räuberischen Erpressung bei den Probanden wesentlich - genau 23,4 mal - häufiger vertreten, als dies nach der Polizeilichen Kriminalstatistik zu erwarten gewesen wäre.

Dies deutet darauf hin, daß entwichene Anstaltsinsassen in überdurchschnittlichem Maße bereit sind, anläßlich ihrer Entweichung das Mittel der Gewalt einzusetzen, um das von ihnen angestrebte Ziel zu erreichen, wobei noch zu untersuchen bleibt, in welcher Phase des Entweichungsgeschehens - ob zur Erlangung oder Aufrechterhaltung der widerrechtlichen Freiheit - die Deliktsverwirklichung erfolgte.

Als Zwischenergebnis der in den Tabellen 27 [179] und 28 [180] vorgenommenen, vergleichenden Betrachtung bleibt hervorzuheben, daß nur ein äußerst geringer Teil der jährlichen Gesamtkriminalität (durchschnittlich 18,33 von 1.226.083 Straftaten) von den aus dem geschlossenen Vollzug des Landes Nordrhein-Westfalen entwichenen Gefangenen begangen wurde, nämlich ein Anteil von nur 0,015 Promille. Anders ausgedrückt, wurde lediglich eine von 66.889 Straftaten durch Mitglieder dieser Probandengruppe verübt, ein - statistisch gesehen - vernachlässigbar geringer Anteil. Dies ist angesichts der geringen Anzahl der entwichenen Gefangenen zwar kein überraschender Befund, aber aufgrund der Aufmerksamkeit, die diese Art von Kriminalität in der Öffentlichkeit hervorruft, ein durchaus erwähnenswertes Ergebnis.

---

179 Vgl. Seite 133.
180 Vgl. Seite 138.

Die Delinquenz der aus dem geschlossenen Vollzug entwichenen Anstaltsinsassen stellt offensichtlich kein quantitatives Problem dar. Es liegt daher die Vermutung nahe, daß es allein der absolute Anspruch an den Strafvollzug ist, den Schutz der Allgemeinheit vor weiteren Straftaten der Gefangenen durch eine sichere Verwahrung zu gewährleisten, der jede neuerliche Straffälligkeit der Entwichenen zu einer „besonderen" Kriminalität macht. Sie wird als eine Kriminalität zur „Unzeit" [181] empfunden und wird - anders als die neuerliche Straftat eines unter Umständen erst kurz zuvor aus der Haft entlassenen Straftäters - nicht als „normales", zur gesellschaftlichen Lebenswirklichkeit gehörendes Element und als „allgemeines Lebensrisiko" eines jeden Bürger angesehen, sondern als vermeidbares, völlig unnötiges und nur auf das Versagen des Strafvollzuges zurückzuführendes Schicksal.

Dabei stellt sich jedoch die Frage, ob diese gesteigerte Sensibilität der Öffentlichkeit gegenüber der Delinquenz entwichener Gefangener tatsächlich alleine auf der absoluten Sicherungserwartung an den Strafvollzug beruht, oder ob sie auch dadurch besondere Aufmerksamkeit erfährt, daß sie im Vergleich zur allgemeinen, gesellschaftlichen Kriminalitätserscheinung eine besondere Schwere oder Gefährlichkeit aufweist. Die bereits angesprochenen, überproportionalen Anteile im Bereich der Straftaten gegen die persönliche Freiheit sowie im Bereich Raub und Erpressung [182] könnten insoweit ein wichtiges Indiz darstellen. Diese Frage soll daher im folgenden Kapitel näher untersucht werden.

---

181 Vgl. Georg Wagner, 1994, Seite 186, mit einer entsprechenden Feststellung zur auftretenden Delinquenz bei Vollzugslockerungen.

182 Vgl. Seite 138 Tabelle 28.

cc) Qualitativer Vergleich der Entweichungskriminalität mit der Gesamtkriminalität im Lande Nordrhein-Westfalen in den Jahren 1986 bis 1988

Die in der Polizeilichen Kriminalstatistik gesondert erfaßte Gewaltkriminalität ist ein besonders guter Parameter für die Beantwortung der Frage, ob sich die Entweichungskriminalität nach ihrer Intensität in das Bild der in Nordrhein-Westfalen im Untersuchungszeitraum insgesamt registrierten Kriminalität einfügt oder ob sie sich durch eine besondere Schwere oder Gefährlichkeit auszeichnet. Ein überdurchschnittlich hoher Anteil der Entweichungsstraftaten gerade in diesem Bereich könnte eine mögliche, durchaus nachvollziehbare Furcht vor dieser spezifischen Art der Kriminalität erklären.

Bei Zugrundelegung des Begriffs der Gewaltkriminalität im Sinne der Polizeilichen Kriminalstatistik ergibt sich bei den von den entwichenen Probanden verwirklichten 55 Straftaten [183] folgendes Bild:

Tabelle 29:
Anzahl und Anteil der Gewaltkriminalität unter den Straftaten der Probanden

	Anzahl der Straftaten (n = 55)	*Anteil der Straftaten (in %)*
Gewaltkriminalität	11	20,0
Sonstige Kriminalität	44	80,0

Danach ist ein Fünftel der von den Probanden anläßlich der Entweichung begangenen Straftaten dem Bereich der Gewaltkriminalität zuzuordnen. Daß es sich hierbei

---

183 Vgl. Seite 131 f. zu den Gründen, warum bei einem Vergleich mit den Zahlen der Polizeilichen Kriminalstatistik lediglich auf 55 Straftaten abgestellt werden kann.

um einen außerordentlich hohen Anteil handelt, zeigt ein Vergleich mit den entsprechenden Zahlen der Polizeilichen Kriminalstatistik, bezogen auf die gesamte im
Untersuchungszeitraum im Lande Nordrhein-Westfalen registrierte Kriminalität.

Tabelle 30:
**Anzahl und Anteil der Gewaltkriminalität unter den im Lande Nordrhein-West-
falen in den Jahren 1986 bis 1988 insgesamt registrierten Straftaten**

	Anzahl 1986	*Anteil 1986*	*Anzahl 1987*	*Anteil 1987*	*Anzahl 1988*	*Anteil 1988*
Gewalt-kromina-lität	28.800	2,4 %	28.626	2,3 %	28.061	2,3 %
Sonstige Krimina-lität	1.182.261	97,6 %	1.214.369	97,7 %	1.196.132	97,7 %
Insgesamt	1.211.061	100,0 %	1.242.995	100,0 %	1.224.193	100,0 %

Quelle:
1. Ziffer 7 der Polizeilichen Kriminalstatistik des Landes Nordrhein-Westfalen,
    1986 bis 1988.
2. Eigene Berechnungen.

Während im Untersuchungszeitraum kontinuierlich nur 2,3 % bzw. 2,4 % aller registrierten Straftaten zur Gewaltkriminalität zählen, sind dies bei der im Rahmen
eines Ermittlungsverfahrens verfolgten Entweichungskriminalität 20,0 %, was immerhin einem fast zehnmal höheren Anteil entspricht.

Die allgemeinen Befürchtungen vor neuen, schwerwiegenden Straftaten, die anläßlich einer gelungenen Entweichung geäußert werden, könnten insoweit durchaus
eine Berechtigung haben.

Ob und inwieweit mit dieser „besonderen Qualität" der Entweichungskriminalität tatsächlich auch eine „besondere Gefährdung" der Allgemeinheit verbunden ist, bleibt noch einer späteren, genaueren Untersuchung vorbehalten.

Bevor diese Fragestellung näher behandelt werden soll, muß jedoch in einem Zwischenschritt dem Umstand Rechnung getragen werden, daß nicht jede Tat, die Gegenstand eines Ermittlungsverfahrens war, einem nachgewiesenen strafbaren Verhalten der Probanden entspricht. Gegenstand der folgenden Untersuchungen soll daher nur die tatsächlich zur Verurteilung gelangte Kriminalität der Entwichenen sein.

dd) Zusammenfassung

Bei einem Vergleich der im Untersuchungszeitraum festgestellten Entweichungs-kriminalität mit der Gesamtkriminalität in Nordrhein-Westfalen ist eine erheblich überproportionale Beteiligung der Probanden an den Delikten zu verzeichnen, bei denen der „Schutz des rechtsstaatlich legitimierten staatlichen Gewaltmonopols" im Vordergrund steht, gegen das sich der entweichende Gefangene bei seinem Weg in die Freiheit auflehnt und wobei es fast zwangsläufig zur Verwirklichung der Delikte aus dem Bereich des Widerstandes gegen die Staatsgewalt (§§ 111 - 121 StGB) kommt.

Dagegen ist der relativ geringe Anteil der von den Probanden verwirklichten Dieb-stahlsdelikte überraschend. Obwohl auf diese Deliktsgruppe 34,5 % aller der von den Probanden begangenen Delikte entfallen, ist sie in Bezug zur insgesamt im Er-hebungszeitraum in Nordrhein-Westfalen registrierten Kriminalität weit unterpro-portional häufig vertreten.

Andererseits ist aber auch eine überproportionale Beteiligung der Probanden an sehr schwerwiegenden Delikten bzw. Deliktsgruppen, wie Geiselnahmen oder Raubtaten, und allgemein an den zur Gewaltkriminalität im Sinne der Polizeilichen Kriminalstatistik zählenden Delikten zu verzeichnen, was ein Grund dafür sein könnte, warum die Kriminalität entwichener Gefangener in der Öffentlichkeit besondere Aufmerksamkeit genießt. Bemerkenswert ist dabei jedoch, daß die Probanden - trotz teilweise einschlägiger Vorbelastungen - Delikte aus der Gruppe der Straftaten gegen das Leben (§§ 211 - 222 StGB) überhaupt nicht begangen haben.

c) Straftatbestände und Straftaten der Probanden, die zu einer Verurteilung führten

aa) Verurteilung als formales Kriterium

Im vorhergehenden Abschnitt wurde die gesamte Entweichungskriminalität der Probanden dargestellt, soweit sie überhaupt Gegenstand eines staatsanwaltschaftlichen Ermittlungsverfahrens war. Der so gewonnene Überblick über die äußerstenfalls in Betracht kommende, den Probanden zurechenbare Kriminalität kann jedoch nicht als maßgebliche Grundlage für die Fragestellung dienen, inwieweit die Allgemeinheit im Untersuchungszeitraum tatsächlich durch die Kriminalität entwichener Anstaltsinsassen beeinträchtigt wurde. Einerseits kommt es nämlich im Anschluß an die polizeiliche Registrierung oftmals zu juristischen Umwertungen des Sachverhalts durch Staatsanwaltschaft und Gericht, [184] so daß unklar bleibt, ob sie rechtlich tatsächlich so zu würdigen sind, wie sie von der Polizei zunächst geführt wurden.

---

184 Dolde, 1994, Seite 115 f.;

Göppinger, 1997, Seite 490 f..

Andererseits erfolgen eine Vielzahl von Verfahrenseinstellungen, die sich ebenfalls in unterschiedlichster Weise auf die Bewertung der Kriminalitätserscheinung auswirken. So kann eine Einstellung nach § 170 Absatz 2 StPO sachliche oder rechtliche Gründe haben, wobei nicht ohne weiteres der Schluß zulässig ist, daß in diesen Fällen Straftaten nicht begangen wurden. Zwar erfolgt eine Einstellung nach dieser Verfahrensvorschrift auch dann, wenn sich im Verlauf der Ermittlungen die Unschuld des Beschuldigten herausstellt und der anfängliche Tatverdacht ausgeräumt werden konnte. Den Strafverfolgungsbehörden bleibt jedoch auch dann nur die Möglichkeit einer Einstellung nach § 170 Absatz 2 StPO, wenn entweder nach dem gesamten Akteninhalt bei vorläufiger Tatbewertung die Verurteilung des Beschuldigten nicht mit Wahrscheinlichkeit zu erwarten ist oder aber Verfahrenshindernisse nicht zu beseitigen sind. [185] Danach ist es also durchaus möglich, daß in einzelnen Fällen der registrierten Entweichungskriminalität eine Verfahrenseinstellung nach § 170 Absatz 2 StPO erfolgte, obwohl an der Deliktsverwirklichung durch den Probanden kein Zweifel besteht und auch eine Gefährdung der Allgemeinheit anzunehmen ist. [186] Umgekehrt ist in den Fällen der Verfahrenseinstellungen bzw. Verfahrensbeschränkungen nach den §§ 154 und 154 a StPO nicht ohne weiteres der Schluß zulässig, daß sich die Probanden tatsächlich einer Straftat hinreichend verdächtig gemacht haben. Eine Einstellung nach diesen Vorschriften kommt nämlich - neben den dort genannten Gründen - auch dann in Betracht, wenn ein noch nicht ausermittelter Verdacht einer Straftat besteht und gegebenenfalls später die Ermittlungen ohne Beweisverlust wiederaufgenommen werden können. [187] Dabei gibt es

---

185 Kleinknecht / Meyer-Goßner, 1999, § 170 Rdz. 6.

186 So verhielt es sich beispielsweise in einem Fall, in dem ein entwichener Jugendlicher seinen Fluchtaufenthalt durch Gelder und Wertgegenstände finanzierte, die er zuvor aus der Wohnung seiner Eltern entwendet hatte, wobei diese - in Kenntnis der Straftat - auf die Stellung eines gemäß den §§ 243, 247 StGB für die Strafverfolgung unbedingt erforderlichen Strafantrages verzichteten.

187 Kleinknecht / Meyer-Goßner, 1999, § 154 Rdz. 15.

natürlich auch Fälle, in denen die Ausermittlung des Verfahrens zu der Erkenntnis geführt hätte, daß die Straftat dem Beschuldigten nicht mit der für eine Verurteilung erforderlichen Sicherheit nachzuweisen gewesen wäre oder er sogar unschuldig ist. [188]

Da es aber für die Frage der Gefährdung der Allgemeinheit durch entflohene Anstaltsinsassen aus Anstalten des geschlossenen Vollzuges nur auf die Delikte ankommen kann, in denen positiv von einem strafwürdigen Verhalten auszugehen ist, können letztlich nur die einer Verurteilung zugrundeliegenden Straftaten bzw. Straftatbestände Grundlage weiterer Untersuchungen sein. Nur in diesen Fällen geht nämlich das Gericht mit einem nach der Lebenserfahrung ausreichendem Maß an Sicherheit - demgegenüber vernünftige Zweifel nicht mehr aufkommen - [189] davon aus, daß eine rechtswidrige und schuldhafte Straftat vorliegt, die zur Verurteilung gelangt.

Zusammenfassend ist mithin festzustellen, daß die anfänglich vorgenommene Erfassung aller in einem Ermittlungsverfahren registrierten Straftaten bzw. Straftatbestände der Probanden zwar geeignet ist, einen quantitativen Vergleich mit der Zusammensetzung der Gesamtkriminalität in Nordrhein-Westfalen zu ermöglichen. Auch ermöglicht sie eine Aussage dazu, ob die Struktur der Entweichungskriminalität mit dem sonstigen Bild der Kriminalitätserscheinung übereinstimmt oder ob bestimmte Delikte - insbesondere Gewaltdelikte im Sinne der Polizeilichen Kriminalstatistik - bei der Entweichungskriminalität über- oder unterrepräsentiert sind. Sie bildet jedoch keine adäquate Grundlage für die Erfassung und Beurteilung der von den Probanden tatsächlich begangenen Entweichungstaten.

---

188 Vergleichbares gilt auch für den Fall einer Einstellung nach § 153 StPO, die jedoch in der vorliegenden Untersuchung nicht zur Anwendung gelangte.

189 Kleinknecht / Meyer-Goßner, 1999, § 261 Rdz. 2.

Im folgenden wird daher zunächst ein Überblick über die straf- und strafprozeß-rechtlichen Folgen der mit den Entweichungen verbundenen Vorgänge gegeben, um dann in einem nächsten Schritt eine differenzierte Betrachtung der zur Verurteilung gelangten Delikte vorzunehmen, die schließlich in der zentralen Fragestellung endet, ob mit der festgestellten Kriminalität der Probanden tatsächlich eine besondere Gefährdung der Allgemeinheit einhergeht.

bb) Straf- und strafprozeßrechtliche Folgen der Entweichungskriminalität

Die folgende Tabelle gibt einen Überblick darüber, ob und gegebenenfalls mit welchen Rechtsfolgen die gegen die Probanden geführten Ermittlungsverfahren endeten.

Tabelle 31:
Rechtsfolgen der gegen die Probanden geführten Ermittlungsverfahren

Rechtsfolgen	Anzahl der Probanden (n =78)	Anteil der Probanden (in %)	Zwischensummen	
			Anzahl (n =78)	Anteil in %
Kein Ermittlungsverfahren	26	33,3	26	33,3
Nur Verurteilungen	21	26,9	21	26,9
Verurteilungen und Teil-Einstellungen			10	12,9
-- Nach § 170 Absatz 2 StPO	1	1,3		
-- Nach § 170 Absatz 2 und § 154 Absatz 1 StPO*	1	1,3		
-- Nach § 154 Absatz 1 StPO	4	5,1		
-- Nach § 154 Absatz 1 und § 154 a Absatz 1 StPO	1	1,3		
-- Nach § 154 Absatz 1 StPO und Teil-Freispruch**	1	1,3		
-- Nach § 154 Absatz 2 StPO	1	1,3		
-- Nach § 154 Absatz 2 und § 154 a Absatz 2 StPO**	1	1,3		
Nur Einstellungen			21	26,9
-- Nach § 170 Absatz 2 StPO***	10	12,8		
-- Nach § 154 Absatz 1 StPO	2	2,6		
-- Nach § 154 Absatz 2 StPO	5	6,4		
-- Nach § 154 Absatz 1 und § 170 Absatz 2 StPO**	4	5,1		

Anmerkungen:
* Alle Einstellungen, bei denen zwei Vorschriften der Strafprozeßordnung genannt werden, beziehen sich jeweils auf zwei Straftaten.
** Bei einem Probanden war neben einer schon vor Anklageerhebung erfolgten Teil-Einstellung nach § 154 Absatz 1 StPO und der anschließenden Verurteilung noch ein Teil-Freispruch zu verzeichnen, der sich jedoch nicht aus dem Urteilstenor, sondern lediglich aus den Urteilsgründen ergab.
*** Eine Einstellung gemäß § 170 Absatz 2 StPO bezog sich auf zwei Straftaten.

Gegen zwei Drittel (= 66,7 %) der entwichenen Anstaltsinsassen wurde ein Ermittlungsverfahren wegen des Verdachts zumindest einer Straftat eingeleitet, die im Zeitraum zwischen der Überwindung des staatlichen Anstaltsgewahrsams bis hin zur Rückkehr in die Anstalt begangen worden sein sollte. Drei Fünftel (= 59,6 %) dieser Verfahren (31 von 52) endeten mit einer Anklageerhebung und anschließenden Verurteilung, so daß sich der anfängliche Tatverdacht mit der für eine Verurteilung erforderlichen Sicherheit bestätigte. Die restlichen Verfahren (21 von 52) wurden dagegen aus den unterschiedlichsten Gründen eingestellt. Zusammen mit den bereits festgestellten 26 Probanden, gegen die von vornherein kein Ermittlungsverfahren eingeleitet wurde, macht dies einen Anteil von 60,3 % aller Probanden (47 von 78) aus. Mit anderen Worten ist davon auszugehen, daß immerhin drei von fünf entwichenen Probanden ohne jegliche Verurteilung blieben, weil entweder von vornherein kein Tatverdacht bestand oder der Tatvorwurf - aus den unterschiedlichsten Gründen - nicht weiter aufrechterhalten wurde.

Angesichts der Tatsache, daß es sich bei der Probandengruppe ausnahmslos um Inhaftierte des geschlossenen Vollzuges handelt, die darüber hinaus eine überdurchschnittliche Vorstrafenbelastung aufweisen, [190] ist dieses Ergebnis - zumindest auf den ersten Blick - durchaus bemerkenswert. Ob es letztlich das „Wohlverhalten" der Probanden war, das dazu führte, daß nur ein relativ geringer Teil von ihnen erneut verurteilt wurde oder ob äußere Umstände, wie beispielsweise eine zu kurze Ent-

---

190 Vgl. Seite 110, Tabelle 23.

weichungsdauer, [191] eine erneute Straffälligkeit verhinderten, wird noch genauer untersucht werden.

Erwähnenswert ist in diesem Zusammenhang noch, auf welche Straftatbestände sich die einzelnen Einstellungen beziehen.

Wie aus der folgenden Übersicht zu ersehen ist, handelt es sich dabei - bis auf eine Ausnahme - nur um Vergehenstatbestände.

Zu dem einzigen in Rede stehenden Verbrechensvorwurf ist anzumerken, daß in diesem Fall der Proband bei seiner polizeilichen Vernehmung anläßlich seiner Wiederergreifung vorgegeben hatte, er habe in einer Tiefgarage einer Frau die Handtasche weggerissen und dabei Bargeld erbeutet. Nachdem der Proband in der Hauptverhandlung dann jedoch erklärte, er habe diese Angaben gegenüber der Polizei nur deshalb gemacht, um das Vorhandensein von Barmitteln erklären zu können und nicht einräumen zu müssen, sich das Geld durch das Anbieten homosexuellen Geschlechtsverkehrs „verdient" zu haben und es im übrigen in der fraglichen Tatzeit an objektiven Beweisen für das Vorliegen einer Raubtat fehlte, kam es insoweit zu einem Teil-Freispruch. Nach Auffassung des Gerichts sprach für die Richtigkeit der neuerlichen Angaben des Angeklagten insbesondere auch, daß seine Befürchtung, bei einer wahrheitsgemäßen Aussage könnten seine homosexuellen Erfahrungen aktenkundig und diese auch in der Justizvollzugsanstalt bekannt werden, durchaus nachvollziehbar waren. Mit hoher Wahrscheinlichkeit kann folglich davon ausgegangen werden, daß dem ursprünglichen Verbrechensvorwurf des Raubes tatsächlich keine Straftat zugrunde lag und eine Beeinträchtigung der Allgemeinheit nicht vorgelegen hat. Die Nichtberücksichtigung dieser Straftat bei der Bewertung der Entweichungskriminalität ist damit auch - neben den grundsätzlichen Überlegungen - aus tatsächlichen Gründen durchaus gerechtfertigt und hat keinerlei Einfluß auf das Ergebnis der Untersuchung.

---

191 Vgl. Seite 115, Tabelle 24.

Die Einstellungen stellen sich im übrigen wie folgt dar:

Tabelle 32:
Eingestellte Straftatbestände, die Gegenstand eines Ermittlungsverfahrens waren

Art der eingestellten Straftatbestände * **	Anzahl der Straftatbestände (n = 40)	Anteil der Straftatbestände (in %)
Widerstand gegen die Staatsgewalt (§§ 111 - 121)		
-- Widerstand gegen Vollstreckungsbeamte		
(§ 113 Absatz 1)	1	2,5
-- Gefangenenmeuterei (§ 121 Absatz 1 Nummer 1)	1	2,5
-- Gefangenenmeuterei (§ 121 Absatz 1 Nummer 2)	16	40,0
-- Gefangenenbefreiung (§ 120)	3	7,5
Diebstahl und Unterschlagung (§§ 242 - 248 c)		
-- Diebstahl (§ 242)	1	2,5
-- Besonders schwerer Fall des Diebstahls (§ 243)	10	25,0
Raub und Erpressung (§§ 249 - 256)		
-- Raub (§ 249)	1	2,5
Straftaten im Straßenverkehr		
-- Unerlaubtes Entfernen vom Unfallort (§ 142)	3	7,5
Straftaten nach dem StVG insgesamt	2	5,0
Straftaten nach dem BtMG insgesamt	1	2,5
Straftaten nach dem WaffG insgesamt	1	2,5

Anmerkungen:

* Bei den genannten Paragraphen handelt es sich ausnahmslos um solche des Strafgesetzbuches.
** Unter dem Begriff der Einstellung wurde aus Gründen der Übersichtlichkeit auch der erwähnte Fall eines Teil-Freispruches erfaßt (vgl. Seite 151).

Auffallend ist zunächst, daß nicht alle bislang vertretenen Deliktsgruppen der Entweichungskriminalität von den Einstellungen betroffen sind. Insbesondere wurden in den Bereichen der Deliktsgruppen Körperverletzung (§§ 223 - 233 StGB), Straftaten gegen die Persönliche Freiheit (§§ 234 - 241 a StGB), Urkundenfälschung (§§ 267 - 282 StGB), Sachbeschädigung (§§ 303 - 305 StGB) und gemeingefährliche Straftaten (§§ 306 - 323 c StGB) überhaupt keine Einstellungen vorgenommen.

Das Hauptgewicht der Einstellungsverfügungen liegt dagegen eindeutig - mit mehr als der Hälfte (21 von 40 Straftatbeständen) - im Bereich der Deliktsgruppe des Widerstandes gegen die Staatsgewalt (§§ 111 - 121 StGB). Interessanterweise kam es hier zu reinen Einstellungsverfügungen gemäß § 170 Absatz 2 und § 154 Absatz 1 sowie Absatz 2 StPO, ohne daß zugleich eine Verurteilung erfolgte. Eine Betrachtung der Einzelfälle zeigte dabei, daß alleine in dreizehn Fällen der Gefangenenmeuterei im Sinne des § 121 StGB eine Einstellung nach § 170 Absatz 2 StPO vorgenommen wurde, weil nach genauer Sachverhaltsaufklärung bereits die tatbestandlichen Voraussetzungen nicht angenommen werden konnten oder die absolute Verfolgungsverjährung eingetreten war. In vier weiteren Fällen des § 121 StGB, in zwei Fällen des § 120 StGB und einem Fall des § 113 StGB wurde dagegen von Staatsanwaltschaft und Gericht ein an sich strafbares Verhalten im Hinblick auf eine andere Tat - zumeist die Einweisungstat - nicht für strafwürdig gehalten und das Verfahren insoweit mit einer Einstellung nach § 154 StPO beendet.

Die übrigen eingestellten Straftatbestände, unter denen die Deliktsgruppe Diebstahl und Unterschlagung (§§ 242 - 248 c StGB) mit 11 Straftatbeständen den zweitgrößten Anteil ausmacht, wurden nach den unterschiedlichsten Vorschriften eingestellt, wobei zu erwähnen bleibt, daß ein Verstoß gegen das Betäubungsmittelgesetz, ein Verstoß gegen das Straßenverkehrsgesetz und zwei besonders schwere Fälle des Diebstahls ebenfalls im Rahmen einer reinen Einstellungsverfügung ihre Erledigung fanden.

cc) Quantitativer Überblick über die abgeurteilten Straftatbestände und Straftaten

Bei der sich nunmehr anschließenden Darstellung des gesamten zur Verurteilung gelangten deliktischen Verhaltens der Probanden wird - entsprechend der Darstellung der Entweichungskriminalität, die Gegenstand eines Ermittlungsverfahrens war - [192] zum einen abgestellt auf alle verwirklichten Straftatbestände, zum anderen aber auch auf die begangenen Straftaten. [193]

Dabei wird - entsprechend der tatbezogenen Zählweise in der Polizeilichen Kriminalstatistik - eine von mehreren Probanden gemeinschaftlich begangene Straftat nicht mehrfach, sondern nur einmal gezählt. Für die durch die entwichenen Probanden verursachten Rechtsgutverletzungen - insbesondere für den im Einzelfall in seinen Rechtsgütern verletzten Bürger - ist es nämlich ohne Belang, ob die ihn treffende Straftat - beispielsweise der Diebstahl seines Kraftfahrzeuges - von einem Einzeltäter oder von mehreren Mittätern gemeinschaftlich begangen wurde. Hinzu kommt, daß eine Mehrfachzählung eine Rechtsgutbeeinträchtigung suggerieren

---

192 Vgl. Seite 120 ff..

193 Aus Gründen der Übersichtlichkeit wird auch hier wiederum nicht zwischen vollendetem und versuchtem Delikt unterschieden.

würde, die in diesem Ausmaß tatsächlich nicht vorliegt. Folglich würde das Bild der von den Probanden anläßlich ihrer Entweichung verübten Kriminalität unzulässigerweise verfälscht.

Werden diese Maßstäbe zugrunde gelegt, so verbleiben 50 Straftatbestände und 37 Straftaten, die Gegenstand eines richterlichen Urteils waren.

Auf jeden der 78 entwichenen Probanden entfallen mithin 0,6 Straftatbestände und 0,5 Straftaten, die Gegenstand einer Verurteilung waren. Bezogen auf die 31 verurteilten Probanden sind dies immerhin 1,6 Straftatbestände und 1,2 Straftaten.

(1) Abgeurteilte Straftatbestände

Im einzelnen verteilen sich die 50 abgeurteilten Straftatbestände auf die verschiedenen Delikte bzw. Deliktsgruppen wie folgt:

Tabelle 33:
Anzahl und Anteil der abgeurteilten Straftatbestände

Deliktsgruppen bzw. Delikte *	Anzahl (n = 50)	Anteil (in %)
Widerstand gegen die Staatsgewalt (§§ 111 - 121)		
-- Widerstand gegen Vollstreckungsbeamte (§ 113 Absatz 1)	1	2
-- Widerstand gegen Vollstreckungsbeamte (§ 113 Absatz 2 Nummer 1)	1	2
-- Gefangenenmeuterei (§ 121 Absatz 1 Nummer 1)	2	4
-- Gefangenenmeuterei (§ 121 Absatz 3 Nummer 2 i.V.m. Absatz 1 Nummer 1)	1	2
-- Gefangenenmeuterei (§ 121 Absatz 1 Nummer 2)	4	8
-- Gefangenenbefreiung (§ 120)	1	2
Körperverletzung (§§ 223 - 233)		
-- Gefährliche Körperverletzung (§ 223 a)**	5	10
Straftaten gegen die persönliche Freiheit (§§ 234 –241 a)		
-- Erpresserischer Menschenraub (§ 239 a)	2	4
-- Geiselnahme (§ 239 b)	3	6
-- Nötigung (§ 240)	1	2
-- Freiheitsberaubung (§ 239)	1	2
Diebstahl und Unterschlagung (§§ 242 – 248 c)		
-- Diebstahl (§ 242)	2	4
-- Besonders schwerer Fall des Diebstahls (§ 243)	12	24
Raub und Erpressung (§§ 249 - 256)		
-- Raub (§ 249)	1	2
-- Schwerer Raub bzw. Schwere räuberische Erpressung (§§ 255, 250)	7	14
Urkundenfälschung (§§ 267- 282)		
-- Urkundenfälschung (§ 267)	2	4
Sachbeschädigung (§§ 303 - 305)		
-- Gemeinschädliche Sachbeschädigung (§ 304)	1	2
Gemeingefährliche Straftaten (§§ 306 - 323 c)		
-- Schwere Brandstiftung (§ 306)	1	2
Straftaten nach dem StVG insgesamt	1	2
Straftaten nach dem WaffG insgesamt	1	2

Anmerkungen:

* Bei den genannten Paragraphen handelt es sich ausnahmslos um solche des Strafgesetzbuches.

** Bei einer mittäterschaftlich begangenen gefährlichen Körperverletzung wurde bei einem der Mittäter das Qualifikationsmerkmal verneint, mit der Folge, daß dieser Mittäter wegen einer einfachen Körperverletzung gemäß § 223 StGB verurteilt wurde. Diese Tat geht jedoch unter Berücksichtigung der mittäterschaftlichen Verwirklichung in der gefährlichen Körperverletzung auf.

Auffallend ist zunächst, daß nach dem Ausscheiden der eingestellten Straftatbestände die Deliktsgruppen der Straftaten im Straßenverkehr und nach dem Betäubungsmittelgesetz überhaupt nicht mehr, die Deliktsgruppe der Straftaten nach dem Straßenverkehrsgesetz und nach dem Waffengesetz jeweils nur noch mit einem Straftatbestand vertreten sind.

Vergleichbares gilt für die Deliktsgruppe Diebstahl und Unterschlagung (§§ 242 - 248 c StGB), bei der eine deutliche Reduzierung der ursprünglich in einem Ermittlungsverfahren geführten 42 Straftatbestände auf lediglich 14 zur Verurteilung gelangte Straftatbestände zu verzeichnen ist. [194] Neben 11 Einstellungen ist diese Differenz auf eine häufige mittäterschaftliche Deliktsverwirklichung zurückzuführen, wodurch 17 Straftatbestände entfallen sind.

Die erhebliche Reduzierung bei den Delikten gegen die persönliche Freiheit (§§ 234 - 241 a StGB) von 21 auf sieben und bei der Deliktsgruppe Raub und Erpressung (§§ 249 - 256 StGB) von 15 auf acht Straftatbestände ist überraschend, da hier lediglich bezüglich eines einzigen Raubvorwurfes eine Einstellung erfolgte. Die Reduzierung der Anzahl der Tatbestände ist - bis auf die erwähnte Ausnahme - alleine bedingt durch die mittäterschaftliche Begehung. Dies bedeutet, daß sich gerade im Bereich der schweren, mit Gewalt gegen Personen verbundenen Delikte häufig mehrere Probanden zur Deliktsverwirklichung zusammengeschlossen haben. Die Frage,

---

194 Vgl. Seite 123, Tabelle 25, einerseits und Seite 156, Tabelle 33, andererseits.

ob diese Taten noch im Bereich der Anstalt oder im Anschluß an die erfolgreiche Überwindung des Anstaltsgewahrsams zum Nachteil der Allgemeinheit begangen wurden, bleibt dabei noch einer gesonderten Untersuchung vorbehalten. Fest steht jedoch, daß durch die Konzentration der schwerwiegenden Delikte auf wenige, mittäterschaftlich begangene Taten das Ausmaß der Rechtsgüterbeeinträchtigung relativiert wird.

Im weiteren Vergleich der beiden Übersichten, bezogen auf die Straftatbestände, die einerseits Gegenstand eines Ermittlungsverfahrens und andererseits Gegenstand eines Urteils waren, ist - neben einigen kleineren Verschiebungen - vor allem die starke Verringerung des Anteils der Deliktsgruppe des Widerstandes gegen die Staatsgewalt auffallend. Wie bereits dargelegt, [195] wurden in diesem Bereich überproportional viele Einstellungen vorgenommen. Während Gegenstand eines Ermittlungsverfahrens noch 40 Straftatbestände aus dieser Deliktsgruppe waren, verblieben nach 21 Einstellungen und neun mittäterschaftlich bedingten Korrekturen (sechs Tatbestände des § 121 Absatz 1 Nummer 2 StGB, zwei Tatbestände des § 121 Absatz 1 Nummer 1 StGB und ein Tatbestand des § 121 Absatz 1 Nummer 1 i.V.m. Absatz 3 Nummer 2 StGB) lediglich noch zehn Straftatbestände des Widerstandes gegen die Staatsgewalt (§§ 111 - 121 StGB). Dabei ist bemerkenswert, daß in vier Fällen der Verurteilung Bewährungsstrafen ausgesprochen wurden. Bemerkenswert ist dies vor allem im Hinblick darauf, daß bei allen übrigen 27 Verurteilungen Freiheitsstrafen ohne Bewährung verhängt wurden. Mit ausschlaggebend für die relativ häufige Strafaussetzung zur Bewährung (= 40 % der Sanktionen) speziell in diesem Bereich der Deliktsverwirklichung dürfte die Überlegung sein, daß es sich hierbei um Ausnahmetaten handelt, die durch das besondere Ereignis der Entweichung - das als solches bekanntlich nicht strafbar ist - bedingt sind. Dies kommt besonders anschaulich in folgender Passage einer Urteilsbegründung zum Ausdruck:

---

195 Vgl. Seite 152, Tabelle 32.

„Das Gericht hat sich im wesentlichen von folgenden Erwägungen bei der Strafzumessung leiten lassen: Zu ungunsten der Angeklagten sprach, daß sie bereits massiv strafrechtlich in Erscheinung getreten sind. Andererseits konnte ihnen ihr umfassendes Geständnis strafmildernd zugute gehalten werden. Darüber hinaus ist von Bedeutung, daß durch das Zusammenkommen vieler für den Ausbruch „günstiger" Umstände dieser erst ermöglicht wurde: Neben der schenkweise erhaltenen Säge ist hier vor allem der Umstand zu nennen, daß der Stacheldraht auf der Mauerkrone nur unzulänglich befestigt war und die liegengelassenen Gerüstbretter geradezu zu einem Ausbruch einluden. Das Gericht hat aber insbesondere strafmildernd berücksichtigt, daß beide Angeklagten durch die Schwierigkeiten in ihrem persönlichen Bereich in besonderer Weise motiviert waren, wenn auch nicht verkannt wird, daß sich die meisten Inhaftierten in einer ähnlichen Situation befinden. Unter Abwägung aller für und gegen die Angeklagten sprechenden Umstände erschien die Verhängung einer Freiheitsstrafe in Höhe von sechs Monaten für jeden der beiden Angeklagten schuldangemessen und ausreichend. Da die Angeklagten nunmehr durch ihre gute Führung im Vollzug gezeigt haben, daß die von ihnen dokumentierte Einsicht und Reue ernst gemeint ist, erschien es vertretbar, die erkannten Freiheitsstrafen zur Bewährung auszusetzen, § 56 Absatz 1 StGB. Maßgebliche Erwägungen hierbei waren jedoch, daß die Angeklagten als Bewährungsauflage die Weisung erhalten haben, die Anstaltsordnung in Zukunft peinlich genau zu beachten und den Weisungen des Personals gewissenhaft zu folgen. Sie müssen ihre Verschonung vom Vollzug also durch besonderes Wohlverhalten im Strafvollzug erst noch verdienen." [196]

---

196 Aus Gründen des Datenschutzes wird auf die nähere Quellenangabe verzichtet.

(2) Abgeurteilte Straftaten

Bei der nun folgenden Darstellung der 37 zur Verurteilung gelangten Straftaten, bei der bei tateinheitlicher Verwirklichung mehrerer Delikte lediglich das schwerste zählt, wird der Schwerpunkt der jeweiligen Deliktsverwirklichung noch deutlicher hervorgehoben, als dies bereits bei der zuvor durchgeführten tatbezogenen Darstellung der verwirklichten Straftatbestände erkennbar war.

Tabelle 34:
Anzahl und Anteil der abgeurteilten Straftaten

Deliktsgruppen bzw. Delikte *	Anzahl (n = 37)	Anteil (in %)
Widerstand gegen die Staatsgewalt (§§ 111 – 121)		
-- Gefangenenmeuterei (§ 121 Absatz 1 Nummer 1)	*1*	*2,7*
-- Gefangenenmeuterei		
(§ 121 Absatz 3 Nummer 2 i.V.m. Absatz 1 Nummer 1)	*1*	*2,7*
-- Gefangenenmeuterei (§ 121 Absatz 1 Nummer 2)	*4*	*10,8*
Körperverletzung (§§ 223 – 233)		
*-- Gefährliche Körperverletzung (§ 223 a)** *	*1*	*2,7*
Straftaten gegen die persönliche Freiheit (§§ 234 –241 a)		
*-- Geiselnahme (§ 239 b)** *	*1*	*2,7*
-- Nötigung (§ 240)	*1*	*2,7*
-- Freiheitsberaubung (§ 239)	*1*	*2,7*
Diebstahl und Unterschlagung (§§ 242 - 248 c)		
-- Diebstahl (§ 242)	*2*	*5,4*
-- Besonders schwerer Fall des Diebstahls (§ 243)	*12*	*32,4*
Raub und Erpressung (§§ 249 - 256)		
-- Raub (§ 249)	*1*	*2,7*
-- Schwerer Raub bzw.		
Schwere räuberische Erpressung (§§ 255, 250)	*7*	*18,9*
Urkundenfälschung (§ 267 - 282)		
-- Urkundenfälschung (§ 267)	*2*	*5,4*
Gemeingefährliche Straftaten (§§ 306 - 323 c)		
-- Schwere Brandstiftung (§ 306)	*1*	*2,7*
Straftaten nach dem StVG insgesamt	*1*	*2,7*
Straftaten nach dem WaffG insgesamt	*1*	*2,7*

Anmerkungen:

*   Bei den genannten Paragraphen handelt es sich ausnahmslos um solche des Strafgesetzbuches.

**   Bei den Vorschriften der gefährlichen Körperverletzung und der Geiselnahme wurde die zum Entweichungszeitpunkt geltende Gesetzesfassung zugrunde gelegt, das heißt, im erstgenannten Fall war eine Freiheitsstrafe bis zu fünf Jahren und im zweiten Fall eine solche nicht unter drei Jahren vorgesehen.

Entsprechend den Ausführungen zu den Straftaten, die Gegenstand eines Ermittlungsverfahrens waren, [197] läßt sich auch hier die Reduzierung in der Deliktsgruppe der Straftaten gegen die persönliche Freiheit (§§ 234 - 241 StGB) von sieben auf drei damit erklären, daß die Probanden in zwei Fällen wegen in Tateinheit (§ 52 StGB) verwirklichter schwerer räuberischer Erpressung (§§ 255, 253, 250, 249 StGB), erpresserischen Menschenraubes (§ 239 a StGB) und Geiselnahme (§ 239 b StGB) verurteilt wurden. Da die schwere räuberische Erpressung im Untersuchungszeitraum mit fünf Jahren die höchste Mindeststrafandrohung hatte, verringern sich die Delikte der Geiselnahme und des erpresserischen Menschenraubes damit um jeweils zwei Fälle.

Die Gruppe der Körperverletzungsdelikte (§§ 223 - 233 StGB) vermindert sich ebenfalls überdurchschnittlich stark von fünf Straftatbeständen auf nur noch eine einzige Straftat. Dies ist darauf zurückzuführen, daß diese Delikte in je einem Fall mit einer Geiselnahme (§ 239 b StGB), einer Gefangenenmeuterei (§ 121 Absatz 1 Nummer 1 i.V.m. Absatz 3 Nummer 2 StGB), einem Raub (§ 249 StGB) sowie einer Freiheitsberaubung (§ 239 StGB) in Tateinheit (§ 52 StGB) begangen

---

197 Vgl. Seite 127, Tabelle 26.

wurden, die aufgrund ihrer höheren Strafandrohung die Vergehen der gefährlichen Körperverletzung (§ 223 a StGB) [198] jeweils verdrängen.

Die Erhöhung der Anteile im Bereich der Deliktsgruppe Diebstahl und Unterschlagung (§§ 242 - 248 c StGB) von 28,0 % auf 37,8 % ist alleine auf die geänderte Bezugsgröße von vormals 50 Straftatbestände auf nunmehr 37 Straftaten bei gleichbleibender Zahl der Diebstahlsdelikte zurückzuführen. Dies bedeutet, daß es sich hierbei ausnahmslos um tatmehrheitlich (§ 53 StGB) begangene Delikte handelt, die mit einer entsprechend hohen Zahl von Rechtsgutsbeeinträchtigungen einhergehen.

Gleiches gilt für die Deliktsgruppe Raub und Erpressung (§§ 249-256 StGB). Auch hier liegen bei jeweils acht Straftatbeständen und Straftaten realkonkurrierende Taten vor, so daß sich die unterschiedlichen prozentualen Anteile allein durch die verschiedenen Bezugsgrößen (50 Straftatbestände bzw. 37 Straftaten) erklären.

dd) Zusammenfassung

Bei der Betrachtung der zur Verurteilung gelangten Straftatbestände und Straftaten läßt sich zusammenfassend feststellen, daß im Gegensatz zu den im Ermittlungsverfahren geführten Taten nunmehr eine eindeutige Verschiebung der Schwerpunkte der Deliktsverwirklichung stattgefunden hat.

---

198 Zwar hatten die Delikte der Freiheitsberaubung und der gefährlichen Körperverletzung im Untersuchungszeitraum die gleiche Strafandrohung. Da es sich bei der Freiheitsberaubung jedoch um ein Dauerdelikt handelt und im übrigen die hier in Rede stehende Freiheitsberaubung von fünf Probanden gemeinschaftlich begangen wurde, während Täter der gefährlichen Körperverletzung nur einer aus dieser Gruppe war, wurde die Freiheitsberaubung als das „schwerere" Delikt behandelt.

War dort noch eine eindeutige Schwerpunktbildung im Bereich der Widerstands-leistung gegen die Staatsgewalt (§§ 111 - 121 StGB) feststellbar, so sind nunmehr - insbesondere aufgrund des Ausscheidens der zur Einstellung gelangten Straftatbe-stände - vergleichbare Schwerpunkte nur noch im Bereich der Deliktsgruppen Dieb-stahl und Unterschlagung (§§ 242 - 248 c StGB), Raub und Erpressung (§§ 249 - 256 StGB) sowie - zumindest bei den abgeurteilten Straftatbeständen - im Bereich der Straftaten gegen die persönliche Freiheit (§§ 234 - 241 a StGB) erkennbar.

d) Besonderheiten der gemeinschaftlichen Entweichung

Das vorhergehende Kapitel hat gezeigt, daß die Berücksichtigung einer mittäter-schaftlichen Tatbegehung erheblichen Einfluß auf die Anzahl der Rechtsguts-beeinträchtigungen haben kann. An dieser Stelle soll daher kurz der Frage nachge-gangen werden, inwieweit die Kriminalität der entwichenen Anstaltsinsassen auch und gerade durch den Umstand beeinflußt wurde, daß sich mehrere Gefangene zu einer Entweichung zusammenfanden.

Wie der folgenden Tabelle zu entnehmen ist, können in Nordrhein-Westfalen in dem untersuchten Zeitraum der Jahre 1986 bis 1988 insgesamt 47 Entweichungsvor-gänge aus dem eingefriedeten Bereich der Anstalten des geschlossenen Vollzuges verzeichnet werden, wobei die Frequenz mit zunehmender Gefangenenbeteiligung abnimmt. Eine Erklärung für diese Tatsache dürfte darin zu finden sein, daß sich bei zunehmender Beteiligtenzahl die Entweichung im Durchführungsstadium immer schwieriger gestaltet. Aufgrund dieses allgemein bekannten Umstandes wird die Teilnehmerzahl dann auch von den zur Entweichung entschlossenen Gefangenen möglichst gering gehalten. [199]

---

199 Diekmann, 1964, Seite 44.

Tabelle 35:
Anzahl und Anteil der Entweichungen mit unterschiedlichen Beteiligtenzahlen

Anzahl der am Entweichungsvorgang beteiligten Probanden	Anzahl (n = 47)	Anteil (in %)
Ein Proband	26	55,3
Zwei Probanden	14	29,8
Drei Probanden	5	10,7
Vier Probanden	1	2,1
Fünf Probanden	1	2,1

Bei der Fragestellung, ob ein Zusammenhang zwischen der Beteiligtenzahl und der zu verzeichnenden Entweichungskriminalität besteht, ist folgendes feststellbar:

Bei den 26 Alleinentweichern kam es nur in sechs Fällen (= 23,1 %) zu Verurteilungen, in fünf Fällen (= 19,2 %) dagegen zu Einstellungen und sogar in 15 Fällen (= 57,7 %) noch nicht einmal zur Einleitung eines Ermittlungsverfahrens.

Bei den Entweichungen mit je zwei Beteiligten kam es bereits in sieben Fällen zu einer Verurteilung (= 25,0 %), ebenfalls in sieben Fällen zu einer Einstellung (= 50,0 %). Lediglich in drei Fällen (= 21,4 %) wurde überhaupt kein Ermittlungsverfahren eingeleitet.

Bei den Entweichungsfällen mit einer Beteiligung von drei Probanden erfolgte dann bereits bei neun der 15 Probanden (= 60,0 %) eine Verurteilung, während nur in einem Fall (= 6,7 %) eine Einstellung und lediglich bei fünf Probanden (= 33,3 %) überhaupt kein Ermittlungsverfahren festzustellen war.

Bei den verbleibenden beiden Entweichungsgruppen mit einer Beteiligtenzahl von vier bzw. fünf Personen kam es schließlich in allen Fällen - also zu jeweils 100,0 % - zu Verurteilungen.

Tabelle 36:
Ermittlungsverfahren und Verurteilungen bei Entweichungen mit unterschiedlichen Beteiligtenzahlen

Anzahl der am Entweichungsvorgang beteiligten Probanden	Insgesamt beteiligte Probanden		Ermittlungsverfahren gegen beteiligte Probanden		Verurteilte Probanden	
	Anzahl	Anteil (in %)	Anzahl	Anteil (in %)	Anzahl	Anteil (in %)
Einer	26	33,3	11	42,3	6	23,1
Zwei	28	35,9	22	78,6	7	25,0
Drei	15	19,2	10	66,7	9	60,0
Vier	4	5,1	4	100,0	4	100,0
Fünf	5	6,4	5	100,0	5	100,0

In der Gesamtbetrachtung erscheint damit die grundsätzliche Aussage gerechtfertigt, daß die Verurteilungs- und damit Kriminalitätsrate mit steigender Gefangenenbeteiligung zunimmt, während die Anzahl der Fälle, in denen von vornherein auf die Einleitung eines Ermittlungsverfahrens verzichtet wird, stark abnimmt.

Ein Hauptgrund für diese sehr unterschiedliche Verurteilungsquote, vor allem aber für die geringe Verurteilungsquote bei den Einzelentweichungen (sechs von 26 Probanden) ist sicher darin zu sehen, daß die Selbstbefreiung als solche nicht strafbar ist, während die gemeinschaftlichen Entweichungen häufig die tatbestandlichen Voraussetzung der Gefangenenmeuterei im Sinne des § 121 StGB erfüllen. Tatsächlich wurde keiner der 26 allein entwichenen Probanden wegen eines Deliktes nach § 121 StGB verurteilt.

Demgegenüber wurden bereits vier der 28 Probanden, die sich zu zweit zu einer Entweichung aus dem geschlossenen Vollzug entschlossen hatten, neben anderen Delikten, auch wegen einer Straftat aus dem Bereich des Widerstandes gegen die Staatsgewalt (§§ 111 - 121 StGB) verurteilt und weitere drei dieser 28 Probanden sogar ausschließlich wegen einer Straftat gemäß § 121 StGB. [200]

Die neun Verurteilten der 15 Probanden, die jeweils zu dritt aus dem Anstaltsbereich entkamen, wurden nur in drei Fällen - neben allgemeiner Delikte - wegen eines Deliktes der Gefangenenmeuterei nach § 121 StGB verurteilt.

Dagegen wurden alle Beteiligten der aus vier Probanden bestehenden Gruppe wiederum ausschließlich wegen Gefangenenmeuterei gemäß § 121 StGB verurteilt.

Bei der von fünf Probanden gemeinsam unternommenen Entweichung wurden demgegenüber alle Beteiligten - auch - wegen Straftaten außerhalb der Deliktsgruppe des Widerstandes gegen die Staatsgewalt verurteilt.

Es bleibt mithin bei der grundsätzlichen Annahme, daß die Wahrscheinlichkeit der Begehung von Straftaten wächst, je mehr Gefangene sich an einem Entweichungsvorgang beteiligen. Der vorhergehende Überblick macht jedoch deutlich, daß eine Aussage dahingehend, daß derjenige, der bei der Überwindung des Anstaltsgewahrsams wegen eines Deliktes der Gefangenenmeuterei (§ 121 StGB) straffällig geworden ist, sich auch im weiteren Verlauf des Entweichungsvorganges straffällig macht, ebenso wenig gerechtfertigt ist, wie die Aussage, daß derjenige, der sich anläßlich der Überwindung des Anstaltsgewahrsams nicht strafbar gemacht hat, auch später

---

200 Obwohl vier Entweichungsfälle unter Beteiligung von zwei Gefangenen mit einer Verurteilung endeten, waren davon nur sieben Probanden betroffen, da ein Proband noch unbekannten Aufenthaltes ist und das Verfahren wegen eines Verstoßes gegen § 121 StGB zwischenzeitlich - nach Eintritt der absoluten Verfolgungsverjährung – gemäß § 170 Absatz 2 StPO eingestellt wurde.

straffrei bleibt. Vielmehr kommt jede mögliche Kombination in mehr oder minder starkem Maße vor. [201]

e) Untersuchung der abgeurteilten Straftatbestände und Straftaten nach bestimmten Kriterien

Nachdem im vorangegangenen Kapitel ein Überblick über die quantitative Struktur der zur Verurteilung gelangten Entweichungskriminalität der Probandengruppe gegeben wurde, soll nunmehr eine qualitative Untersuchung erfolgen, um so zu einer differenzierteren Einschätzung der Schwere und Gefährlichkeit der begangenen Delikte gelangen zu können. Zur Darstellung des abstrakten Unrechtgehaltes soll hierzu zunächst eine Aufteilung in Verbrechen und Vergehen erfolgen, um dann in einem weiteren Schritt deren Gewaltbezogenheit einer näheren Betrachtung zu unterziehen.

aa) Verbrechen und Vergehen

Wie bereits dargelegt, [202] kommt durch die im Strafgesetzbuch vorgesehene Zweiteilung in Verbrechen und Vergehen der grundsätzliche Schweregrad der Tat nach Unrecht und Schuld zum Ausdruck, die damit eine gewisse Abstufbarkeit der Delikte ermöglicht.

Dabei stellt sich die Aufteilung der zur Verurteilung gelangten Straftatbestände und Straftaten wie folgt dar:

---

201 Vgl. insoweit Diekmann, 1964, Seite 74, mit vergleichbaren Ergebnissen.
202 Vgl. Seite 92.

Tabelle 37:
Verbrechen und Vergehen unter den abgeurteilten Straftatbeständen und Straftaten

	Anzahl der Straftatbestände (n= 50)	Anteil der Straftatbestände (in %)	Anzahl der Straftaten (n = 37)	Anteil der Straftaten (in %)
Vergehen	36	72,0	27	73,0
Verbrechen	14	28,0	10	27,0

Bei den insgesamt abgeurteilten 50 Straftatbeständen bzw. 37 Straftaten handelt es sich danach etwa zu drei Viertel um Vergehen und zu etwa einem Viertel um Verbrechen. Nach dieser rein formalen Aufteilung, die allein nach der Art und Höhe der Strafandrohung erfolgt, wären somit die mit der Mindestfreiheitsstrafe von einem Jahr sanktionierten Verbrechen durchaus unterrepräsentiert, womit auf den ersten Blick eine relativ geringe Intensität der Rechtsgutsverletzungen vermutet werden könnte. Werden darüber hinaus noch die Haupteinweisungsdelikte der Probandengruppe als Vergleich hinzugezogen, bei denen immerhin 33 Probanden (= 42,3 %) wegen eines Verbrechens in den geschlossenen Vollzug eingewiesen wurden, [203] so liegt der Schluß nahe, daß bei den Entweichungstaten eine geringere Rückfallintensität zu verzeichnen ist und von einer besonderen Gefährdung der Allgemeinheit durch entwichene Gefangene aus Anstalten des geschlossenen Vollzuges daher nicht ausgegangen werden könnte.

Eine genauere Betrachtung der Deliktsverwirklichungen führt demgegenüber jedoch zu einem differenzierteren Bild:

So waren beispielsweise die 36 bzw. 27 Vergehen nur in 15 bzw. acht Fällen mit einer Geldstrafe als Mindeststrafe bedroht. Es handelt sich hierbei um fünf Straftat-

---

203 Vgl. Seite 92, Tabelle 16.

bestände (bzw. eine Straftat) der gefährlichen Körperverletzung (§ 223 a StGB), [204] jeweils einen weiteren Straftatbestand des Widerstandes gegen Vollstreckungsbeamte (§ 113 Absatz 1 StGB), der gemeinschädlichen Sachbeschädigung (§ 304 StGB), der Gefangenenbefreiung (§ 120 StGB), jeweils zwei weitere Straftatbestände bzw. Straftaten der Urkundenfälschung (§ 267 StGB) und des Diebstahls § 242 StGB), sowie schließlich jeweils einen Straftatbestand und eine Straftat der Nötigung (§ 240 StGB), der Freiheitsberaubung (§ 239 StGB) und des Verstoßes gegen das Straßenverkehrsgesetz.

Bei 18 Straftatbeständen bzw. 17 Straftaten, nämlich bei den Strafvorschriften der §§ 121 Absatz 1 Nummer 1 und Nummer 2 StGB sowie § 243 StGB, betrug die Mindeststrafandrohung bereits drei Monate.

Bei weiteren zwei Straftatbeständen bzw. Straftaten betrug die Strafandrohung sogar mindestens sechs Monate, nämlich in einem Fall des Verstoßes gegen das Waffengesetz sowie in einem qualifizierten Fall der Gefangenenmeuterei gemäß § 121 Absatz 1 Nummer 1 i.V.m. Absatz 3 Nummer 2 StGB. Hinzu kommt bei den Straftatbeständen noch eine qualifizierte Widerstandsleistung gegen Vollstreckungsbeamte gemäß § 113 Absatz 2 Nummer 1 StGB, die ebenfalls mit mindestens sechs Monaten Freiheitsstrafe bedroht ist.

Die auch durch die Anhebung des Mindeststrafrahmens zum Ausdruck gebrachte abstrakte Einschätzung der Schwere und Gefährlichkeit der Tat zeigt damit die eindeutige Tendenz, daß die zur Verurteilung gelangten Vergehen durchaus einen intensiveren Grad erreichen, wobei 70 % der Straftatbestände und 21,6 % der Straftaten von einer Strafrahmenerhöhung betroffen sind.

---

204 Bei der Vorschrift der gefährlichen Körperverletzung wurde die zum Entweichungszeitpunkt geltende Gesetzesfassung mit einer Freiheitsstrafe von bis zu fünf Jahren zugrunde gelegt.

Diese Einschätzung gilt jedoch nicht nur für die hier in Rede stehenden Vergehen, sondern in ähnlicher Weise auch für die abgeurteilten Verbrechen.

So waren lediglich zwei der 14 Straftatbestände bzw. der zehn Straftaten (eine Raubtat und eine schwere Brandstiftung) mit der im Bereich der Verbrechen vorgesehenen Mindeststrafandrohung von einem Jahr versehen.

Bemerkenswerterweise waren dann bereits fünf Straftatbestände und eine Straftat mit einer Freiheitsstrafe von nicht unter drei Jahren belegt, wobei es sich um drei Tatbestände (bzw. eine Straftat) der Geiselnahme sowie um zwei Tatbestände des erpresserischen Menschenraubes handelt.

In sieben Fällen, also in fast 14,0 % aller zu einer Verurteilung gelangten Straftatbestände bzw. 19,0 % der abgeurteilten Straftaten, betrug schließlich die Mindeststrafandrohung fünf Jahre, wobei es sich ausnahmslos um schwere Raubtaten sowie schwere räuberische Erpressungen handelt.

Insgesamt kann daher bei den von den Probanden begangenen Vergehen und Verbrechen anhand der abstrakten Strafandrohungen festgehalten werden, daß die begangenen Delikte im allgemeinen - ebenso wie dies bereits hinsichtlich der von den Probanden begangenen Haupteinweisungsdelikte festgestellt werden konnte - [205] einen überdurchschnittlichen Unrechtsgehalt aufweisen. [206]

---

205 Vgl. Seite 92 ff..

206 Auf die Heranziehung des im Urteil ausgesprochenen Strafmaßes als weiterem Indikator für die Schwere der Tat und damit für die potentielle Gefährlichkeit des Probanden wurde - wie bei den Haupteinweisungsdelikten - verzichtet. Zwar wäre hier aufgrund der Einsichtnahme der Urteile eine differenzierte Darstellung der Einsatzstrafen durchaus möglich gewesen. Jedoch haben die in der Person des Täters liegenden, strafbestimmenden Faktoren (Vorstrafenbelastung, Bewährungsversager, Rückfallgeschwindigkeit, persönliche Schuldminderungsgründe usw.) einen derart maßgebenden Einfluß auf das konkret verhängte Strafmaß, daß alleine die Darstellung des ausgesprochenen Strafmaßes kein realer Indikator für die in der Tat zum Ausdruck gekommene Rechtsgutsbeeinträchtigung gewesen wäre; eine verwertbare Relevanz für

bb) Gewaltanwendung gegen Personen und Sachen

Die Tatsache der Gewaltanwendung - insbesondere gegenüber Personen - ist, neben der erwähnten Zweiteilung der Straftaten in Verbrechen und Vergehen, ein weiterer, allgemein anerkannter Indikator für die Schwere einer Tat, so daß sich die Frage stellt, ob der bislang festgestellte, überdurchschnittliche Unrechtsgehalt der Taten auch hier eine Entsprechung findet.

Werden die von den Probanden verwirklichten Straftatbestände und Straftaten unter dem Gesichtspunkt der hierbei gegen Personen und / oder Sachen angewandten Gewalt betrachtet, ergibt sich folgendes Bild:

Tabelle 38:
Anzahl und Anteil der mit Gewalt verbundenen, abgeurteilten Straftatbestände und Straftaten

	Anzahl der Straftatbestände (n = 50)	*Anteil der Straftatbestände (in %)*	*Anzahl der Straftaten (n = 37)*	*Anteil der Straftaten (in %)*
Keine Gewaltanwendung	7	14,0	6	16,2
Gewalt gegen Personen	25	50,0	14	37,8
Gewalt gegen Sachen	18	36,0	17	45,9

Bereits auf den ersten Blick überrascht hier der sehr hohe Anteil der allgemein mit Gewalt verbundenen Straftatbestände (86,0 %) bzw. Straftaten (83,7 %).

---

die vorliegende Untersuchung könnte dieser Datensatz daher nicht bieten. Vgl. insoweit auch Seite 94, Fußnote 143.

Eine genauere Betrachtung der Tabellenwerte zeigt dann jedoch, daß sich durch das Ausscheiden der tateinheitlich begangenen Taten die Gruppe der Straftaten, bei denen Gewalt gegen Personen angewandt wurde, nahezu halbiert (von 25 Straftatbestände auf 14 Straftaten). Der zunächst augenscheinliche Schwerpunkt dieser gerade in der Öffentlichkeit als besonders schwerwiegend eingestuften Delinquenz ist damit nicht mehr gegeben.

Dagegen weisen die Straftatbestände und Straftaten, die durch Gewalt gegen Sachen qualifiziert sind, eine fast unveränderte Zahl auf (18 Straftatbestände gegenüber 17 Straftaten), worin wiederum zum Ausdruck kommt, daß es sich hierbei - fast - ausnahmslos um einzelne, tatmehrheitlich begangene Straftaten handelt.

Zusammenfassend bleibt an dieser Stelle festzustellen, daß ein sehr hoher Anteil der von den Probanden begangenen Entweichungskriminalität unter Anwendung von Gewalt verübt wurde, was den bereits im vorangegangenen Abschnitt erhobenen Befund bestätigt, daß die von den Probanden begangenen Delikte insgesamt einen eher überdurchschnittlichen Unrechtsgehalt aufweisen. Wird dabei jedoch in Erinnerung gerufen, daß circa drei Viertel der Straftatbestände bzw. Straftaten Vergehenstatbestände und lediglich ein Viertel Verbrechen sind, relativiert sich diese Einschätzung insoweit, als daß zwar ein großer Teil der Entweichungskriminalität durch ein „Gewaltmoment" qualifiziert ist, in seinem Schweregrad aber grundsätzlich noch zu den leichteren und weniger gefährlichen Deliktsarten des Strafgesetzbuches zählt. [207]

---

[207] Auf eine weitere Differenzierung der Gewalttaten nach der Tatschwere durch Darstellung der Schadenskategorien, Verletzung der Opfer (Versuch / keine ärztliche Hilfe / ambulante Behandlung / stationäre Behandlung) sowie dem Einsatz von Waffen, wie sie beispielsweise Pfeiffer / Wetzels, 1999, Seite 3 ff, zur Darstellung der Struktur und Entwicklung der Jugendgewalt in Deutschland vornehmen, wurde im Hinblick auf die folgende Darstellung der Einzelfälle verzichtet, zumal auch den Urteilsgründen nicht in allen Fällen Angaben zu den einzelnen, genannten Kriterien zu entnehmen waren.

cc) Gewaltkriminalität im Sinne der Polizeilichen Kriminalstatistik

Abschließend wird der kriminelle Unrechtsgehalt der zur Verurteilung gelangten Straftatbestände und Straftaten noch anhand des in der Polizeilichen Kriminalstatistik verwandten Begriffs der Gewaltkriminalität untersucht.

Tabelle 39:
Anzahl und Anteil der Gewaltkriminalität im Sinne der Polizeilichen Kriminalstatistik unter den abgeurteilten Straftatbeständen und Straftaten

	Anzahl der Straftatbestände (n = 50)	*Anteil der Straftatbestände (in %)*	*Anzahl der Straftaten (n = 37)*	*Anteil der Straftaten (in %)*
Gewaltkriminalität	18	36,0	10	27,0
Sonstige Kriminalität	32	64,0	27	73,0

Während nach der vorhergehenden Tabelle 38 [208] noch 86,0 % der Straftatbestände und 83,7 % der Straftaten als gewaltbezogen einzustufen waren, können nach dem in der Polizeilichen Kriminalstatistik verwandten Begriff „nur" noch 36,0 % der verwirklichten Straftatbestände und 27,0 % der begangenen Straftaten der Gewaltkriminalität zugeordnet werden.

Dennoch handelt es sich hierbei um außerordentlich hohe Werte, die ein weiteres wichtiges Indiz dafür sind, warum der neuerlichen Straffälligkeit entwichener

---

208 Vgl. Seite 171.

Gefangener in der öffentlichen Diskussion und Medienberichterstattung besondere Aufmerksamkeit zuteil wird. [209]

dd) Zusammenfassung

Festgehalten werden kann damit, daß die Entweichungskriminalität der Probanden insgesamt eine erhebliche Intensität aufweist.

Dies kommt zum einen darin zum Ausdruck, daß bei einem Großteil der zur Verurteilung gelangten Straftatbestände und Straftaten ein erhöhter Mindeststrafrahmen (von drei Monaten bis hin zu fünf Jahren) vorliegt.

Zum anderen ist ein sehr hoher Anteil von Delikten mit Gewalt gegen Personen und Sachen zu verzeichnen, von denen wiederum ein nicht geringer Teil zur Gewaltkriminalität im Sinne der Polizeilichen Kriminalstatistik zählt.

Mit der Frage, zu welchem Zeitpunkt des Entweichungsvorganges diese Delikte - und hier insbesondere die Gewaltdelikte - begangen wurden und ob es zu einer hohen kriminellen Intensität speziell bei den gegen die Allgemeinheit gerichteten Taten gekommen ist, befaßt sich das nun folgende Kapitel der Untersuchung.

---

209 Ein Vergleich mit den Zahlen der Polizeilichen Kriminalstatistik (vgl. Seite 133, Tabelle 27, und Seite 138, Tabelle 28) ist wegen der unterschiedlichen Erhebungskriterien nicht möglich. Dennoch soll hier in Erinnerung gerufen werden, daß auch bei den Straftaten, die Gegenstand eines Ermittlungsverfahrens waren, gerade im Bereich der schweren Delikte der Geiselnahme, des Raubes, der räuberischen Erpressung und des räuberischen Angriffs auf Kraftfahrer eine überdurchschnittlich hohe Beteiligung der Probanden zu verzeichnen war.

7. Untersuchung der von den Probanden begangenen Delikte, durch die die Allgemeinheit betroffen wurde

a) Begriff der Allgemeinheit

Da sich die vorliegende Untersuchung vor allem mit der Frage befaßt, ob und in welchem Ausmaß die Allgemeinheit durch entwichene Straftäter aus Anstalten des geschlossenen Vollzuges gefährdet ist, soll an dieser Stelle zunächst dargestellt werden, was vorliegend unter dem Begriff der Allgemeinheit verstanden wird.

Dabei ist zu berücksichtigen, daß sich die öffentliche Diskussion im Zusammenhang mit Entweichungen nahezu ausnahmslos mit der Frage befaßt, inwieweit der „unbescholtene" Bürger außerhalb der Mauern der Gefängnisse durch entwichene Straftäter gefährdet ist. Die grundsätzliche Frage der unmittelbaren Gefährdung des Anstaltspersonals bzw. der Mitgefangenen ist in der Regel ebensowenig Gegenstand des öffentlichen Interesses wie die Frage der konkreten Gefährdung der mit der Wiederergreifung befaßten Vollstreckungsbeamten. Bei der Untersuchung, inwieweit die in der Öffentlichkeit und in den Medien diskutierte Gefährdung der „Allgemeinheit" durch objektive Fakten belegbar ist, muß daher auch der Begriff der Allgemeinheit so verwandt werden, wie in dieser Diskussion, also unter Ausschluß des Bereichs der Anstalt, aber auch unter Ausschluß der mit der Wiederergreifung befaßten Beamten.

Dies entspricht im übrigen auch der durch den Gesetzgeber vorgegebenen Verwendung des Begriffs der Allgemeinheit in § 2 Satz 2 StVollzG. Dort ist ausdrücklich festgelegt, daß „der Vollzug der Freiheitsstrafe auch dem Schutz der Allgemeinheit vor weiteren Straftaten (dient)". Gemeint ist hierbei die externe Sicherheit, [210] also ausschließlich der Schutz der Öffentlichkeit vor Straftaten des Gefangenen während der Zeit seiner Inhaftierung. [211]

Aber auch in den allgemeinen Vorschriften des Strafgesetzbuches finden sich Aussagen dazu, was unter dem Begriff der Allgemeinheit zu verstehen ist. So ist in § 63 StGB die Unterbringung in einem psychiatrischen Krankenhaus für den Fall bestimmt, daß der Täter „für die Allgemeinheit gefährlich ist" und in § 66 Absatz 1 Nummer 3 StGB ist unter anderem für den Fall Sicherungsverwahrung vorgesehen, daß sich bei einer Gesamtwürdigung des Täters und seiner Taten ergibt, daß dieser „für die Allgemeinheit gefährlich ist".

Sinn und Zweck der genannten Regelungen zeigen daher deutlich, daß der Gesetzgeber mit der „Allgemeinheit" vornehmlich die Öffentlichkeit im Blick hat, deren Sicherheit durch die zuverlässige Verwahrung des Rechtsbrechers während der Dauer der freiheitsentziehenden Maßnahme erreicht werden soll.

b) **Zuordnung der Entweichungskriminalität zu den Bereichen Anstalt, Allgemeinheit und Ergreifung**

Wie bereits dargelegt, [212] läßt sich ein gelungener Entweichungsvorgang typischerweise in drei zeitliche Phasen gliedern.

Kriminologisch von Interesse ist dabei die Frage, ob ein Zusammenhang zwischen den verschiedenen Entweichungsphasen und bestimmten, hierfür möglicherweise charakteristischen Kriminalitätserscheinungen besteht. Die Beantwortung

---

210 Schöch, in: Kaiser / Kerner / Schöch, 1995, Seite 140 f. und 236.

211 Feest, in: AK StVollzG, 1990, § 2 Rdz.15;

Calliess / Müller-Dietz, 1998, § 2 Rdz. 5;

Böhm, in: Schwind / Böhm, 1999, § 2 Rdz. 15f..

212 Vgl. Seite 113.

dieser Frage dürfte insbesondere auch im Hinblick auf eine Gefährlichkeitsprognose entwichener Strafgefangener aufschlußreich sein.

Ausgangspunkt dieser Überlegung ist die Vermutung, daß im Verlauf der einzelnen Entweichungsphasen bestimmte Rechtsgutsbeeinträchtigungen überdurchschnittlich häufig zu verzeichnen sein dürften. So dürften die erste und die dritte Phase, die die Überwindung des Anstaltsgewahrsams bzw. die Rückführung dorthin zum Gegenstand haben, typischerweise mit Rechtsgutsbeeinträchtigungen im Bereich des staatlichen Zwangsgewahrsams sowie der staatlichen Vollstreckungshandlungen und der dazu berufenen Organe verbunden sein. Demgegenüber ist anzunehmen, daß die Straftaten, die im Anschluß an den eigentlichen Entweichungsvorgang aus dem Anstaltsbereich begangen werden, sich gegen die verschiedensten Rechtsgüter richten. Gerade Ausmaß und Intensität dieser während der Zeit der widerrechtlich erlangten Freiheit begangenen Rechtsgutsbeeinträchtigungen bilden den zentralen Gegenstand der vorliegenden Untersuchung.

In einem ersten Schritt wurden daher die im Zusammenhang mit der Entweichung begangenen Delikte den jeweils betroffenen Bereichen Anstalt, Allgemeinheit und Ergreifung zugeordnet, um so das genaue Ausmaß der in den einzelnen Bereichen angefallenen Rechtsgutsbeeinträchtigung genauer darstellen und differenzierter auswerten zu können.

Hierbei wurde davon ausgegangen, daß typischerweise lediglich im Bereich der Allgemeinheit Rechtsgüter der Allgemeinheit beeinträchtigt werden, während sich die Rechtsgutsbeeinträchtigungen in den Bereichen Anstalt und Wiederergreifung durch die Auflehnung gegen den staatlichen Zwangsgewahrsam auszeichnen.

Eine Überprüfung dieser Annahme ergab jedoch bei einigen wenigen Tatgeschehen die Notwendigkeit einer Korrektur, da dort die Phasen der Entweichung mit den angenommenen Rechtsgutsbeeinträchtigungen nicht übereinstimmten, weshalb die Einordnung der Delikte in jeweils andere Bereiche erforderlich wurde.

In einem Fall konnte sich 20jähriger Anstaltsinsasse [213] im Großcontainer eines in der Anstalt befindlichen Lastkraftwagens eines freien Unternehmers verstecken. Nach Verlassen der Anstalt veranlaßte er den Fahrer unter Vorhalt eines Messers und mit der Erklärung, er „habe zwei Morde", seine Flucht nicht zu behindern. Die hierin liegende Nötigung (§ 240 StGB), die - unter Einbeziehung der Einweisungsstrafe von drei Jahren und einem Monat Jugendstrafe - mit einer Einheitsjugendstrafe von drei Jahren und drei Monaten geahndet wurde, erfolgte damit zwar noch in der ersten Phase der Überwindung des unmittelbaren Anstaltsgewahrsams, womit sie dem Bereich der Anstalt zuzuordnen gewesen wäre. Sie erfolgte jedoch zum Nachteil eines Mitgliedes der Allgemeinheit und ist mithin bei der Untersuchung der Gefährdung der Allgemeinheit durch entwichene Anstaltsinsassen mit zu berücksichtigen.

Eine Betroffenheit der Allgemeinheit lag auch bei dem einzigen, der Ergreifungskriminalität zuzuordnenden Vorgang vor. Der 22jährige Proband [214] hatte sich nach seiner erfolgreichen Entfernung aus dem Anstaltsgewahrsam und einem vorübergehenden Aufenthalt im Ausland, in Begleitung seiner Frau in der ehelichen Wohnung vor der erwarteten Festnahme verbarrikadiert. Nachdem er Selbstmordabsichten geäußert und erhebliche Mengen Alkohol sowie Tabletten zu sich genommen hatte, versuchte er bei Eintreffen der Polizei, seine Wohnung in Brand zu setzen und warf Molotowcocktails in Richtung der Beamten, wobei er allerdings nur sich selber verletzte. Kurz danach wurde er von den Polizeikräften festgenommen.

---

213 Proband Nummer 46 gemäß Anlage 1.

214 Proband Nummer 40 gemäß Anlage 1.

Der Proband wurde wegen tateinheitlich (§ 52 StGB) begangenen Widerstandes gegen Vollstreckungsbeamte (§ 113 Absatz 1 StGB) und versuchter, gefährlicher Körperverletzung (§§ 223 a, 22, 23 StGB) zum Nachteil der Polizeibeamten sowie wegen hierzu realkonkurrierender (§ 53 StGB) versuchter schwerer Brandstiftung (§§ 306, 22, 23 StGB) - also einer die Allgemeinheit betreffenden, gemeingefährlichen Straftat - zu einer Gesamtfreiheitsstrafe von einem Jahr und sechs Monaten verurteilt. Auch dieses Delikt wurde daher im Bereich der Allgemeinheit mitberücksichtigt.

Eine letzte Korrektur war bei einer Tat notwendig, die sich zwar gegen einen Justizvollzugsbediensteten richtete, allerdings erst nach Beendigung des eigentlichen Entweichungsvorgangs aus dem Anstaltsgewahrsam. Ein entwichener Gefangener [215] hatte dabei außerhalb des Anstaltsbereiches einen ihn längere Zeit verfolgenden Bediensteten mit einem Messer verletzt, um seine Flucht ungehindert fortsetzen zu können. Die von dem Probanden hierdurch tateinheitlich (§ 52 StGB) verwirklichten Delikte der gefährlichen Körperverletzung (§ 223 a StGB) und der Widerstandsleistung gegen Vollstreckungsbeamte (§ 113 Absatz 2 Nummer 1 StGB) sind dem Bereich der Anstalt zuzurechnen, obwohl diese Delikte erst in der zweiten Phase der Entweichung begangen wurden. Der Vollzugsbeamte, der auch von dem Probanden als solcher erkannt worden war, handelte nämlich zum Zeitpunkt des Geschehens in rechtmäßiger Ausübung seines Dienstes. *„Denn nach Nummer 7 der Dienst- und Sicherheitsvorschriften für den Strafvollzug war er verpflichtet, Meutereien und Fluchtversuchen unter Einsatz der eigenen Person entgegenzustehen"* (so die Urteilsgründe). Rechtsgüter der Allgemeinheit wurden somit gerade nicht verletzt. Es handelt sich vielmehr um eine Auflehnung gegen die personelle Ausgestaltung des Anstaltsgewahrsams, die daher dem Anstaltsbereich zuzuordnen war.

---

215 Proband Nummer 23 gemäß Anlage 1.

aa) Quantitative Zuordnung

Unter Berücksichtigung dieser Besonderheiten verteilen sich die 50 von den Probanden verwirklichten und mit einer Verurteilung geahndeten Straftatbestände wie folgt auf die drei Bereiche Anstalt, Allgemeinheit und Ergreifung:

Tabelle 40:
Zuordnung der abgeurteilten Straftatbestände zu den Bereichen Anstalt, Allgemeinheit und Ergreifung

Deliktsgruppen bzw. Delikte*	Anstalt (n = 21)	Allgemeinheit (n = 27)	Ergreifung (n = 2)
Widerstand gegen die Staatsgewalt			
-- *Widerstand gegen Vollstreckungsbeamte (§ 113 Absatz 1)*	0	0	1
-- *Widerstand gegen Vollstreckungsbeamte (§ 113 Absatz 2 Nummer 1)*	1	0	0
-- *Gefangenenmeuterei (§ 121 Absatz 1 Nummer 1)*	2	0	0
-- *Gefangenenmeuterei (§ 121 Absatz 3 Nummer 2 i.V.m. § 121 Absatz 1 Nummer 1)*	1	0	0
-- *Gefangenenmeuterei (§ 121 Absatz 1 Nummer 2)*	4	0	0
-- *Gefangenenbefreiung (§ 120)*	1	0	0
Körperverletzung (§§ 223 – 233)			
-- *Gefährliche Körperverletzung (§ 223 a)*	3	1	1
Straftaten gegen die persönliche Freiheit			
-- *Erpresserischer Menschenraub (§ 239 a)*	2	0	0
-- *Geiselnahme (§ 239 b)*	3	0	0
-- *Nötigung (§ 240)*	0	1	0
-- *Freiheitsberaubung (§ 239)*	1	0	0

Diebstahl und Unterschlagung (§§242-248c)			
-- Diebstahl (§ 242)	0	2	0
-- Besonders schwerer Fall des Diebstahls (§ 243)	0	12	0
Raub und Erpressung (§§ 249 - 256)			
-- Raub (§ 249)	0	1	0
-- Schwerer Raub bzw. Schwere Räuberische Erpressung (§§ 255, 250)	2	5	0
Urkundenfälschung (§§ 267 - 282)			
-- Urkundenfälschung (§ 267)	0	2	0
Sachbeschädigung (§§ 303 - 305)			
-- Gemeinschädliche Sachbeschädigung (§ 304)	1	0	0
Gemeingefährliche Straftaten (§§ 306 - 323 c)			
-- Schwere Brandstiftung (§ 306)	0	1	0
Straftaten nach dem StVG insgesamt	0	1	0
Straftaten nach dem WaffG insgesamt	0	1	0

Anmerkung:
* Bei den genannten Paragraphen handelt es sich ausnahmslos um solche des Strafgesetzbuches.

Rein zahlenmäßig verteilen sich die 50 von den Probanden verwirklichten Straftatbestände in etwa gleichmäßig auf den die Allgemeinheit betreffenden Bereich (27 Straftatbestände = 54 %) einerseits sowie auf die beiden Bereiche der Anstalt und der Ergreifung (23 Straftatbestände = 46 %) andererseits, wobei der Bereich der Ergreifung mit zwei verwirklichten Straftatbeständen nur eine untergeordnete Rolle spielt.

Wie zu erwarten, beziehen sich die Verstöße gegen die Deliktsgruppe der Widerstandsleistung gegen die Staatsgewalt (§§ 111 bis 121 StGB) ausnahmslos auf Bereiche, die nicht die Allgemeinheit betreffen.

Demgegenüber war die Verteilung der Straftatbestände gegen die persönliche Freiheit (§§ 234 bis 241 a StGB), die ebenfalls nahezu ausnahmslos im Anstaltsbereich verwirklicht wurden, in dieser Deutlichkeit nicht unbedingt zu erwarten. Diese Straftatbestände, die ganz überwiegend Angriffe auf die Freiheit ahnden sollen, [216] zählen jedoch bei genauerer Betrachtung durchaus zu den Delikten, deren Begehung bei Entweichungen aus Anstalten des geschlossenen Vollzuges zu erwarten sind. Die Gefangenen greifen hier zum Mittel der Geiselnahme oder des erpresserischen Menschenraubes, um ihre Freilassung zu erreichen. [217] Ihre grundsätzliche Bedeutung im Bereich der Deliktsverwirklichung, die unmittelbar zur Überwindung des Anstaltsgewahrsams erfolgt, wird dabei auch durch ihren hohen Anteil von 28,6 % der verwirklichten Straftatbestände im Bereich der Anstalt (sechs von 21) unterstrichen.

Daß die 14 Straftatbestände aus der Deliktsgruppe Diebstahl und Unterschlagung (§§ 242 - 248 c StGB) ausnahmslos erst im Anschluß an den eigentlichen Entweichungsvorgang verwirklicht wurden und damit ausschließlich Rechtsgüter der Allgemeinheit betreffen, bestätigt wiederum den bereits angesprochenen Umstand, daß es dem Gefangenen nach seiner Entweichung aus dem Anstaltsgewahrsam kaum je gelingen wird, im bürgerlichen Leben Fuß zu fassen und er darauf angewiesen ist, seinen Lebensunterhalt durch Straftaten im Bereich der Eigentums- und Vermögensdelikte zu verdienen. [218] Daß die Entwichenen hierbei oftmals auch bereit sind,

---

216 Eser, in: Schönke / Schröder, 1997, Vorbem. §§ 234 ff. Rdz. 1.

217 Vgl. insoweit Babelotzky, 1984, Seite 272: „Der unbedingt zum Ausbruch entschlossene Gefangene wendet Gewalt gegen Vollzugsbedienstete erst dann an, wenn es gewaltlos nicht geht. Eine gewisse Vorliebe für die Geiselnahmen gegenüber der unmittelbaren Überwältigung der Bediensteten ist unverkennbar." und Beachtold, 1994, Seite 18: „Unter den fluchtgefährlichen Strafgefangenen befinden sich auch solche, die zur Erlangung und Erhaltung ihrer Freiheit Mittel anzuwenden bereit sind, auf welche sie unter anderen Umständen nicht zurückgreifen würden."

218 Vgl. Seite 136, Fußnote 177.

ihr Ziel durch den Einsatz von Gewalt gegen Personen zu verwirklichen, zeigt sich darin, daß sechs der acht Straftatbestände aus der Deliktsgruppe Raub und Erpressung (§§ 249 - 256 StGB) ebenfalls dem Bereich der Allgemeinheit zuzuordnen sind.

Zu untersuchen bleibt, ob sich dieses Bild der Rechtsgutsbeeinträchtigungen in den verschiedenen Bereichen verschiebt, wenn statt auf die 50 von den Probanden verwirklichten Straftatbestände, nunmehr auf die 37 von den Probanden begangenen Straftaten abgestellt wird.

Tabelle 41:
Zuordnung der abgeurteilten Straftaten zu den Bereichen Anstalt, Allgemeinheit und Ergreifung

Deliktsgruppen bzw. Delikte*	Anstalt (n = 10)	Allgemein- heit (n = 26)	Ergreifung (n = 1)
Widerstand gegen die Staatsgewalt			
-- *Gefangenenmeuterei*			
(§ 121 Absatz 1 Nummer 1)	1	0	0
-- *Gefangenenmeuterei*			
(§ 121 Absatz 3 Nummer 2 i.V.m.			
§ 121 Absatz 1 Nummer 1)	1	0	0
-- *Gefangenenmeuterei*			
(§ 121 Absatz 1 Nummer 2)	4	0	0
Körperverletzung (§§ 223 - 233)			
-- *Gefährliche Körperverletzung*		0	1
(§ 223 a)			
Straftaten gegen die persönliche Frei-			
heit			
-- *Geiselnahme (§ 239 b)*	1	0	0
-- *Nötigung (§ 240)*	0	1	0
-- *Freiheitsberaubung (§ 239)*	1	0	0
Diebstahl und Unterschlagung			
(§§242-248c)			
-- *Diebstahl (§ 242)*	0	2	0
-- *Besonders schwerer Fall des Dieb-*			
stahls (§ 243)	0	12	0
Raub und Erpressung (§§ 249 - 256)			
-- *Raub (§ 249)*	0	1	0
-- *Schwerer Raub bzw. Schwere*			
räuberische Erpressung (§§ 255,	2	5	0
250)			
Urkundenfälschung (§§ 267 - 282)			
-- *Urkundenfälschung (§ 267)*	0	2	0
Gemeingefährliche Straftaten			
(§§ 306 - 323 c)			
-- *Schwere Brandstiftung (§ 306)*	0	1	0
Straftaten nach dem StVG insgesamt	0	1	0
Straftaten nach dem WaffG insgesamt	0	1	0

Anmerkung:
* Bei den genannten Paragraphen handelt es sich ausnahmslos um solche des Strafgesetzbuches.

Der Schwerpunkt der Deliktsverwirklichung, der bei dieser Darstellung der Straftaten besonders gut zum Ausdruck kommt, liegt nunmehr mit 26 der 37 verwirklichten Taten (= 70,3 %) eindeutig im Bereich der Allgemeinheit. Dabei ist die anteilsmäßige Verschiebung im Verhältnis der Bereiche darauf zurückzuführen, daß im Bereich der Allgemeinheit nahezu alle (26 von 27) Straftatbestände realkonkurrierend (§ 53 StGB) begangen wurden. Demgegenüber reduzieren sich die vormals 21 Straftatbestände im Bereich der Anstalt auf nur noch zehn verbleibende Delikte, die zueinander in Tatmehrheit (§ 53 StGB) stehen. Im Bereich der Ergreifung verbleibt lediglich noch ein Tatbestand der gefährlichen Körperverletzung (§ 223 a StGB), der die hierzu tateinheitlich (§ 52 StGB) begangene Widerstandsleistung gemäß § 113 Absatz 1 StGB als das im Strafmaß abstrakt schwerere Delikt verdrängt hat.

Bezüglich der Straftaten im Bereich der Anstalt bleibt anzumerken, daß im Erhebungszeitraum drei „Geiselnahmen" stattfanden, durch die die Anstaltsinsassen - wenn auch nur vorübergehend - ihre Freilassung erzwangen. Hiervon erscheint in der vorstehenden Tabelle jedoch nur eine Tat, da zwei Straftatbestände der Geiselnahme (§ 239 b StGB), ebenso wie die des erpresserischen Menschenraubes (§ 239 a StGB), von den hierzu jeweils tateinheitlich (§ 52 StGB) begangenen Straftatbeständen der schweren räuberischen Erpressung (§§ 255, 253, 250 StGB) als dem schwereren Delikt „verdrängt" wurden.

Ferner wurden im Erhebungszeitraum im Anstaltsbereich drei gefährliche Körperverletzungen (§ 223 a StGB) begangen, die jedoch in der Übersicht nicht mehr erscheinen, da sie ebenfalls von hiermit tateinheitlich (§ 52 StGB) begangenen schwereren Delikten verdrängt werden: Dies geschieht in einem Fall durch die dritte hier in Rede stehende Geiselnahme (§ 239 b StGB), in einem weiteren Fall durch eine Freiheitsberaubung (§ 239 StGB) [219] und im dritten Fall durch eine Widerstandsleistung (§ 113 Absatz 1 i.V.m. Absatz 2 Nummer 1 StGB).

Als Zwischenergebnis kann daher festgehalten werden, daß sich die Straftatbestände in etwa gleichmäßig auf die Bereiche Anstalt und Ergreifung (= 23 Straftatbestände) einerseits sowie den Bereich der Allgemeinheit (= 27 Straftatbestände) andererseits verteilen. Demgegenüber ist bei den Straftaten eindeutig ein Übergewicht im Bereich der Allgemeinheit zu verzeichnen (= 26 von 37 Straftaten), da hier überwiegend realkonkurrierende Taten - vorwiegend im Bereich der Diebstahls- und Unterschlagungsdelikte (§§ 242 - 248 c StGB) - zu verzeichnen sind.

bb) Untersuchung der abgeurteilten Entweichungskriminalität innerhalb der Bereiche Anstalt, Allgemeinheit und Ergreifung nach bestimmten Kriterien

Im folgenden soll nun untersucht werden, ob sich diese rein quantitative Verteilung der Straftatbestände bzw. Straftaten auf die Bereiche Anstalt, Allgemeinheit und Ergreifung auch bei einer qualitativen Betrachtung - also bei einer Aufteilung entsprechend der Schwere und Gefährlichkeit der Tat - wiederholt.

---

219 Vgl. Seite 162, Fußnote 198.

(1) Verbrechen und Vergehen

Diese qualitative Aufteilung soll zunächst wiederum anhand der in § 12 StGB vorgegebenen Unterscheidung in Verbrechen und Vergehen erfolgen, da hierin - wie bereits dargelegt - [220] der grundsätzliche Schweregrad der Tat nach Unrecht und Schuld zum Ausdruck kommt.

Bezogen auf die von den Probanden verwirklichten Straftatbestände ergibt sich hierbei folgendes Bild:

Tabelle 42:
Verbrechen und Vergehen unter den abgeurteilten Straftatbeständen innerhalb
der Bereiche Anstalt, Allgemeinheit und Ergreifung

	Straftatbestände im Bereich der Anstalt		*Straftatbestände im Bereich der Allgemeinheit*		*Straftatbestände im Bereich der Ergreifung*	
	Anzahl (n = 21)	*Anteil (in %)*	*Anzahl (n = 27)*	*Anteil (in %)*	*Anzahl (n = 2)*	*Anteil (in %)*
Vergehen	14	66,7	20	74,1	2	100,0
Verbrechen	7	33,3	7	25,9	0	0,0

Der Anteil der Verbrechen liegt im Bereich der Anstalt und der Ergreifung bei sieben von insgesamt 23 Straftatbeständen (= 30,4 %). Er liegt damit um etwa ein Sechstel höher als im Bereich der Allgemeinheit (sieben von 27 Straftatbeständen = 25,9 %), wobei jedoch die absoluten Zahlen (je sieben) exakt gleich sind.

---

220 Vgl. Seite 92.

In bezug auf die Vergehenstatbestände ergibt sich dementsprechend im Bereich der Allgemeinheit ein Anteil von fast drei Viertel (= 20 von 27 Straftatbeständen = 74,1 %) gegenüber einem Anteil von circa sieben Zehntel (= 16 von 23 Straftatbeständen = 69,6 %) in den Bereichen der Anstalt und der Ergreifung.

Rückblickend auf die Tabelle 37, [221] in der die entsprechende Aufteilung in Verbrechen und Vergehen ohne Zuordnung zu den Bereichen erfolgt ist, und bei der eine prozentuale Verteilung von 72 % Vergehenstatbeständen und 28,0 % Verbrechenstatbeständen ermittelt wurde, ist festzustellen, daß der Anteil der Verbrechen im Bereich der Allgemeinheit mit 25,9 % leicht unterrepräsentiert und demgegenüber in den beiden Bereichen der Anstalt und Ergreifung mit 33,3 % leicht überrepräsentiert ist.

Erstaunlicherweise verschiebt sich das Bild nicht unerheblich, sofern nicht auf die verwirklichten Straftatbestände, sondern auf die von den Probanden begangenen Straftaten abgestellt wird:

Tabelle 43:
Verbrechen und Vergehen unter den abgeurteilten Straftaten innerhalb der Bereiche Anstalt, Allgemeinheit und Ergreifung

	Straftaten im Bereich der Anstalt		*Straftaten im Bereich der Allgemeinheit*		*Straftaten im Bereich der Ergreifung*	
	Anzahl (n = 10)	*Anteil (in %)*	*Anzahl (n = 26)*	*Anteil (in %)*	*Anzahl (n = 1)*	*Anteil (in %)*
Vergehen	7	70,0	19	73,1	1	100,0
Verbrechen	3	30,0	7	26,9	0	0,0

---

221 Vgl. Seite 168.

Danach liegt der prozentuale Anteil der Verbrechen in den Bereichen Anstalt und Ergreifung (drei von 11 = 27,3 %) in etwa gleich hoch wie im Bereich der Allgemeinheit (sieben von 26 = 26,9 %). In absoluten Zahlen ist hier jedoch - anders als bei der Betrachtung der Straftatbestände - ein eindeutiges Schwergewicht im Bereich der Allgemeinheit (sieben gegenüber drei Straftaten) feststellbar.

Bemerkenswert ist dabei, daß der Großteil der von den Probanden verübten Verbrechen, und zwar sowohl im Bereich der Anstalt als auch im Bereich der Allgemeinheit, mit einer Mindeststrafandrohung von fünf Jahren belegt ist und damit - mit Ausnahme der lebenslänglichen Strafandrohung - im obersten, abstrakten Strafmaßbereich angesiedelt ist, den die Rechtsordnung kennt. Dabei handelt es sich im Bereich der Allgemeinheit (fünf der sieben Straftaten = 71,4 %) und auch im Bereich der Anstalt (zwei der drei Straftaten = 66,7 %) überwiegend um schwere Raubtaten (§ 251 StGB) bzw. schwere räuberische Erpressungen (§ 255 StGB).

Auch bei den Vergehen ist feststellbar, daß im Bereich der Allgemeinheit 13 der 19 abgeurteilten Straftaten (= 68,4 %) sowie in den Bereichen Anstalt und Ergreifung sechs der acht Straftaten (= 75,0 %) mit einer erhöhten Mindeststrafandrohung von drei bzw. sechs Monaten Freiheitsstrafe versehen sind. Es handelt sich im Bereich der Anstalt ausnahmslos um Delikte der Gefangenenmeuterei und im Bereich der Allgemeinheit um 12 besonders schwere Diebstähle sowie einen Verstoß gegen das Waffengesetz.

Zusammenfassend kann damit festgehalten werden, daß entsprechend der quantitativen Verteilung der von den Probanden begangenen Straftaten (26 von 37 = 70,3 %) [222] auch der Großteil der von den Probanden verübten Verbrechen (sieben von zehn = 70 %) [223] im Bereich der Allgemeinheit begangen wurden.

---

222 Vgl. Seite 184, Tabelle 41.
223 Vgl. Seite 188, Tabelle 43.

Wird jedoch auf die verwirklichten Straftatbestände abgestellt, ist eine derartige Schwerpunktbildung nicht feststellbar:

54 % der Straftatbestände (27 von 50) [224] entfallen auf den Bereich der Allgemeinheit, jedoch nur 50 % der Verbrechenstatbestände (sieben von 14). [225] In relativen Zahlen ist daher der Anteil der Verbrechen unter den verwirklichten Straftatbeständen im Bereich der Allgemeinheit mit 25,9 % sogar niedriger als im Anstalts- und Ergreifungsbereich, wo er bei 33,3 % liegt.

(2) Gewaltanwendung gegen Personen und Sachen

Eine Überprüfung dieses Befundes soll nun anhand der Frage nach dem bei der Deliktsverwirklichung angewandten Gewaltmoment erfolgen, da die Frage der Gewaltausübung - insbesondere gegenüber Personen - ein allgemein anerkannter Indikator für die Schwere der Tat ist.

Bezogen auf die von den Probanden verwirklichten Straftatbestände ergibt sich hierbei folgendes Bild:

---

224 Vgl. Seite 180, Tabelle 40.

225 Vgl. Seite 187, Tabelle 42.

Tabelle 44:
Anzahl und Anteil der mit Gewalt verbundenen, abgeurteilten Straftatbestände innerhalb der Bereiche Anstalt, Allgemeinheit und Ergreifung

	Straftatbestände im Bereich der Anstalt		Straftatbestände im Bereich der Allgemeinheit		Straftatbestände im Bereich der Ergreifung	
	Anzahl (n = 21)	Anteil (in %)	Anzahl (n = 27)	Anteil (in %)	Anzahl (n = 2)	Anteil (in %)
Keine Gewaltan-wendung	1	4,8	6	22,2	0	0,0
Gewalt gegen Personen	15	71,4	8	29,6	2	100,0
Gewalt gegen Sachen	5	23,8	13	48,1	0	0,0

Bei den mit Gewalt gegen Personen verbundenen Straftatbeständen ist danach in den Bereichen Anstalt und Ergreifung mit 17 von 23 (= 73,9 %) ein eindeutiges Schwergewicht erkennbar, wohingegen im Bereich der Allgemeinheit nur acht der 27 Straftatbestände (= 29,6 %) zu dieser Kategorie zählen.

Dagegen finden sich bei den mit Gewalt gegen Sachen verwirklichten Straftatbeständen umgekehrte Werte:

Hier entfallen auf die Bereiche Anstalt und Ergreifung lediglich fünf der 23 abgeurteilten Straftatbestände (= 21,7 %), während dies im Bereich der Allgemeinheit 13 von 27 (= 48,1 %) Straftatbestände sind.

Vergleichbares gilt für die Straftatbestände, die ohne das qualifizierende Gewaltmoment verwirklicht wurden:

Hier findet sich innerhalb der 21 zur Verurteilung gelangten Straftatbeständen nur einer im Bereich der Anstalt (= 4,8 %) gegenüber sechs der 27 im Bereich der Allgemeinheit (= 22,2 %).

Bezogen auf die von den Probanden begangenen Straftaten stellt sich dieser Überblick über die mit Gewaltanwendung verbundene Delinquenz wie folgt dar:

Tabelle 45:
Anzahl und Anteil der mit Gewalt verbundenen, abgeurteilten Straftaten innerhalb der Bereiche Anstalt, Allgemeinheit und Ergreifung

	Straftaten im Bereich der Anstalt		Straftaten im Bereich der Allgemeinheit		Straftaten im Bereich der Ergreifung	
	Anzahl *(n = 10)*	*Anteil* *(in %)*	*Anzahl* *(n = 26)*	*Anteil* *(in %)*	*Anzahl* *(n = 1)*	*Anteil* *(in %)*
Keine Gewaltanwendung	0	0,0	6	23,1	0	0,0
Gewalt gegen Personen	6	60,0	7	26,9	1	100,0
Gewalt gegen Sachen	4	40,0	13	50,0	0	0,0

Die soeben bei den Straftatbeständen gefundenen Ergebnisse finden danach auch bei einer Betrachtung der durch die Probanden verwirklichten und zur Verurteilung gelangten Straftaten ihre Bestätigung.

Während im Bereich der Allgemeinheit nur sieben der 26 begangenen Straftaten (= 26,9 %) unter Anwendung von Gewalt gegen Personen verübt wurden, waren dies in den Bereichen der Anstalt und der Ergreifung sieben von 11 Straftaten (= 63,6 %). In absoluten Zahlen verteilen sich die durch das Gewaltmoment gegen Personen qualifizierten Delikte jedoch mit jeweils sieben Straftaten gleichmäßig auf den Bereich Allgemeinheit einerseits sowie die Bereiche Anstalt und Ergreifung andererseits.

Zu den unter Anwendung von Gewalt gegen Sachen begangenen Straftaten zählen in den Bereichen Anstalt und Ergreifung vier von 11 Straftaten (= 36,4 %) und im Bereich der Allgemeinheit immerhin 13 von 26 Straftaten (= 50,0 %).

Die sechs Straftaten, die von den Probanden anläßlich der Entweichung ohne jegliche Anwendung von Gewalt verübt wurden, finden sich ausschließlich im Bereich der Allgemeinheit und machen dort einen Anteil von immerhin 23,1 % aus.

Damit kann als wesentliches Ergebnis festgehalten werden, daß sich die Gewaltanwendung innerhalb der Bereiche Anstalt und Ergreifung einerseits sowie Allgemeinheit andererseits völlig anders verteilt, als dies angesichts der quantitativen Deliktsverteilung zu vermuten gewesen wäre. In den Bereichen Anstalt und Ergreifung entfallen immerhin 73,9 % (17 von 23) der Straftatbestände [226] und 63,6 % (sieben von 11) der Straftaten [227] auf Delikte, die mit Gewalt gegen Personen verbunden sind. Im Bereich der Allgemeinheit ist dies nur bei 29,6 % (acht von 27) der Straftatbestände [228] und bei 26,9 % (sieben von 26) der Straftaten [229] der Fall.

Demgegenüber liegt das Schwergewicht der kriminalpolitisch als nicht so schwerwiegend eingestuften Delikte, bei denen von den Probanden „lediglich" Ge-

---

226 Vgl. Seite 191, Tabelle 44.

227 Vgl. Seite 192, Tabelle 45.

228 Vgl. Seite 191, Tabelle 44.

229 Vgl. Seite 192, Tabelle 45.

walt gegen Sachen angewandt wurde, mit 48,1 % (13 von 27) der Straftatbestände[230] und mit 50,0 % (13 von 16) der Straftaten[231] eindeutig im Bereich der
Allgemeinheit. Auf die Bereiche Anstalt und Ergreifung entfallen auf diese Delikte
lediglich 1,7 % (fünf von 23) der Straftatbestände[232] und 36,4 % (vier von 11) der
Straftaten.[233]

(3) Gewaltkriminalität im Sinne der Polizeilichen Kriminalstatistik

Abschließend soll überprüft werden, wie sich der Anteil der Gewaltkriminalität innerhalb der drei Bereiche darstellt. Dieses Kriterium wird - wie bereits dargelegt -[234]
von der offiziellen Polizeilichen Kriminalstatistik als maßgeblicher Indikator für
besonders schwere, weil mit besonderer Gewalttätigkeit verbundenen Delikte verwandt.

Werden die von den Probanden in den einzelnen Entweichungsphasen verwirlich-
ten Straftatbestände nach dem Merkmal der Gewaltkriminalität unterteilt, so ergibt
sich folgendes Bild:

---

230 Vgl. Seite 191, Tabelle 44.
231 Vgl. Seite 192, Tabelle 45.
232 Vgl. Seite 191, Tabelle 44.
233 Vgl. Seite 192, Tabelle 45.
234 Vgl. Seite 97, Fußnote 144.

Tabelle 46:
Anzahl und Anteil der Gewaltkriminalität im Sinne der Polizeilichen Kriminalstatistik unter den abgeurteilten Straftatbeständen innerhalb der Bereiche Anstalt, Allgemeinheit und Ergreifung

	Straftatbestände im Bereich der Anstalt		Straftatbestände im Bereich der Allgemeinheit		Straftatbestände im Bereich der Ergreifung	
	Anzahl (= 21)	*Anteil (in %)*	*Anzahl (n = 27)*	*Anteil (in %)*	*Anzahl (n = 2)*	*Anteil (in %)*
Gewaltkriminalität	10	47,6	7	25,9	1	50,0
Sonstige Kriminalität	11	52,4	20	74,1	1	50,0

Der Anteil der verwirklichten Straftatbestände, die zur Gewaltkriminalität im Sinne der Polizeilichen Kriminalstatistik zählen, liegt danach in den Bereichen Anstalt und Ergreifung mit 11 von 23 Straftatbeständen (= 47,8 %) nahezu doppelt so hoch wie im Bereich der Allgemeinheit, wo sieben von 27 Straftatbeständen (= 25,9 %) zu dieser Kategorie zählen.

Wird demgegenüber auch hier wiederum auf die 37 von den Probanden begangenen Straftaten abgestellt, so ergeben sich folgende Veränderungen:

Tabelle 47:

Anzahl und Anteil der Gewaltkriminalität im Sinne der Polizeilichen Kriminalstatistik unter den abgeurteilten Straftaten innerhalb der Bereiche Anstalt, Allgemeinheit und Ergreifung

	Straftaten im Bereich der Anstalt		Straftaten im Bereich der Allgemeinheit		Straftaten im Bereich der Ergreifung	
	Anzahl (n = 10)	*Anteil (in %)*	*Anzahl (n = 26)*	*Anteil (in %)*	*Anzahl (n = 1)*	*Anteil (in %)*
Gewalt-krimina-lität	3	30,0	6	23,1	1	100,0
Sonstige Kriminalität	7	70,0	20	76,9	0	0,0

Zwar liegt auch bei der Betrachtung der zur Verurteilung gelangten Straftaten der Anteil der Gewaltkriminalität im Bereich der Anstalt und Ergreifung (vier von 11 = 36,4 %) höher als im Bereich der Allgemeinheit (sechs von 26 = 23,1 %). Der Unterschied ist allerdings nicht mehr so deutlich, wie bei der Betrachtung der verwirklichten Straftatbeständen.

c) **Zusammenfassung**

Zusammenfassend kann festgehalten werden, daß von den Probanden zwar wesentlich mehr Straftaten im Bereich der Allgemeinheit als in den Bereichen der Anstalt und Ergreifung begangen wurden (70 % zu 30 %), daß der Anteil der schwerwiegenderen Straftaten in den Bereichen Anstalt und Ergreifung jedoch höher liegt als im Bereich der Allgemeinheit.

Die angesichts des hohen Anteils der Gewalttäter unter den Entwichenen und angesichts des überdurchschnittlichen Anteils der mit Gewalt gegen Personen verbundenen Entweichungskriminalität geäußerte Vermutung, daß von den Probanden eine
erhebliche Gefährdung der Allgemeinheit ausgehe, kann nach dieser differenzierten
Auswertung nicht bestätigt werden. Die schwereren Straftaten werden keineswegs
überwiegend im Bereich der Allgemeinheit, sondern nach absoluten Zahlen etwa
gleich häufig und anteilsmäßig sogar häufiger im Anstaltsbereich bzw. im Bereich
der Ergreifung begangen.

8. Einzelfälle, bei denen die Allgemeinheit durch Entweichungskriminalität betroffen wurde

So aussagekräftig diese tabellarische Aufbereitung der von den entwichenen Probanden begangenen, die Allgemeinheit betreffenden Kriminalität auch bereits sein
mag, so sehr muß hierbei jedoch bedacht werden, daß nicht jedes Verhalten, das die
Voraussetzungen eines Straftatbestandes erfüllt - insbesondere nicht jedes Gewaltdelikt - nach seiner konkreten Ausgestaltung dem in der abstrakten Strafandrohung
zum Ausdruck kommenden Unrechtsgehalt des betreffenden Straftatbestandes entspricht. Erst die Schilderung des der Verurteilung zugrundeliegenden Lebenssach-
verhaltes ermöglicht eine realistische Einschätzung des Ausmaßes der Rechtsgutsbeeinträchtigung und insbesondere auch der damit verbundenen, konkreten Gefährdung der Allgemeinheit.

Zwar kommt der konkrete Unrechtsgehalt der Tat auch durch das im Einzelfall
ausgesprochene Strafmaß zum Ausdruck, so daß es sich auch angeboten hätte, die
für die einzelnen Taten ausgesprochenen Strafen darzustellen und einer wertenden
Betrachtung zu unterziehen. Da jedoch das im Urteil ausgesprochene Strafmaß im
Einzelfall von vielen Faktoren abhängig ist, die außerhalb der eigentlichen Tatum-

stände liegen (so beispielsweise der Vorstrafenbelastung und der Rückfallgeschwindigkeit), scheidet dieses Merkmal als Gradmesser für die Schwere der Tat aus. [235]

Im folgenden werden daher die Lebenssachverhalte der von den Probanden verwirklichten Taten dargestellt, durch die der Bereich der Allgemeinheit beeinträchtigt wurde. Neben den zur Verurteilung gelangten Delikten werden hierbei - zur besseren Darstellung des Gesamtgeschehens - auch diejenigen Taten berücksichtigt, die mit einer Teil-Einstellung bzw. mit einem Teil-Freispruch endeten. Sofern dabei im Einzelfall ein unmittelbarer tatsächlicher Zusammenhang mit der Tat besteht, die zur Überwindung des Anstaltsgewahrsams begangen wurde, wird auch diese kurz dargestellt. [236]

a) **Darstellung der Einzelfälle**

Im **ersten Fall** planten zwei 24- und 27jährige Probanden, die zu langjährigen Freiheitsstrafen verurteilt waren, [237] gemeinsam ihre Entweichung aus dem Anstaltsgewahrsam. Nachdem sie keine andere Möglichkeit zur Flucht sahen, beschlossen sie, das Verlassen der Anstalt mit Gewalt zu erzwingen. In Ausführung dieses Vorhabens brachten sie eine Sozialarbeiterin in ihre Gewalt und zwangen diese unter Vorhalt eines Messers und unter Hinweis auf eine angeblich mitgeführte Bombe zur Herausgabe des Dienstschlüssels. Auf diese Weise gelang es ihnen, zunächst das

235 Vgl. Seite 94, Fußnote 143.

236 Aus sicherheitsrelevanten Aspekten wird dabei die Beschreibung der Tathandlungen, die letztlich zur Überwindung des staatlichen Zwangsgewahrsams führten, möglichst abstrakt gehalten. Auch wurde auf die Darstellung der verhängten Nebenstrafen - es handelt sich fast ausnahmslos um Entziehungen der Fahrerlaubnis (§§ 69, 69 a StGB) - verzichtet.

237 Probanden Nummer 23 und 24 gemäß Anlage 1.

Gefängnisgebäude und schließlich - in einem günstigen Moment - die Justizvollzugsanstalt durch das Haupttor zu verlassen.

Ursprünglich hatten die Probanden geplant, unmittelbar nach Überwindung des Anstaltsgewahrsams ein Fahrzeug zu entwenden, um damit zu ihren Wohnorten zu fahren. Erst dort sollte dann über das weitere Vorgehen entschieden werden. Da sie jedoch beim Durchschreiten des Haupttores von einem Anstaltsbediensteten bemerkt worden waren und von diesem verfolgt wurden, entschlossen sie sich wegen der nunmehr gebotenen Eile, notfalls auch unter Einsatz von Gewalt ein Fahrzeug in ihren Besitz zu bringen. Ein zufällig am Straßenrand stehender Golf GTI, dessen Fahrer gerade ausgestiegen war, erschien ihnen zur Fortsetzung ihres Fluchtvorhabens besonders geeignet. Kurzentschlossen zwangen sie den Fahrer unter Vorhalt des Messers und durch massive verbale Drohungen, ihnen den Fahrzeugschlüssel auszuhändigen und das Fahrzeug zu überlassen. Der 27jährige Proband - der keine Fahrerlaubnis besaß - setzte sich daraufhin ans Steuer und startete das Fahrzeug. Sein Mitflüchtling, der auf der Beifahrerseite einsteigen wollte, wurde hieran jedoch von dem nacheilenden Anstaltsbediensteten, der zwischenzeitlich den Ort des Geschehens erreicht hatte, gehindert. Der 24jährige Proband setzte sich zur Wehr und es kam zu einem Gerangel, in dessen Verlauf der Proband sein Messer zum Einsatz brachte und dem Anstaltsbediensteten mehrere Schnittverletzungen zufügte. Dieser ließ daraufhin von dem Gefangenen ab, der sofort in das bereitstehende Fahrzeug einstieg. Bei der sich anschließenden Fahrt kam es bereits nach kurzer Zeit zu einem Verkehrsunfall, der die Probanden zwang, das Auto zu verlassen und ihre Flucht zu Fuß fortzusetzen. [238] Noch in der Nähe der Unfallstelle - circa eine Stunde nach

---

238 Soweit sie sich hierdurch wegen Verkehrsunfallflucht gemäß § 142 StGB strafbar gemacht haben, erfolgte eine Verfahrenseinstellung gemäß § 154 Absatz 1 StPO. Hinsichtlich des Fahrens ohne Fahrerlaubnis gemäß § 21 Absatz 1 StVG erfolgte eine Teilbeschränkung gemäß § 154 a Absatz 2 StPO.

Verlassen des Anstaltsgeländes - konnten sie von Polizeikräften gestellt und festgenommen werden.

Die Probanden wurden zum einen wegen einer qualifizierten Gefangenenmeuterei gemäß § 121 Absatz 1 Nummer 1 i.V.m. Absatz 3 Nummer 2 StGB zu Einsatzstrafen von zwei bzw. drei Jahren verurteilt. Für die im Anschluß an die eigentliche Entweichung gemeinschaftlich begangene, schwere räuberische Erpressung (§§ 255, 253, 250, 249 StGB) zum Nachteil des Fahrzeugbesitzers erhielten sie Einsatzstrafen von fünf bzw. sechs Jahren, wobei der 24jährige Proband, der den nacheilenden Anstaltsbediensteten mit seinem Messer verletzt hatte, darüber hinaus noch wegen einer gefährlichen Körperverletzung (§ 223 a StGB) und wegen Widerstandes gegen Vollstreckungsbeamte (§ 113 Absatz 2 Nummer 1 StGB) verurteilt wurde.

Letztlich wurden gegen die Probanden Gesamtfreiheitsstrafen von sechs bzw. sieben Jahren verhängt.

Bei dem **zweiten Entweichungsfall** konnte ein 24jähriger Gefangener, [239] der bereits früher wegen zahlreicher Eigentumsdelikte zu Haftstrafen verurteilt worden war, nach seiner Entweichung aus dem Anstaltsgewahrsam zunächst für zwei Wochen eine Arbeit als Disc-Jockey in einer Diskothek finden und mit dem Verdienst seinen Lebensunterhalt bestreiten. Um sich seinen Wunsch nach einem eigenen Fahrzeug zu erfüllen, beschaffte er sich in dieser Zeit illegal einen fremden Führerschein, da er keine gültige Fahrerlaubnis besaß. Er ersetzte das Lichtbild durch sein eigenes und erwarb anschließend legal ein gebrauchtes Fahrzeug. Mit diesem hatte er allerdings bereits bei der ersten längeren Fahrt einen Kupplungsschaden. Durch die hierdurch anfallenden Abschlepp- und Reparaturkosten, die der Proband bar bezahlte, wurden seine finanziellen Reserven völlig aufgebraucht, so daß er sich nicht mehr in der Lage sah, die anfallende Wohnungsmiete zu zahlen. Er entschloß sich daher - zusammen mit einer Zufallsbekanntschaft - seine finanzielle Situation

---

239 Proband Nummer 39 gemäß Anlage 1.

durch einen Einbruch zu verbessern. Hierfür schien ihnen beiden ein Kaufhaus am besten geeignet, in das sie nach Einbruch der Dunkelheit einstiegen. Sie entwendeten aus einer Registrierkasse Bargeld in Höhe von circa 600,-- Deutsche Mark. Alsdann wurden sie allerdings noch am Tatort durch die zwischenzeitlich alarmierte Polizei festgenommen, womit die 18tägige Flucht des Probanden ihr Ende fand.

Er wurde wegen Urkundenfälschung gemäß § 267 Absatz 1, 2. Alternative StGB (Einsatzstrafe: drei Monate), Fahrens ohne Fahrerlaubnis gemäß § 21 Absatz 1 StVG (Einsatzstrafe: vier Monate) und gemeinschaftlich begangenen Einbruchsdiebstahls gemäß §§ 243 Absatz 1 Nummer 1, 25 Absatz 2 StGB (Einsatzstrafe: neun Monate) zu einer Gesamtfreiheitsstrafe von 12 Monaten verurteilt.

Im **dritten Entweichungsfall** konnte ein 21jähriger Proband,[240] der eine sechsjährige Einheitsjugendstrafe wegen vielfachen Diebstahls verbüßte, die Anstaltsmauer unter Mithilfe eines aus dem Hafturlaub nicht zurückgekehrten früheren Mithäftlings überwinden.

Während der sich anschließenden, 39 Tage dauernden, gemeinsamen Flucht entwendeten die entflohenen Gefangenen zunächst ein Fahrzeug, das sie einige Tage lang benutzten. Nachdem sie daraus Radio, Lautsprecher und Kassetten entfernt hatten, ließen sie es auf einem Parkplatz zurück und entwendeten alsdann ein weiteres Fahrzeug. Bei einer ihrer zahlreichen Fahrten mit diesem PKW bemerkten sie ein Waffengeschäft, dessen Schaufensterscheibe offensichtlich beschädigt war. Sie sahen darin eine gute Gelegenheit, sich Waffen zu besorgen, durch deren Verkauf sie ihre weitere Flucht finanzieren wollten. Hierzu kam es jedoch nicht mehr. Es gelang ihnen zwar noch, *„mit einer in der Nähe aufgefundenen, ca. 1,7 Meter langen und etwa 3 Zentimeter dicken Eisenstange"* (so die Urteilsgründe) die Panzerglasscheibe so weit zu zerstören, daß sie drei Waffen aus der Auslage herausnehmen konnten. Sie wurden jedoch nach einer kurzen Verfolgungsjagd von der zwischen-

---

240 Proband Nummer 42 gemäß Anlage 1.

zeitlich alarmierten Polizei festgenommen und wieder dem Anstaltsgewahrsam zugeführt.

Der 21jährige Proband wurde wegen gemeinschaftlichen schweren Diebstahls in zwei Fällen zu einer Gesamtfreiheitsstrafe von einem Jahr und zehn Monaten verurteilt, wobei für einen der Fahrzeugdiebstähle eine Einsatzstrafe von neun Monaten und für den Diebstahl der Waffen eine solche von einem Jahr und sechs Monaten verhängt wurde. Das hiermit zugleich verwirklichte Waffenvergehen wurde im Wege der Teilbeschränkung gemäß § 154 a Absatz 2 StPO einer Verfahrenserledigung zugeführt, ebenso wie der Diebstahl des ersten Fahrzeuges mit einer Einstellung nach § 154 Absatz 2 StPO endete.

Im **vierten Entweichungsfall** begab sich ein 18jähriger Proband [241] - der ebenfalls bereits wiederholt wegen Eigentumsdelikten strafrechtlich in Erscheinung getreten war - unmittelbar nach seiner Entweichung aus der Justizvollzugsanstalt zu seinem Bruder, um von diesem 4.000,-- Deutsche Mark Bargeld mit dem Versprechen zu erbitten, es „bei Gelegenheit" zurückzuzahlen. Außerdem entwendete er aus der elterlichen Wohnung Schmuck und Bargeld im Wert von circa 1.600,-- Deutsche Mark. [242] Mit dem Geld finanzierte er seinen Lebensunterhalt und kaufte ein gebrauchtes Fahrzeug, das er für Fahrten durch ländliche Gegenden nutzte. Er hielt hierbei gezielt Ausschau nach einsam gelegenen Bauernhöfen, die bereits vor seiner Inhaftierung bevorzugtes Ziel seiner Diebeszüge waren. Nachdem er einen ihm geeignet erscheinenden Hof gefunden hatte, versuchte er durch ein ebenerdig gelegenes Fenster in das Wohngebäude einzudringen. Hierbei wurde er jedoch von der Hausbewohnerin entdeckt und angesprochen. Der Proband verließ daraufhin mit

---

241 Proband Nummer 54 gemäß Anlage 1.

242 Bezüglich dieses Familiendiebstahls wurde das Verfahren mangels des gemäß den §§ 243, 247 StGB für die Strafverfolgung erforderlichen Strafantrages nach § 170 Absatz 2 StPO eingestellt.

seinem Fahrzeug fluchtartig das Hofgelände, wobei er einen leichten Verkehrsunfall verursachte. [243] Einen Tag später konnte er gefaßt werden.

Die Verurteilung des Probanden erfolgte wegen versuchten schweren Diebstahls gemäß §§ 243, 22, 23 StGB, wobei eine bereits wegen anderer Delikte verhängte Jugendstrafe um sechs Monate auf eine neue Einheitsjugendstrafe von drei Jahren erhöht wurde.

Der Großteil sämtlicher, von den 78 Probanden begangenen Straftaten, die die Allgemeinheit betreffen, wurden von vier Jugendlichen (im Alter von 14, 16, 17 und nochmals 17 Jahren) [244] sowie einem Heranwachsenden (im Alter von 18 Jahren) [245] begangen, die gemeinsam aus einer Jugendstrafanstalt entwichen waren (**fünfter Entweichungsfall**).

Die fünf Probanden hatten bereits vor ihrer Entweichung wiederholt die Möglichkeit einer Flucht aus der Anstalt besprochen. Der 18jährige Heranwachsende entwickelte schließlich den Plan, eine Anstaltsbedienstete zu überwältigen, um so in den Besitz der Anstaltsschlüssel zu gelangen. Bei der nächsten abendlichen Essensausgabe schlug er - wie geplant - die eingesetzte Anstaltsbedienstete mit einem Gegenstand nieder und schloß die Verletzte in seiner Zelle ein. Anschließend befreite er weitere Gefangene aus ihren Zellen, von denen sich vier - in Kenntnis und mit Billigung des bisherigen Geschehens - seiner Flucht anschlossen.

---

243 Bezüglich dieser Verkehrsunfallflucht (§ 142 StGB) wurde das Verfahren gemäß § 154 Absatz 1 StPO eingestellt. Soweit der Proband, der über keine gültige Fahrerlaubnis verfügte, sich gleichzeitig gemäß § 21 Absatz 1 StVG strafbar gemacht hatte, erfolgte keine Strafverfolgung.

244 Probanden Nummer 63, 64, 65 und 66 gemäß Anlage 1.

245 Proband Nummer 62 gemäß Anlage 1.

Nachdem es der Gruppe durch Gebrauch des entwendeten Schlüssels gelungen war, das Anstaltsgelände unbemerkt zu verlassen, versuchten sie, zunächst zu Fuß, einen möglichst großen Abstand zwischen sich und die vermuteten Verfolger zu legen. In einem Dickicht warteten sie die Dunkelheit ab und liefen dann weiter zur nächstgelegenen Stadt, von wo aus sie ihre Flucht mit einem Fahrzeug fortsetzen wollten.

Unmittelbar nachdem die Entwichenen das Stadtgebiet erreicht hatten, fanden sie ein am Straßenrand geparktes Fahrzeug, das ihnen für ihr weiteres Vorhaben geeignet erschien. Da jedoch der Gefangene, der das Fahrzeug lenkte, mit der Gangschaltung nicht zurecht kam, ließen sie es bereits nach einer kurzen Strecke stehen. Auf dem gemeinsamen weiteren Weg kamen sie an einem Wohnhaus vorbei. Nach kurzer Beratung beschlossen sie in das Gebäude einzudringen, um gegebenenfalls in den Besitz von Fahrzeugschlüsseln oder anderen mitnehmenswerten Gegenständen zu gelangen. Der 18jährige Rädelsführer hebelte daraufhin mit einer Axt, die er im Kofferraum des zuerst entwendeten Fahrzeuges gefunden hatte, ein Fenster auf und schickte sich gerade an, in das Wohngebäude einzusteigen, als ein Wachhund Alarm schlug. Die Probanden ließen daraufhin von ihrem Vorhaben ab und verließen fluchtartig das Grundstück. Danach verlor einer der Gefangenen vorübergehend den Kontakt zu seinen vier Mithäftlingen, die zwischenzeitlich einen zweiten PKW ausgemacht hatten, den sie nun als Fluchtfahrzeug benutzen wollten.[246] Als sie das Fahrzeug bereits kurzgeschlossen hatten, traf der fünfte Proband wieder auf die Gruppe und gemeinsam fuhren sie zu einem ihnen bekannten Erziehungsheim, um dort ihre Anstaltskleidung zu tauschen. Als sie dort ankamen, verschafften sie sich Zutritt zu einem Nebengebäude, in dem die Wäscherei und ein Wäschelager unter-

---

246 Bezüglich dieses PKW-Diebstahls wurde das Verfahren gegen den Probanden, der sich von der Gruppe vorübergehend getrennt hatte - Proband Nummer 64 gemäß Anlage 1 -, nach § 154 Absatz 1 StPO eingestellt.

gebracht waren. Sie suchten sich passende Kleidung aus und ließen die Anstaltskleidung sowie die mitgenommenen Anstaltsschlüssel zurück. [247]

Wenige Stunden danach trennte sich die Gruppe im Streit.

Einer der fünf Entwichenen, und zwar der 18jährige Rädelsführer, [248] der bereits
wegen schweren Diebstahls und Raubes vorbestraft war, suchte danach einen Bekannten auf, bei dem er Unterschlupf fand. In der Folgezeit beging er, auf der Suche
nach Bargeld und veräußerbaren Wertgegenständen, drei schwere Diebstähle, indem
er in Wohnhäuser einstieg bzw. einbrach (§§ 243, 53 StGB), sowie einen einfachen
Diebstahl aus einem unverschlossenen Haus gemäß § 242 StGB.

Bei einem dieser Diebeszüge hatte der Proband ein Jagdgewehr mit Munition erbeutet und kam hierdurch auf die Idee, eine Sparkasse zu überfallen. Noch bevor er
allerdings diesen bereits konkreten Plan in die Tat umsetzte, überfiel er zunächst
noch einen Kiosk. Er hatte bei der Kioskbesitzerin einige Süßigkeiten gekauft und
den Laden schon wieder verlassen. Ob bereits dieser Einkauf in der Absicht erfolgte,
die Örtlichkeit für den späteren Überfall zu erkunden oder ob der Proband anläßlich
des Einkaufs zufällig die günstige Gelegenheit für einen Überfall erkannte, blieb
unaufgeklärt. Jedenfalls betrat er den Kiosk wenige Minuten nach dem Einkauf erneut und griff die Besitzerin über den Verkaufstresen hinweg unvermittelt so heftig
an, daß diese verletzt wurde und zu Fall kam. Sie rief daraufhin laut nach ihrem En-
kel, der zufällig den gleichen Vornamen hatte wie der Proband, der sich erkannt
glaubte und die Flucht ergriff, ohne etwas mitzunehmen.

Am folgenden Tag verwirklichte der Proband dann seinen geplanten Sparkassen-
überfall. Schon in der Nacht zuvor war er in das Gebäude der Sparkasse eingestie-

---

247 Soweit den Entwichenen in diesem Zeitraum noch ein Diebstahl aus einem Getränkeautomaten
vorgeworfen wurde, erfolgte eine Verfahrenseinstellung gemäß § 154 Absatz 1 StPO.
248 Proband Nummer 62 gemäß Anlage 1.

gen, um dort den Beginn des Geschäftsbetriebes abzuwarten. Er vermutete in einem im Keller gelegenen Tresorraum größere Geldmengen und wollte einen Mitarbeiter der Sparkasse durch Vorhalten des von ihm erbeuteten Gewehres zum Öffnen des Tresors veranlassen. Als dann am Morgen tatsächlich ein Mitarbeiter der Sparkasse in den Kellerbereich kam, um die hier gelegene Toilette aufzusuchen, hielt der Proband ihm die Waffe entgegen und verlangte, den Tresor zu öffnen. Als der Mitarbeiter ihm wahrheitsgemäß erklärte, daß sich das Geld lediglich im Schalterraum befände, schloß der Proband ihn in den Toilettenräumen ein und begab sich in den Schalterraum, wo er die dort arbeitenden Angestellten unter Vorhalt seiner Waffe zwang, sich auf den Boden zu legen. Eine Angestellte mußte ihm sämtliche Banknoten, insgesamt 53.000,-- Deutsche Mark, in eine mitgebrachte Plastiktüte einpacken.

Danach konnte der Proband zunächst fliehen, wurde jedoch wenige Stunden nach der Tat im Rahmen einer Nahbereichsfahndung ergriffen, womit seine Flucht nach insgesamt fünf Tagen in Freiheit beendet war. Er wurde unter Einbeziehung einer vorher unbestimmten Jugendstrafe von zwei bis vier Jahren wegen Gefangenenbefreiung in Tateinheit mit gefährlicher Körperverletzung und Freiheitsberaubung, des teilweise gemeinschaftlichen Diebstahls in sieben besonders schweren Fällen, wobei es einmal beim Versuch blieb, eines weiteren einfachen Diebstahls, eines versuchten Raubes in Tateinheit mit gefährlicher Körperverletzung sowie einer schweren räuberischen Erpressung zu einer Einheitsjugendstrafe von neun Jahren verurteilt.

Drei der übrigen Entwichenen [249] hatten sich zunächst mehrere Tage in der Wohnung eines Bekannten aufgehalten und beschlossen dann, sich Waffen für Raubüberfälle zu besorgen. Zu diesem Zweck suchten sie eines Nachts ein Waffengeschäft auf und entwendeten, nachdem sie die Schaufensterscheibe hinter einem Rollgitter eingeschlagen hatten, aus der Auslage insgesamt drei Gaspistolen.

---

249 Probanden Nummer 64, 65 und 66 gemäß Anlage 1.

Mit diesen Waffen begingen zwei der Probanden [250] einen Überfall auf ein Lebensmittelgeschäft, wobei bemerkenswert ist, daß einer der beiden schon früher wegen zwei sehr ähnlicher Überfälle auf Lebensmittelgeschäfte verurteilt und zur Vollstreckung in die Justizvollzugsanstalt eingewiesen worden war, aus der er dann erfolgreich fliehen konnte. Wie bereits in diesen früheren Fällen, so betraten die Probanden auch diesmal erst kurz vor Ladenschluß das Geschäft und warteten, bis die letzten Kunden gegangen waren. Danach gingen sie zur Kasse und gaben vor, zahlen zu wollen. Nachdem die Kassiererin die Ladenkasse zur Herausgabe des Wechselgeldes geöffnet hatte, wurde sie von einem der beiden Probanden mit einer der erbeuteten Waffen bedroht, während der andere sie zur Seite stieß und die gesamte Kasseneinnahme an sich nahm.

In der Folgezeit lebten die beiden Probanden von dem bei dem Überfall erbeuteten Bargeld in Höhe von circa 2.000,-- Deutsche Mark, bis sie sich schließlich in die südosteuropäische Heimat eines der Probanden absetzten, wo sie mehrere Wochen bei dessen Verwandten lebten. Bei dem Versuch, wieder nach Deutschland einzureisen, konnte einer der Probanden von einem österreichischen Grenzbeamten festgenommen werden. Dem anderen gelang es zwar noch, unbehelligt nach Deutschland einzureisen. Er wurde jedoch bereits einen Tag später, insgesamt 31 Tage nach seiner erfolgreichen Flucht aus der Anstalt, von Polizeibeamten aufgegriffen.

Die beiden Probanden wurden wegen gemeinschaftlicher Freiheitsberaubung, gemeinschaftlichen schweren Diebstahls in vier (bzw. fünf) Fällen, wobei es einmal beim Versuch blieb, sowie wegen gemeinschaftlichen schweren Raubes zu einer einheitlichen Jugendstrafe von vier Jahren und sechs Monaten (unter Einbeziehung einer Jugendstrafe von ein bis drei Jahren) [251] und von sechs Jahren und sechs Mo-

---

250 Probanden Nummer 64 und 66 gemäß Anlage 1.

251 Proband Nummer 66 gemäß Anlage 1.

naten (unter Einbeziehung einer Jugendstrafe von drei Jahren und sechs Monaten) [252] verurteilt.

Der letzte dieser drei Entwichenen [253] wurde im Anschluß an den Versuch festgenommen, einen Autofahrer mit Waffengewalt zur Herausgabe seines Fahrzeuges zu zwingen. Er hatte zunächst, zusammen mit einem Bekannten, versucht, einen zuvor entwendeten Cassettenrecorder zu veräußern. Zu diesem Zweck suchten sie einschlägig bekannte Lokale auf, wo sie von einem Mann angesprochen wurden, der Mitarbeiter für eine Werbekolonne anwerben wollte. Der Proband und sein Begleiter bekundeten Interesse an dieser Tätigkeit und da die Arbeit in einer anderen Stadt ausgeübt werden sollte, beschlossen die drei Männer, unverzüglich dorthin zu fahren. Spätestens anläßlich dieser Fahrt überlegten der Proband und sein Bekannter, das Fahrzeug in ihre Gewalt zu bringen. Als sie den Fahrer mit einer List dazu brachten, einen Parkplatz anzufahren, zwangen sie ihn unter Vorhalt der bei dem Diebstahl erbeuteten Waffen, ihnen die Fahrzeugschlüssel zu übergeben und sich auf den Beifahrersitz zu setzen. Der Mann wehrte sich dann jedoch und es kam zu einem größeren Gerangel, bei dem einer der Täter verletzt wurde. Dem Fahrer gelang es schließlich, sein Fahrzeug zu starten und die Polizei über den mißglückten Raubüberfall zu informieren. Die beiden Täter konnten noch auf dem Parkplatz festgenommen werden.

Der Proband wurde - unter Einbeziehung einer Jugendstrafe von zwei Jahren - wegen gemeinschaftlicher Freiheitsberaubung, gemeinschaftlichen Diebstahls in fünf besonders schweren Fällen, wobei es in einem Fall beim Versuch blieb, sowie wegen gemeinschaftlich begangenen, versuchten schweren Raubes zu einer neuen Einheitsjugendstrafe von vier Jahren und sechs Monaten verurteilt.

---

252 Proband Nummer 64 gemäß Anlage 1.

253 Proband Nummer 65 gemäß Anlage 1.

Der fünfte [254] dieser Entwichenen wurde bereits unmittelbar, nachdem sich die Gruppe getrennt hatte, alleine aufgegriffen. Er wurde wegen gemeinschaftlicher Freiheitsberaubung und wegen Diebstahls in vier besonders schweren Fällen, wobei es einmal beim Versuch blieb, unter Einbeziehung einer siebenmonatigen Jugendstrafe zu einer einheitlichen Jugendstrafe von zwei Jahren verurteilt. [255]

Im **sechsten Entweichungsfall** gelang es einem 26jährigen Probanden [256] - vor Verbüßung von noch 793 Tagen Restfreiheitsstrafe - aus einer Justizvollzugsanstalt zu fliehen, wo er wegen eines Banküberfalles inhaftiert war.

Unmittelbar im Anschluß an seine Entweichung nahm er Kontakt zu einem früheren Mithäftling auf, der bereits vor ihm aus einer anderen Anstalt entkommen war. Sie planten erneut Überfälle auf Geldinstitute oder ähnlich lukrative Tatobjekte, da beide ohne nennenswerte Geldmittel waren und als entwichene Straftäter auch kaum Aussichten hatten, auf redliche Art und Weise an größere Geldmittel zu gelangen. Da sie jedoch beide nicht auf ihren aufwendigen Lebensstil, wozu Besuche von Bars und Bordellen sowie der Einsatz von größeren Summen beim Glücksspiel gehörten, verzichten wollten, war es ihr Ziel, durch möglichst „lohnende" Straftaten schnell an viel Geld zu kommen. Zur Vorbereitung der von ihnen geplanten Überfälle auf Kreditinstitute beabsichtigten sie, sich zunächst mit geeigneten Fahrzeugen auszurüsten, die sie bei der Tat einsetzen und / oder als Fluchtfahrzeuge benutzen wollten. Außerdem wollten sie sich mit Schußwaffen versorgen, die bei ihren geplanten Überfällen, wenn auch vielleicht nicht geladen, so doch zumindest als Drohmittel gegen Kunden und Angestellte eingesetzt werden sollten. Entsprechend diesen Vorstellungen führte der Proband dann auch - gemeinsam mit zwei

---

254 Proband Nummer 63 gemäß Anlage 1.

255 In der Hauptverhandlung erfolgte bei diesem Jugendlichen noch ein Teil-Freispruch wegen eines vermeintlichen Handtaschenraubes, der allerdings nicht im Urteilstenor, sondern nur in den Urteilsgründen festgehalten wurde (vgl. insoweit Seite 148, Tabelle 31 und Seite 150).

256 Proband Nummer 25 gemäß Anlage 1.

Mittätern - einen Banküberfall aus, bei dem eine Beute von fast 23.000,-- Deutsche Mark gemacht wurde. Während einer der Täter vor der Bank mit dem Fluchtfahrzeug wartete, stürmten der Proband und der andere Mittäter, mit Sturmhauben maskiert, in die Bankfiliale. Während der Mittäter den Eingang sicherte und die Kunden unter Vorhalt einer Waffe bedrohte, veranlaßte der Proband den Schalterbeamten, ihm das vorhandene Bargeld zu übergeben. Anschließend gelang den drei Tätern die Flucht.

Sieben Tage nach diesem Überfall wurde der Proband im Anschluß an einen Bordellbesuch von der Polizei gestellt und widerstandslos festgenommen. Bei sich führte er einen gefälschten Reisepaß, den er bei Polizeikontrollen oder Grenzüberschreitungen - nach seinen Angaben wollte er sich damals nach Spanien absetzen - vorweisen wollte. Ebenfalls führte er eine funktionstüchtige Schußwaffe bei sich, die er wenige Wochen nach seiner Entlassung illegal erworben hatte. Auch konnte ihm eines der bei dem Banküberfall benutzten Fahrzeuge zugeordnet werden, das er entweder gestohlen oder von einem unbekannt gebliebenen Vortäter in Kenntnis seiner strafbaren Herkunft erworben hatte.

Der Proband wurde bezüglich des von ihm widerrechtlich genutzten Fahrzeuges wahlfeststellend zwischen Diebstahl oder Unterschlagung zu einer Einsatzstrafe von einem Jahr verurteilt. Für den Überfall auf die Bankfiliale erhielt er eine Einsatzstrafe von zehn Jahren wegen schwerer räuberischer Erpressung, für die Urkundenfälschung eine Einsatzstrafe von zehn Monaten und für den Verstoß gegen das Waffengesetz eine solche von einem Jahr und sechs Monaten. Insgesamt wurde gegen ihn eine Gesamtfreiheitsstrafe von zehn Jahren und sechs Monaten verhängt, wobei bemerkenswerterweise strafverschärfend berücksichtigt worden war, daß er „*während der Zeit seiner Entweichung aus der Strafhaft (Straftaten) begangen (habe)*" (so die Urteilsgründe).

Zu erwähnen sind im Rahmen dieser Übersicht auch noch die zwei bereits ange-sprochenen Straftaten, die von Probanden zwar unmittelbar im Zusammenhang mit der Entweichung bzw. Wiederergreifung begangen wurden, die jedoch ebenfalls zu einer Beeinträchtigung der Allgemeinheit führten und daher insoweit auch in diesem Zusammenhang Berücksichtigung finden müssen. [257]

b) Ergebnis der Einzelfalldarstellung

War der eigentliche Entweichungsvorgang, der zur Überwindung des Anstaltsge-wahrsams führte, noch durch die Auflehnung gegen den staatlichen Zwangsgewahr-sam und eine Verwirklichung der Delikte des Widerstandes gegen die Staatsgewalt (§§ 111 - 121 StGB) geprägt, so finden sich in der vorangegangenen Übersicht über die 26, von insgesamt 13 Probanden mit Bezug auf die Allgemeinheit begangenen Straftaten Delikte der unterschiedlichsten Art, wobei jedoch die beiden Delikts-gruppen Diebstahl und Unterschlagung (§§ 242 - 248 c StGB) sowie Raub und Erpres-sung (§§ 249 - 256 StGB) deutlich dominieren.

Dabei ist bemerkenswert, daß in bezug auf diese, gegen die Allgemeinheit gerichtete Entweichungskriminalität grundsätzlich zwei charakteristische Motivationslagen erkennbar sind:

Zum einen handelt es sich hierbei um Delikte, bei denen nach der Überwindung des unmittelbaren Anstaltsbereiches die weitere Entfernung aus dem Bereich des staatlichen Zwangsgewahrsams im Vordergrund steht. Obwohl sich diese Straftaten nicht mehr direkt gegen den Anstaltsbereich richten, sondern gegen Rechtsgüter der „normalen" Umwelt, also der Allgemeinheit, steht hier nach wie vor die Erlangung der „Freiheit" im Mittelpunkt. Die hierbei verwirklichten Delikte sind dabei „nicht

---

257 Vgl. Seite 178 (Proband Nummer 46 und Nummer 40 gemäß Anlage 1).

Selbstzweck, sondern nur Mittel zum Zweck", [258] da sie durch die - an sich straflose - Selbstbefreiung aus dem Anstaltsgewahrsam bedingt sind. Diese Situation wird zwar nicht von den Tätern als Freibrief für Rechtsgutsbeeinträchtigungen angesehen, sie stellen sich in der Vorstellung des Entwichenen jedoch anders dar als die „normalen" Delikte und treten insoweit im Gesamterscheinungsbild zurück. [259]

Besonders deutlich wird dies bei den dargestellten Entweichungsfällen Nummer Eins und Fünf, bei denen die Probanden Fluchtfahrzeuge oder Kleidung in ihren Besitz brachten, um ihre Flucht unmittelbar nach Überwindung des Anstaltsbereiches fortsetzen und eventuelle Verfolger abschütteln zu können.

Demgegenüber stehen die Delikte, die zwar im Verlauf der Entweichung begangen wurden, aber damit in keinem inneren oder äußeren Zusammenhang stehen. Auch für deren Begehung mag ein Grund darin liegen, daß der Entwichene während seiner Zeit außerhalb der Anstaltsmauern so gut wie keine Chance besitzt, im bürgerlichen Leben legal Fuß zu fassen und er daher zur Finanzierung seines Lebensunterhaltes Straftaten begehen „muß". [260] Diese Taten zeichnen sich jedoch auffallend häufig dadurch aus, daß sie exakt dem gleichen Muster der Einweisungstaten oder der sonstigen früheren Kriminalität entsprechen. Der Gefangene geht hier also lediglich seinen bisherigen „kriminellen Gewohnheiten" nach.

Die Entweichungsfälle Nummer Zwei, Drei, Vier, Fünf - letzterer bezogen auf alle Taten, die begangen wurden, nachdem sich die Gruppe beim Erziehungsheim am Ende des Fluchtweges getrennt hatte - und Sechs bilden hierfür anschauliche Beispiele, wobei gerade die Taten in den Fällen Vier, Fünf - bezogen auf den dort geschilderten Überfall auf ein Lebensmittelgeschäft - und Sechs auch in der detaillierten Ausführung früheren Straftaten der Probanden gleichen.

---

258 Diekmann, 1964, Seite 70.

259 Vgl. Diekmann, 1964, Seite 70.

260 Vgl. Seite 136, Fußnote 177.

Interessant ist in diesem Zusammenhang auch die Tatsache, daß ausnahmslos alle Delikte der entwichenen Probanden zu einer Zeit begangen wurden, zu der diese sich - bei normalem Haftverlauf - noch im Anstaltsgewahrsam befunden hätten. Es handelt sich hierbei also tatsächlich um solche Taten, bei denen - zumindest im zeitlichen Moment - das „Versagen" des Strafvollzuges zum Tragen kommt, da die Delikte nur begangen werden konnten, weil eine sichere Unterbringung der Gefangenen zum Schutz der Allgemeinheit nicht gewährleistet war. [261]

Schließlich muß bei der Betrachtung der Einzelfälle und insgesamt bei der Bewertung des Ausmaßes der Entweichungskriminalität noch berücksichtigt werden, daß sich hier die grundsätzliche Frage des „Dunkelfeldes" stellt, also des Bereichs der

---

261 Aus unterschiedlichen Gründen mußte auf die Darstellung des zum Zeitpunkt der Entweichung noch zu verbüßenden Strafrestes verzichtet werden: Bei den Untersuchungshäftlingen ergibt sich dies bereits aus der Ungewißheit über die Dauer der Untersuchungshaft und der sich hieran eventuell anschließenden Strafhaft. Bei den Strafgefangenen steht zwar das Strafmaß fest, das für die zur Inhaftierung führende Einweisungstat ausgesprochen wurde. Jedoch konnte die zu verbüßende Reststrafe im Zeitpunkt der Entweichung nicht ermittelt werden. Zum einen kann bei einem normalen Vollzugsverlauf häufig davon ausgegangen werden, daß der Strafgefangene bereits nach zwei Dritteln der Strafhaft entlassen wird, was zwingend einen anderen Entlassungszeitpunkt zur Folge hat. Zum anderen konnte aber auch bei einer Vielzahl der Probanden nicht ermittelt werden, ob im Einzelfall noch andere Bewährungsstrafen zum Widerruf anstanden. Diese Anschlußvollstreckungen hätten wiederum den tatsächlichen Entlassungszeitpunkt verändert. Nicht zuletzt lagen jedoch auch eine Vielzahl von Fällen vor, bei denen gegen den Probanden noch weitere, nicht rechtskräftig abgeschlossene Verfahren anhängig waren, aus denen sich ebenfalls Anschlußvollstreckungen ergeben konnten. Da insgesamt eine zuverlässige Reststrafenberechnung nicht möglich war, kann vorliegend lediglich die Aussage getroffen werden, daß jedenfalls die in der Untersuchung festgestellten neuerlichen Straftaten der Probanden zu einem Zeitpunkt begangen wurden, in dem sie bei regulärem Vollzugsverlauf noch im geschlossenen Vollzug untergebracht gewesen wären.

von den Strafverfolgungsorganen nicht erfaßten - und daher auch in der Statistik nicht in Erscheinung getretenen - kriminellen Handlungen.[262]

Insoweit kann zwar davon ausgegangen werden, daß im Bereich der ersten Phase der Entweichung, die zur Überwindung des Anstaltsgewahrsams führt, ein relativ vollständiges Bild der Kriminalitätserscheinung wiedergegeben werden kann, da sich die Straftaten vorwiegend gegen die sächlichen und personellen Ausstattungen der Anstalten richten und damit leicht kontrollierbar und feststellbar sind.[263] Vergleichbares gilt für die Straftaten, die anläßlich der Wiederergreifung begangen wurden, da sie zumeist „unter den Augen" der Vollstreckungsbeamten geschehen.

Anders verhält es sich aber bei den in der Zeit zwischen diesen beiden Phasen begangenen Delikten, die sich gerade gegen die Rechtsgüter der Allgemeinheit richten. Hier kann nicht ausgeschlossen werden, daß die Probanden zwischen der Überwindung des Anstaltsgewahrsams und der Rückführung dorthin noch weitere als die bekannt gewordenen Delikte begangen haben. Dabei ist sogar anzunehmen, daß die Wahrscheinlichkeit der unentdeckten Begehung solcher Straftaten wächst, je länger die Entweichung insgesamt andauert. Gerade die Sachverhaltsschilderungen in den Entweichungsfällen Drei, Vier und Sechs zeigen, daß hier - aufgrund des zeitlichen Rahmens und des Vorgehens der Täter - die Begehung weiterer Delikte nicht ausgeschlossen werden kann. Dies kommt beispielsweise in den Urteilsgründen zum Entweichungsfall Sechs deutlich zum Ausdruck, wo ausgeführt wird, daß bereits sieben Tage vor dem zur Verurteilung gelangten Bankfilialenüberfall ein Überfall verübt wurde, bei dem ein Fahrzeug zum Einsatz kam, das dem Probanden zugeordnet werden konnte. Es heißt dort: „*Mit großer Wahrscheinlichkeit waren bei*

Vgl. insoweit auch Jehle, 1989, Seite 250, der auf die Probleme der Datenauswertung des Bundeszentralregisters im Zusammenhang mit der Datenerfassung und der Anlage der Rückfallstatistik hinweist.

262 Böhm, 1996, Seite 281 ff.;

Göppinger, 1997, Seite 489 f., mit weiteren Nachweisen.

263 Diekmann, 1964, Seite 68.

diesem Überfall, der von zwei Tätern ausgeführt wurde, die beiden Angeklagten die

Täter. Diese Tat wird jedoch den Angeklagten von der Anklagebehörde nicht zur

Last gelegt."

Da sich jedoch das Problem des Dunkelfeldes bei allen Erhebungen von Straftaten stellt, kann diese Unsicherheit bezüglich des tatsächlichen Ausmaßes der von
den Probanden begangenen Entweichungskriminalität - und hier gerade in bezug auf
die Delikte im Bereich der Allgemeinheit - nicht beseitigt werden. Es ist aber bei der
Gewichtung der Ergebnisse der vorliegenden Untersuchung - ebenso wie bei den
sonstigen Fragen nach dem Ausmaß einer Kriminalitätserscheinung - im Hintergrund immer mit zu berücksichtigen.

9. Umfang der Beteiligung besonders schwieriger und gefährlicher Gefange- ner an der Entweichungskriminalität [264]

Die bislang tatbezogene Untersuchung der von den Probanden ausgehenden Entweichungskriminalität hat gezeigt, daß die Allgemeinheit zwar im Verhältnis zu den
Bereichen Anstalt und Ergreifung überdurchschnittlich häufig von Entweichungsdelikten betroffen wurde, die besonders schwerwiegenden Straftaten sich jedoch
zahlenmäßig in etwa gleichmäßig auf die Bereiche Anstalt und Ergreifung einerseits
und den Bereich der Allgemeinheit andererseits verteilen.

Eine Aussage darüber, von welchen Probanden die Entweichungsdelikte verübt
wurden, ist damit aber noch nicht getroffen.

---

264 Im folgenden wird weiterhin nur auf die zur Verurteilung gelangte Entweichungskriminalität
der entwichenen Probanden abgestellt, da nur in diesen Fällen mit einer ausreichenden Sicherheit vom tatsächlichen Vorliegen einer Straftat ausgegangen werden kann (vgl. insoweit Seite
145 ff.).

Im folgenden soll daher der eingangs aufgeworfenen These [265] nachgegangen werden, wonach es vor allem die schwierigen und gefährlichen Insassen des geschlossenen Vollzuges sein sollen, von denen nach einer Entweichung eine besondere Gefährdung der Allgemeinheit ausgeht. Zunächst ist hierbei zu klären, wann ein Gefangener als „gefährlich" einzustufen ist.

Obwohl nach wie vor unter empirischen Gesichtspunkten ein auffallendes Defizit an qualitativen Daten zur Insassenstruktur des Strafvollzuges erkennbar ist [266] und obwohl dem Strafvollzugsgesetz selbst keine Definition des „gefährlichen" Gefangenen entnommen werden kann, [267] geht die Praxis ohne weiteres davon aus, daß es „den gefährlichen Gefangenen" gibt. Dabei wird betont, daß sich die Vollzugspopulation in den vergangenen Jahren einschneidend verändert und der Anteil von „gefährlichen" und schwierigen Gefangenen stetig zugenommen habe. [268] Insbesondere die vermehrten Drogendelinquenten sowie Ausländer und Gewalttäter werden dabei als Argument für einen erhöhten Sicherungsbedarf angeführt. [269]

Richtig ist hieran zweifelsohne, daß bei einer stichtagsbezogenen Betrachtung im Zeitraum von 1970 bis 1990 die Anteile der wegen Betäubungsmittel-, Körperverletzungs- und Tötungsdelikten sowie der wegen Raub und Erpressung Verur-

---

265 Vgl. Seite 6.

266 Vgl. insoweit Dünkel, 1994, Seite 109.

267 Preusker, 1988, Seite 266; und
derselbe, 1994, Seite 62.

268 Dünkel, 1994, Seite 109.

269 Dünkel, 1994, Seite 109.

teilten erheblich zugenommen haben. [270] Jedoch besagt dies noch nicht notwendigerweise etwas über die „Gefährlichkeit" der Insassen. [271] Wird nämlich bei dieser Einschätzung auf die Wahrscheinlichkeit einer erneuten einschlägigen Rückfälligkeit abgestellt, so ist festzustellen, daß nach allen vorliegenden Untersuchungen die Rückfallwahrscheinlichkeit bei den wegen Diebstahl und Unterschlagung (§§ 242 - 248 c StGB) Inhaftierten (deren Anteil in den Jahren 1970 bis 1990 von 47,6 % auf 32,4 % zurückging) am höchsten liegt, während Gewalt- und Sexualtäter tendenziell niedrigere Wiederverurteilungsraten aufweisen. [272] Skepsis hinsichtlich der Aussagekraft der Art der Vorverurteilungen für die „Gefährlichkeit" eines Gefangenen ist also grundsätzlich angebracht. Hinzu kommt, daß eine absolut sichere Prognose menschlichen Verhaltens letztlich unmöglich ist und neben der Gefahr negativer Etikettierungen und Stigmatisierungen auch die Gefahr einer „Übersicherung von

---

270   Vgl. insoweit Justizministerium des Landes Nordrhein-Westfalen, 1994, Tabelle 6.7, wonach der Anteil der wegen Körperverletzungsdelikte (§§ 223 - 233 StGB) inhaftierten männlichen Strafgefangenen und Sicherungsverwahrten von 2,5 % auf 4,6 % gestiegen ist, bei den Tötungsdelikten (§§ 211 - 222 StGB) von 5,2 % auf 7,9 %, bei den Raub- und Erpressungsdelikten (§§ 249 - 256 StGB) von 8,9 % auf 15,1 %, sowie bei Delikten nach anderen Bundesgesetzen (insbesondere Betäubungsmittelgesetz) von 0,5 % auf 10,6 %.

271   Vgl. insoweit Dünkel, 1994, Seite 109, unter Hinweis auf die vergleichbare bundesweite Entwicklung in den Jahren 1970 und 1990.

Im übrigen hierzu:

Kaiser, in: Kaiser / Kerner / Schöch, 1992, Seite 280;

Beste, 1994, Seite 66, der darauf hinweist, daß „der Einordnung von bestimmten Tätern und Tätergruppen als gefährlich in aller Regel Definitionen, Interpretationen, Deutungsmuster zugrunde (liegen), die genuin gesellschaftlichen Charakter haben und mit der Person des Delinquenten häufig nur in einem sehr mittelbaren Zusammenhang stehen."

272   Vgl. insoweit Dünkel, 1994, Seite 109, mit weiteren Nachweisen.

ungefährlichen Personen" beinhaltet, [273] weshalb teilweise sogar von einer „Gefährlichkeit von Gefährlichkeitsprognosen" gesprochen wird. [274]

Aber auch das Verhalten des Gefangenen innerhalb der Anstalt kann bei der objektiven Beurteilung seiner Gefährlichkeit für die Allgemeinheit kaum entscheidend
sein, da er sich dort in einer sozialen Sondersituation befindet, die einen Rückschluß
auf sein Verhalten nach der Haftentlassung oder nach der Entweichung allenfalls
bedingt zulassen dürfte.

In diesem Zusammenhang ist jedoch auffallend, daß es offensichtlich Gefangene
gibt, die den unbedingten Willen haben - notfalls auch mit Gewalt - in die Freiheit
zu gelangen und die die intellektuellen, physischen und psychischen Fähigkeiten
besitzen, ein solches Vorhaben erfolgversprechend zu planen, vorzubereiten und
konsequent durchzuführen. [275]

Daß es solche Gefangene gibt, bei denen eine besondere Fluchtgefahr besteht,
zeigt sich auch in der vorliegenden Untersuchung:

Drei der 78 Probanden [276] sind im Untersuchungszeitraum wiederholt aus dem
eingefriedeten Bereich einer Anstalt des geschlossenen Vollzuges entwichen. Bei
sechs weiteren Probanden [277] ist im Untersuchungszeitraum neben einer Entwei-

---

273 Huchting / Schumann, in: AK StVollzG, 1990, § 141 Rdz. 7;

Weber, 1992, Seite 44;

Mey, 1995, Seite 209;

Wirth, in: Schwind / Böhm, 1999, § 141 Rdz. 15.

274 Wirth, in: Schwind / Böhm, 1999, § 141 Rdz. 15.

275 Brühl, in: AK StVollzG, 1990, § 86 Rdz. 4;

Preusker, 1994, Seite 62.

276 Probanden Nummer 9 (und 74), 29 (und 64) sowie 59 (und 67) gemäß Anlage 1.

277 Probanden Nummer 53, 56, 60, 62, 68 und 69 gemäß Anlage 1.

chung aus dem eingefriedeten Bereich auch noch eine weitere sonstige Entweichung (beispielsweise anläßlich einer Ausführung) zu verzeichnen.

Trotz der dargelegten grundsätzlichen Bedenken sollen im folgenden diejenigen personenbezogenen Daten, die nach allgemeinen Erkenntnissen einen Einfluß auf die Kriminalitätsbelastung haben, sowie die Art und Häufigkeit der von den Probanden in der Vergangenheit begangenen Straftaten einer näheren Betrachtung unterzogen werden, da sie - wie auch das Verhalten des Gefangenen in der Anstalt - anerkannte Indikatoren für eine „Gefährlichkeitsprognose" bilden. [278]

Daher wird in einem ersten Schritt untersucht, ob die personenbezogenen Daten der Probanden - wie Alter, Geschlecht und Nationalität - einen nachweisbaren Einfluß auf das Ausmaß und die Art der Entweichungskriminalität haben.

Im Anschluß hieran wird alsdann der Frage nachgegangen, ob die wegen eines Gewaltdeliktes im Sinne der Polizeilichen Kriminalstatistik in den geschlossenen Vollzug eingewiesenen Probanden überdurchschnittlich häufig an der gesamten Entweichungskriminalität beteiligt waren und hierbei vor allem an den Gewalttaten. Diese Untersuchung wird alsdann konkretisiert auf die Fälle der Entweichungskriminalität, durch die nur die Allgemeinheit betroffen wurde.

Schließlich werden die Entweichungsdelikte der Probanden einer vergleichenden Betrachtung mit den ansonsten in den Bundeszentralregisterauszügen ausgewiesenen Eintragungen unterzogen. Hierbei wird zum einen untersucht, ob die 13 wegen Straftaten im Bereich der Allgemeinheit verurteilten Probanden bereits vor ihrer Entweichung besonders viele Vorstrafen aufweisen und ob eine deliktsmäßige Übereinstimmung zwischen Vor- und Entweichungsverurteilungen festgestellt werden kann. Zum anderen werden die von den Probanden erst nach dem Entweichungsvorfall begangenen Delikte einem Vergleich mit der Entweichungskriminalität unterzogen, um so zu überprüfen, ob auch nach der regulären Haftentlassung

---

[278] Vgl. insoweit Wirth, in: Schwind / Böhm, 1999, § 141 Rdn. 15.

eine Kontinuität der Deliktsverwirklichung zu verzeichnen ist. Ziel dieser Untersuchung ist es, festzustellen, ob es sich bei der Entweichungskriminalität um eine „besondere" Kriminalität handelt oder um eine Kriminalität, die sich ohne weiteres in die „kriminelle Laufbahn" des Probanden einfügt und lediglich durch das zeitliche Moment ihrer Begehung zu einer „besonderen" Kriminalität wird.

Den Abschluß dieses Untersuchungsabschnittes bildet dann die Frage, ob und inwieweit möglicherweise die Dauer der Entweichung einen unmittelbaren Einfluß auf das Ausmaß der Entweichungskriminalität hat.

a) Bedeutung der personenbezogenen Daten der Probanden für die Entweichungskriminalität

Zunächst soll untersucht werden, ob ein Zusammenhang nachweisbar ist zwischen den personenbezogenen Daten der Probanden - insbesondere deren Alter, Geschlecht und Nationalität - und der von ihnen verübten Entweichungskriminalität.

aa) Bedeutung des Alters der Probanden für die Entweichungskriminalität

In bezug auf die Altersstruktur der Entwichenen wurde festgestellt, daß sie erheblich von der Altersstruktur der im gesamten geschlossenen Vollzug inhaftierten Gefangenen abweicht. Die Gruppe der Jugendlichen und Heranwachsenden (also der 14 bis 20jährigen) ist unter den Entwichenen 3,3 mal häufiger vertreten als unter allen im geschlossenen Vollzug inhaftierten Gefangenen (40,6 % gegenüber 12,2 %). [279]

---

279 Vgl. Seite 65, Tabelle 8.

(1) Entweichungskriminalität - insbesondere mit Blick auf die Allgemeinheit

Es stellt sich daher die Frage, ob eine entsprechend überproportionale Beteiligung der jüngeren Entwichenen auch an der gesamten Entweichungskriminalität und hier besonders an der im Bereich der Allgemeinheit verübten Kriminalität festgestellt werden kann.

Hierbei ergibt sich folgendes Bild:

Tabelle 48:
Anzahl und Anteil der Jugendlichen, Heranwachsenden und Erwachsenen an der Probandengruppe sowie an den wegen Entweichungskriminalität insgesamt verurteilten Probanden und an den wegen Entweichungskriminalität im Bereich der Allgemeinheit verurteilten Probanden

Alters-gruppen	Alle Probanden		Wegen Entweichungskriminalität verurteilte Probanden		-- davon im Bereich der Allgemeinheit	
	Anzahl (n = 78)	*Anteil (in %)*	*Anzahl (n = 31)*	*Anteil (in %)*	*Anzahl (n = 13)*	*Anteil (in %)*
Jugendliche (14-17 Jahre)	9	11,5	8	25,8	4	30,8
Heran-wachsende (18-20 Jahre)	24	30,8	8	25,8	3	23,1
Erwachsene (ab 21 Jahre)	45	57,7	15	48,4	6	46,2
Durch-schnittsalter	23,9		22,2		20,3	

Auffallend ist zunächst, daß das - ohnehin bereits sehr niedrige - Durchschnittsalter der entwichenen Probanden (= 23,9 Jahre) bei den Probanden, die an der Entweichungskriminalität beteiligt waren, noch um 1,7 Jahre niedriger liegt (= 22,2 Jahre), und daß sich dieser Wert bei den Probanden, die an den Straftaten im Bereich der Allgemeinheit beteiligt waren, nochmals um 1,9 Jahre auf 20,3 Jahre verringert.

Bemerkenswert ist ferner die Tatsache, daß von insgesamt 35 jugendlichen und heranwachsenden Probanden immerhin sieben (= 20,0 %) wegen Straftaten im Bereich der Allgemeinheit verurteilt wurden, während dies nur bei sechs der 45 erwachsenen Probanden (= 13,3 %) der Fall war.

Der Trend, der sich bereits bei der Altersstruktur der Probandengruppe abzeichnete, daß nämlich weit überdurchschnittlich viele junge Gefangene an den Entweichungsvorgängen beteiligt waren (64,1 % der Entwichenen gehören der Altersgruppe der unter 24jährigen an), [280] zeichnet sich mithin auch bei der Entweichungskriminalität und hier besonders bei den Straftaten im Bereich der Allgemeinheit ab.

Jedenfalls bezogen auf die Probandengruppe ist damit die Aussage durchaus zutreffend, daß anläßlich von Entweichungen aus Anstalten des geschlossenen Vollzuges von jüngeren Entwichenen - insbesondere für den Bereich der Allgemeinheit - eine größere Gefährdung durch Straftaten ausgeht als von den älteren Entwichenen.

---

280 Vgl. Seite 61, Tabelle 6.

(2) Gewaltkriminalität im Sinne der Polizeilichen Kriminalstatistik - insbesondere mit Blick auf die Allgemeinheit

Dieses Ergebnis bestätigt sich im übrigen auch bei einer Betrachtung der altersmäßigen Struktur nur der Probanden, die wegen einer Gewalttat im Sinne der Polizeilichen Kriminalstatistik verurteilt wurden.

Im Bereich der zu den Gewaltdelikten zählenden Einweisungstaten wurden zwar nur sechs der insgesamt 33 Probanden im Alter von 14 bis 20 Jahren verurteilt (= 18,0 %), während es bei den Erwachsenen bereits 11 von insgesamt 45 (= 24,0 %) waren. Bezogen auf den Bereich der Allgemeinheit wurden jedoch in beiden Altersgruppen jeweils vier Probanden wegen eines im Zusammenhang mit der Entweichung begangenen Gewaltdeliktes rechtskräftig verurteilt (= 12,0 % der Jugendlichen und Heranwachsenden gegenüber 9,0 % der Erwachsenen). Daraus folgt, daß die erwachsenen Probanden überwiegend in den Bereichen der Anstalt und der Ergreifung Gewalttaten begehen, während dies bei den Jugendlichen und Heranwachsenden überproportional häufig im Bereich der Allgemeinheit der Fall ist.

Im einzelnen ergibt sich hierbei folgendes Bild:

222

Tabelle 49:
Anzahl und Anteil der Jugendlichen, Heranwachsenden und Erwachsenen an der Probandengruppe sowie an den wegen Gewaltkriminalität insgesamt verurteilten Probanden und an den wegen Gewaltkriminalität im Bereich der Allgemeinheit verurteilten Probanden

Alters-gruppen	*Alle Probanden*		*Wegen Gewaltkriminalität verurteilte Probanden*		*-- davon im Bereich der Allgemeinheit*	
	Anzahl (n = 78)	*Anteil (in %)*	*Anzahl (n = 17)*	*Anteil (in %)*	*Anzahl (n =7)*	*Anteil (in %)*
Jugendliche (14-17 Jahre)	9	11,5	4	23,5	3	37,5
Heran-wachsende (18-20 Jahre)	24	30,8	2	11,8	1	12,5
Erwachsene (ab 21 Jahre)	45	57,7	11	64,7	4	50,0

bb) Bedeutung des Geschlechts der Probanden für die Entweichungskriminalität

Wie bereits bei der Auswertung der personenbezogenen Merkmale der Probanden-gruppe dargelegt wurde, stellen Frauen mit einem durchschnittlichen Anteil von 4,2 % nicht nur eine Minderheit unter den im geschlossenen Vollzug insgesamt in-haftierten Gefangenen dar, sondern sie sind auch mit einem noch geringeren Anteil von 2,6 % an den Entweichungen beteiligt (nur zwei der 78 Entwichenen waren Frauen). [281]

In bezug auf die Entweichungskriminalität ist sogar festzustellen, daß keine der zur Verurteilung gelangten Delikte den beiden gemeinsam entwichenen weiblichen Probanden zugerechnet werden konnte.

Ob es sich bei diesem Ergebnis um einen statistischen Zufall handelt oder ob dies einer allgemeinen Beobachtung entspricht, kann angesichts der relativ geringen Probandenzahl nicht gesagt werden, zumal die beiden weiblichen Inhaftierten unmittelbar nach der - gewaltlosen - Überwindung des Anstaltsbereichs gestellt und dem staatlichen Gewahrsam wieder zugeführt werden konnten, so daß ihnen bereits aus zeitlichen Gründen kaum Gelegenheit zur Begehung von Straftaten blieb.

Damit bleibt bezogen auf die Probandengruppe festzustellen, daß es sich nicht nur beim besonderen Vorkommnis der Entweichung, sondern auch bei der Entweichungskriminalität um ein (rein) männliches Phänomen handelt.

cc) Bedeutung der Nationalität der Probanden für die Entweichungskriminalität

Nunmehr soll der Frage nachgegangen werden, ob hinsichtlich der Beteiligung deutscher und nichtdeutscher Probanden an der zur Verurteilung gelangten Entweichungskriminalität ein Unterschied festgestellt werden kann.

---

281 Vgl. Seite 70, Tabelle 11, und Seite 72, Tabelle 12.

(1) Entweichungskriminalität - insbesondere mit Blick auf die Allgemeinheit

Bekanntlich besteht die Probandengruppe aus 55 (= 70,5 %) deutschen und 23 (= 29,5 %) nichtdeutschen Anstaltsinsassen. [282] Bei der Untersuchung der Frage, ob und inwieweit eine über- bzw. unterdurchschnittliche Beteiligung der deutschen und nichtdeutschen Probanden an der Entweichungskriminalität und hier insbesondere an der Kriminalität im Bereich der Allgemeinheit verzeichnet werden kann, ergibt sich folgendes Bild:

Tabelle 50:
Anzahl und Anteil der Deutschen und Nichtdeutschen an der Probandengruppe sowie an den wegen Entweichungskriminalität verurteilten Probanden insgesamt und an den wegen Entweichungskriminalität im Bereich der Allgemeinheit verurteilten Probanden

Nationa-lität	*Alle Probanden*		*Wegen Entwei-chungskriminalität verurteilte Probanden*		*-- davon im Bereich der Allgemeinheit*	
	Anzahl (n = 78)	*Anteil (in %)*	*Anzahl (n = 31)*	*Anteil (in %)*	*Anzahl (n = 13)*	*Anteil (in %)*
Deutsche	55	70,5	26	83,9	9	69,2
Nicht-deutsche	23	29,5	5	16,1	4	30,8

Auffallend sind die nahezu identischen prozentualen Anteile der deutschen und nichtdeutschen Probanden an der gesamten Probandengruppe (70,5 % bzw. 29,5 %) und an der Kriminalität im Bereich der Allgemeinheit (69,2 % bzw. 30,8 %). In diesem Bereich spielt die Nationalität der Entwichenen also offenkundig keine Rolle.

---

282 Vgl. Seite 79, Tabelle 13.

Bezogen auf die gesamte Entweichungskriminalität, also unter Einbeziehung auch der im Bereich der Anstalt und Ergreifung begangenen Straftaten, ergibt sich dagegen ein völlig anderes Bild:

Fast die Hälfte (26 von 55 = 47,3 %) der deutschen, aber nur ungefähr ein Fünftel (fünf von 23 = 21,7 %) der nichtdeutschen Entwichenen wurde wegen einer im Zusammenhang mit der Entweichung begangenen Straftat verurteilt. Die Entweichungskriminalität der deutschen Probanden liegt damit also erheblich über der der nichtdeutschen. [283]

Bei einer näheren Betrachtung der Einzelfälle zeigt sich, daß dieser große Unterschied im Erscheinungsbild der gesamten Entweichungskriminalität auf der unterschiedlichen Anzahl der im Bereich der Anstalt verwirklichten Delikte beruht:

Von den 23 nichtdeutschen Probanden ist in diesem Bereich (außer den vier im Bereich der Allgemeinheit verurteilten Probanden) nur noch ein weiterer Proband verurteilt worden, insgesamt also fünf. Von den 55 deutschen Probanden sind demgegenüber im Bereich der Anstalt (außer den neun Verurteilten im Bereich der Allgemeinheit) noch 17 weitere Probanden verurteilt worden, insgesamt also 26.

Danach sind deutsche Gefangene offenkundig in weit höherem Maße als die nichtdeutschen bereit, zur Überwindung des Anstaltsgewahrsams Straftaten zu begehen.

Angesichts der bereits festgestellten, weit überproportionalen Beteiligung der nichtdeutschen Anstaltsinsassen an Entweichungen aus Anstalten des geschlossenen

---

283 Dabei ist jedoch zu beachten, daß die sechs Probanden, die noch nicht wiederergriffen werden konnten, ausschließlich der Gruppe der Nichtdeutschen angehören und aufgrund ihrer Abwesenheit eine Verurteilung wegen Entweichungstaten bereits aus strafprozeßrechtlichen Gründen nicht in Betracht kommt. Ohne diese sechs Probanden würde die Verurteilungsquote der nichtdeutschen Entwichenen bei 29,4 % liegen (fünf von 17 Probanden). Sie läge damit aber immer noch über 11 Prozentpunkte hinter der Verurteilungsquote der deutschen Entwichenen.

Vollzuges, [284] ihrer überaus schwierigen Haftsituation und der realistischen Chance, sich nach erfolgreicher Überwindung des Anstaltsgewahrsams auf Dauer dem Vollzug zu entziehen, [285] ist dies ein eher überraschendes Ergebnis. Diese Gesichtspunkte hätten durchaus die Vermutung nahe legen können, daß nichtdeutsche Gefangene unbedingt zur Flucht entschlossen sind und diese gegebenenfalls auch mit Mitteln der Gewalt durchsetzen.

(2) Gewaltkriminalität im Sinne der Polizeilichen Kriminalstatistik - insbesondere mit Blick auf die Allgemeinheit

Das Bild der wegen Entweichungskriminalität verurteilten deutschen und nichtdeutschen Probanden verschiebt sich allerdings, sofern wiederum nur diejenigen Probanden einer näheren Betrachtung unterzogen werden, die wegen eines Deliktes verurteilt wurden, das zur Gewaltkriminalität im Sinne der Polizeilichen Kriminalstatistik zählt.

Dabei stellt sich die Deliktsverteilung im einzelnen wie folgt dar:

---

284 Vgl. Seite 80, Tabelle 14.
285 Vgl. Seite 81 ff..

Tabelle 51:

Anzahl und Anteil der Deutschen und Nichtdeutschen an der Probandengruppe und an den wegen Gewaltkriminalität insgesamt verurteilten Probanden sowie an den wegen Gewaltkriminalität im Bereich der Allgemeinheit verurteilten Probanden

Nationa-lität	Alle Probanden		Wegen Gewaltkriminalität verurteilte Probanden		-- davon im Bereich der Allgemeinheit	
	Anzahl (n = 78)	Anteil (in %)	Anzahl (n = 17)	Anteil (in %)	Anzahl (n = 8)	Anteil (in %)
Deutsche	55	70,5	13	76,5	4	50,0
Nicht-deutsche	23	29,5	4	23,5	4	50,0

Hierbei zeigt sich, daß 13 der insgesamt 55 deutschen Probanden (= 24,0 %), aber nur vier der 23 nichtdeutschen Probanden (= 17,0 %) wegen eines Gewaltdeliktes rechtskräftig verurteilt wurden.

Im Bereich der Allgemeinheit wurden demgegenüber von den 55 deutschen Probanden „nur" vier (= 7,0 %) wegen Gewalttaten verurteilt, während es von den 23 nichtde utschen Probanden ebenfalls vier (= 17,0 %) waren.

Zusammenfassend läßt sich feststellen, daß deutsche Probanden im Vergleich zu den nichtdeutschen Probanden zwar wesentlich häufiger wegen einer Entweichungstat verurteilt wurden (70,5 % gegenüber 29,5 %) und im Bereich der Gewalttaten sogar ein noch höherer Anteil zu verzeichnen ist (76,5 % gegenüber 23,5 %), im Bereich der Allgemeinheit ist diese überdurchschnittlich hohe Kriminalitätsbelastung mit Gewaltdelikten jedoch nicht feststellbar. Alle von den nichtdeut-

schen Probanden begangenen Gewalttaten entfallen auf den Bereich der Allgemeinheit (= 100,0 %), wohingegen lediglich vier der 13 von den Deutschen begangenen
Gewalttaten im Bereich der Allgemeinheit (= 30,8 %) begangen wurden.

Das Phänomen der überproportionalen Deliktsverwirklichung im Bereich der
Gewaltkriminalität durch deutsche Probanden beschränkt sich damit eindeutig auf
den Anstaltsbereich bzw. den Bereich der Wiederergreifung, wohingegen im Bereich der Allgemeinheit ein eindeutiges Schwergewicht bei den nichtdeutschen Probanden zu verzeichnen ist.

dd) Zusammenfassung

Die personenbezogenen Merkmale Alter und Nationalität haben nach den dargestellten Untersuchungsergebnissen durchaus Bedeutung für die Entweichungskriminalität der entwichenen Anstaltsinsassen.

Die Jugendlichen und Heranwachsenden, die unter den Probanden ohnehin bereits
überdurchschnittlich häufig vertreten sind, waren an der Entweichungskriminalität
in nochmals stärkerem Maße beteiligt. Insbesondere gilt dies für die Kriminalität im
Bereich der Allgemeinheit und dort wiederum vor allem für die Gewaltdelikte im
Sinne der Polizeilichen Kriminalstatistik. Von entwichenen Jugendlichen und Heranwachsenden geht damit nach Überwindung des Anstaltsgewahrsams offenkundig
eine höhere Gefahr neuerlicher Straftaten für die Allgemeinheit aus als von erwachsenen Entwichenen.

Bezüglich der Nationalität der Probanden lassen sich keine derart eindeutigen Aussagen treffen. Insgesamt sind zwar die deutschen Entwichenen überproportional
häufig an der gesamten Entweichungskriminalität beteiligt. Im Bereich der Allge-

meinheit ist dies jedoch nicht der Fall. Dort ist im Gegenteil festzustellen, daß die nichtdeutschen Probanden zu einem größeren Anteil schwerwiegendere Straftaten begehen als die deutschen Probanden, wobei jedoch ihre Anzahl in absoluten Zahlen (= jeweils vier Probanden) identisch sind.

b) Untersuchung eines möglichen Zusammenhangs zwischen den Haupteinweisungsdelikten und der Entweichungskriminalität

Im folgenden soll nun geklärt werden, ob ein Zusammenhang besteht zwischen der Art des Haupteinweisungsdeliktes eines Probanden und dessen Entweichungskriminalität.

Dabei wird wiederum auf die Klassifizierung des Einweisungsdeliktes als Gewaltdelikt im Sinne der Polizeilichen Kriminalstatistik abgestellt. Insbesondere in diesen Fällen wird nämlich das Delikt, das zur Inhaftierung führte, zu einem bleibenden Stigma, gleichermaßen wie ein „Persönlichkeitsmerkmal" des Gefangenen, [286] und gilt - nicht nur in der Öffentlichkeit, sondern auch in Fachkreisen - als ein maßgebliches Kriterium für die Einschätzung der „Gefährlichkeit" eines Gefangenen.

Die Untersuchung eines möglichen Zusammenhangs zwischen den Haupteinweisungsdelikten und der Entweichungskriminalität der Probanden soll zunächst anhand der gesamten, mit einer Verurteilung endenden Entweichungstaten der Probanden erfolgen und in einem zweiten Schritt beschränkt nur auf die im Bereich der Allgemeinheit begangenen Straftaten.

---

286 Vgl. insoweit:

Müller-Dietz, 1993, Seite 57 ff;

Georg Wagner, 1994, Seite 184.

aa) Zusammenhang zwischen den Haupteinweisungsdelikten und der gesamten Entweichungskriminalität

Wie bereits dargelegt, [287] waren 30 der 78 Probanden zum Zeitpunkt ihrer Entweichung wegen der Begehung zumindest eines Deliktes inhaftiert, das zur Gewaltkriminalität im Sinne der Polizeilichen Kriminalstatistik zählt. Hierbei handelte es sich in immerhin acht Fällen um Tötungsdelikte.

Bei der Untersuchung der Frage, ob bezüglich dieser Probandengruppe überdurchschnittlich viele Verurteilungen wegen Entweichungsdelikten zu verzeichnen sind und wie hoch hierbei der Anteil der Gewaltdelikte liegt, ergeben sich folgende Ergebnisse:

Von den 78 entwichenen Probanden wurden 31 (= 39,7 %) wegen Entweichungstaten rechtskräftig verurteilt. Auf die 30 Probanden, bei denen ein Gewaltdelikt im Sinne der Polizeilichen Kriminalstatistik Haupteinweisungsdelikt war, entfielen dabei 14 dieser Verurteilungen, während sich die restlichen 17 Verurteilungen auf die 48 wegen „normaler" Straftaten inhaftierten Probanden verteilen. Damit liegt die Verurteilungsquote bei den entwichenen Gewalttätern mit 46,7 % 1,3 mal höher als bei den wegen „normaler" Straftaten inhaftierten Probanden (= Verurteilungsquote: 35,4 %), was für die Annahme spricht, daß von den bereits wegen Gewalttaten inhaftierten Gefangenen auch eine überdurchschnittlich große Gefahr neuerlicher Straftaten im Zusammenhang mit der Entweichung ausgeht. [288]

Die Beantwortung der weiteren Frage, ob die Gewalttäter unter den entwichenen Probanden hierbei auch überdurchschnittlich häufig an der Begehung von Gewalt-

---

287 Vgl. Seite 97, Tabelle 18.

288 Dies darf allerdings nicht den Blick dafür verstellen, daß 16 - und damit über die Hälfte - der 30 entwichenen Gewalttäter keinerlei Verurteilungen wegen Entweichungsstraftaten aufweisen.

taten beteiligt waren, ergibt sich wiederum aus einem Vergleich der entsprechenden Verurteilungsquoten:

Insgesamt wurden 17 der 78 entwichenen Probanden (= 21,8 %) wegen Gewalttaten, die sie im Zusammenhang mit der Entweichung begangen hatten, verurteilt. Auf die 30 wegen Gewalttaten inhaftierten Probanden entfielen hiervon zehn Verurteilungen, woraus sich eine Verurteilungsquote von 33,3 % errechnet. Von den 48 übrigen Probanden wurden demgegenüber lediglich sieben (= 14,6 %) erneut wegen anläßlich der Entweichung begangener Gewalttaten verurteilt.

Hieraus ergibt sich, daß die Gewalttäter unter den Probanden 2,3 mal häufiger als die übrigen Probanden im Zusammenhang mit der Entweichung wegen eines Gewaltdeliktes rechtskräftig verurteilt wurden. [289]

Bei den acht wegen Tötungsdelikten inhaftierten Probanden ist dabei eine insgesamt nochmals erhöhte Verurteilungsquote zu verzeichnen:

Fünf Probanden dieser Gruppe (= 62,5 %) wurden erneut wegen einer Entweichungstat verurteilt (gegenüber 46,7 % der 30 Gewalttäter und 35,4 % der 48 „normalen" Täter). Die Verurteilungsquote wegen Gewalttaten liegt mit vier Verurteilungen sogar bei 50,0 % (gegenüber 33,3 % bei den 30 Gewalttätern und 14,6 % bei den 48 „normalen" Tätern).

Im Überblick stellen sich die vorstehend wiedergegebenen Werte wie folgt dar:

---

289 Auch hier bleibt festzustellen, daß der weit überwiegende Teil - nämlich zwei Drittel - der entwichenen Gewalttäter keine neuerlichen Verurteilungen wegen Gewalttaten aufweist.

Tabelle 52:

Anzahl und Anteil der Entweichungsverurteilungen und der hierbei verwirklichten Gewaltdelikte bei den wegen „normaler" Straftaten sowie bei den wegen Gewalttaten als Haupteinweisungsdelikt inhaftierten Probanden

	Wegen Entweichungskriminalität verurteilte Probanden		-- davon wegen Gewalttaten	
	Anzahl	*Anteil (in %)*	*Anzahl*	*Anteil (in %)*
Alle Probanden (n=78)	31	39,7	17	21,8
Wegen „normaler" Straftaten Inhaftierte (n=48)	17	35,4	7	14,6
Wegen Gewalttaten Inhaftierte (n=30)	14	46,7	10	33,3
-- davon wegen Tötungsdelikten (n=8)	(5)	(62,5)	(4)	(50,0)

Da Grundlage der vorstehend erörterten Zusammenhänge die insgesamt abgeurteilte Entweichungskriminalität ist, erlaubt das Ergebnis noch keinen abschließenden Rückschluß darauf, ob von den wegen Gewaltdelikten inhaftierten Probanden gerade für die Allgemeinheit eine besondere überproportionale Gefahr ausgeht.

Dies soll im folgenden untersucht werden.

bb) Zusammenhang zwischen den Haupteinweisungsdelikten und der im Bereich der Allgemeinheit begangenen Kriminalität

Hierfür wird der Zusammenhang zwischen den Einweisungstaten der verurteilten Probanden und den von ihnen im Bereich der Allgemeinheit begangenen Delikten dargestellt. Insbesondere wird der Frage nachgegangen, wie viele der gegen die Allgemeinheit gerichteten Straftaten Gewalttaten im Sinne der Polizeilichen Kriminalstatistik sind und ob diese tatsächlich überdurchschnittlich häufig von den wegen Gewalttaten inhaftierten Probanden begangen wurden.

Wird dies näher untersucht, so ergibt sich folgendes Bild:

Tabelle 53:
Anzahl und Anteil der Entweichungsverurteilungen im Bereich der Allgemeinheit insgesamt und der hierbei verwirklichten Gewaltdelikte bei den wegen „normaler" Straftaten sowie bei den wegen Gewalttaten als Haupteinweisungsdelikt inhaftierten Probanden

	Wegen Entweichungskriminalität im Bereich der Allgemeinheit verurteilte Probanden		*-- davon wegen Gewalttaten*	
	Anzahl	*Anteil (in %)*	*Anzahl*	*Anteil (in %)*
Alle Probanden (n = 78)	13	16,7	7	9,0
Wegen „normaler" Straftaten Inhaftierte (n=48)	8	16,7	3	6,3
Wegen Gewalttaten Inhaftierte (n=30)	5	16,7	4	13,3
-- davon wegen Tötungsdelikten (n=8)	0	0,0	0	0,0

Von den 13 Probanden, die überhaupt Straftaten mit Bezug auf die Allgemeinheit begangen haben, waren fünf Gewalttäter und acht Gefangene, die wegen „normaler" Delikte inhaftiert waren. Da aber nur 30 der insgesamt 78 Probanden wegen Gewaltdelikten inhaftiert waren, folgt daraus, daß die Gewalttäter unter den Probanden an den gegenüber der Allgemeinheit begangenen Straftaten nicht überproportional häufig beteiligt sind (= jeweils 16,7 % der wegen Gewalttaten und der wegen „normaler" Delikte inhaftierten Probanden).

Anders stellt sich das Bild jedoch im Bereich der die Allgemeinheit betreffenden Gewaltdelikte dar:

An deren Begehung waren vier Probanden beteiligt, die bereits wegen Gewaltdelikten inhaftiert waren. Wird berücksichtigt, daß im Untersuchungszeitraum insgesamt 30 Gewalttäter entweichen konnten, so muß die diesbezügliche „Rückfallquote" von 13,3 % als überraschend gering angesehen werden. Sie liegt allerdings mehr als doppelt so hoch wie bei den 48 Probanden, die nicht wegen einer Gewalttat inhaftiert waren. Da hiervon lediglich drei an den Gewalttaten gegenüber der Allgemeinheit beteiligt waren, liegt die Quote hier nur bei 6,3 %.

Ergänzend bleibt anzumerken, daß keiner der acht wegen Tötungsdelikten dem Strafvollzug zugeführten Probanden wegen irgendeiner Straftat im Bereich der Allgemeinheit verurteilt wurde, mithin auch nicht wegen einer Gewalttat in diesem Bereich.

cc) Zusammenfassung

Festgehalten werden kann danach, daß entwichene Gewalttäter anläßlich ihrer Entweichung nicht häufiger als die „normalen" Gefangenen Delikte im Bereich der Allgemeinheit begehen. Etwa jeder sechste Gewalttäter und jeder sechste wegen „normaler" Delikte Inhaftierte (jeweils 16,7 %) wurde wegen der Begehung von Straftaten im Bereich der Allgemeinheit verurteilt. Dagegen begehen die inhaftierten Gewalttäter im Bereich der Allgemeinheit doppelt so häufig (= jeder achte) Gewalttaten wie die wegen „normaler" Delikte Inhaftierten (= jeder 16.).

Allerdings dürfen diese Ergebnisse im Hinblick auf die insgesamt sehr geringe Anzahl von 13 Probanden, die Straftaten im Bereich der Allgemeinheit verübt haben, und im Hinblick auf die in absoluten Zahlen nur geringen Unterschiede (vier der entflohenen Gewalttäter und drei „normale" Anstaltsinsassen waren an den gegenüber der Allgemeinheit begangenen Gewalttaten beteiligt) nicht überbewertet werden. Bemerkenswert ist jedoch, daß die wegen besonders schwerer Gewalttaten - nämlich Tötungsdelikten - inhaftierten Probanden anläßlich ihrer Entweichung gegenüber der Allgemeinheit überhaupt keine Straftaten - also auch keine Gewalttaten - begangen haben.

Die These, daß es gerade die besonders schwierigen und gefährlichen Gefangenen sind, von denen im Falle einer Entweichung aus den Anstalten des geschlossenen Vollzuges eine besondere Gefährdung der Allgemeinheit ausgehen soll, kann jedenfalls für den Untersuchungszeitraum 1986 bis 1988 bestätigt werden.

c) **Zusammenhang zwischen den Vorverurteilungen der Probanden und der Entweichungskriminalität**

Nunmehr sollen die Zusammenhänge zwischen der Entweichungskriminalität - und hierbei wiederum insbesondere der die Allgemeinheit betreffenden Entweichungstaten - einerseits sowie der gesamten Vorkriminalität der Probanden andererseits untersucht werden.

Berücksichtigt werden alle aus den Bundeszentralregisterauszügen ersichtlichen Verurteilungen der Probanden, bei denen die Deliktsverwirklichung zeitlich (Tatzeit) vor der Entweichung lag, unabhängig davon, ob das Urteil zu diesem Zeitpunkt bereits ergangen oder rechtskräftig war. [290]

Ziel dieser Untersuchung ist die Beantwortung der Frage, ob es sich bei den anläßlich der Entweichung straffällig gewordenen Probanden vor allem um solche handelt, die auch früher bereits strafrechtlich in Erscheinung getreten sind. Denn neben der Art der Einweisungsdelikte könnte möglicherweise auch die Anzahl und die Art der früheren Straftaten Hinweise auf eine spätere Entweichungskriminalität geben und damit Grundlage einer Gefährlichkeitsprognose entflohener Gefangener sein. Dabei wird auch geprüft, ob eine deliktsmäßige Kontinuität zwischen den früheren Verurteilungen der Probanden und der Entweichungskriminalität festgestellt werden kann.

aa) Zusammenhang zwischen den Vorverurteilungen der Probanden und der gesamten Entweichungskriminalität

Im folgenden wird untersucht, ob ein Zusammenhang besteht zwischen der Vorstrafenbelastung der Probanden und deren gesamter, im Zusammenhang mit der Entweichung aufgetretenen Kriminalität.

---

290 Um eine Vergleichbarkeit mit den amtlichen Vorstrafenstatistiken zu ermöglichen, wurden beim Vergleich der Vorstrafenbelastung der Probandengruppe mit der Vorstrafenbelastung der insgesamt im geschlossenen Vollzug Inhaftierten demgegenüber die Urteile unberücksichtigt gelassen, die zum Zeitpunkt der Entweichung noch nicht ergangen oder noch nicht rechtskräftig waren (vgl. Seite 104, Tabelle 20).

(1) Anzahl der Vorverurteilungen

Dies geschieht zunächst anhand der Anzahl der Vorverurteilungen der Probanden, wobei folgendes festzustellen ist:

Von den 31 Probanden, die wegen einer Entweichungsstraftat rechtskräftig verurteilt wurden, weisen - abgesehen von der Einweisungsverurteilung - insgesamt 30 (= 96,8 %) Vorverurteilungen auf.

Von den übrigen 47 Probanden, die nicht wegen eines im Zusammenhang mit der Entweichung begangenen Deliktes verurteilt wurden, haben demgegenüber - wiederum abgesehen von der Einweisungsverurteilung - 44 (= 93,6 %) eine Eintragung im Bundeszentralregister, also ein etwas geringerer Anteil.

Wird dagegen auf die Anzahl der Vorverurteilungen abgestellt, so ändert sich das Bild nicht unerheblich:

Während die 31 wegen Entweichungstaten verurteilten Probanden „nur" durchschnittlich 5,1 Vorverurteilungen (ohne die Einweisungsverurteilungen) aufweisen, beträgt diese Quote bei den 47 übrigen Probanden 6,0.

Im Gegensatz zur Untersuchung der generellen Vorstrafenbelastung der Probandengruppe, die zu dem Ergebnis führte, daß mit zunehmender Vorstrafenbelastung auch eine häufigere Beteiligung an Entweichungen zu verzeichnen ist, [291] kann nicht festgestellt werden, daß mit zunehmender Vorstrafenbelastung auch die Gefahr einer Straftat anläßlich der Entweichung steigt. Eher scheint das Gegenteil zutreffend zu sein.

Tabellarisch stellen sich die aufgezeigten Ergebnisse wie folgt dar:

---

291 Vgl. Seite 111 f..

Tabelle 54:
Anzahl der Vorverurteilungen bei den Probanden mit und ohne Verurteilungen wegen Entweichungskriminalität

Probandengruppe	Vorverurteilungen insgesamt	Vorverurteilungen durchschnittlich
Alle Probanden (n = 78)	441	5,7
Wegen Entweichungskriminalität verurteilte Probanden (n = 31)	159	5,1
Nicht wegen Entweichungskriminalität verurteilte Probanden (n = 47)	282	6,0

Festzuhalten bleibt danach, daß aus einer größeren Zahl von Vorverurteilungen nicht auf eine höhere Wahrscheinlichkeit von Straftaten im Zusammenhang mit der Entweichung geschlossen werden kann.

(2) Deliktsmäßige Parallelen

Nunmehr soll untersucht werden, inwieweit bei den Probanden eine deliktsmäßige Übereinstimmung zwischen der zur Verurteilung gelangten Entweichungskriminalität der Probanden und deren früheren Verurteilungen - einschließlich der Einweisungsdelikte - festgestellt werden kann. Dabei geht es insbesondere um die Frage, ob die Probanden anläßlich ihrer Entweichung erneut einschlägig straffällig geworden sind. Einschlägige Rückfälligkeit „im engeren Sinne" wird dabei angenommen, wenn das Entweichungsdelikt mit einer Vorverurteilung - einschließlich der Einweisungstat - absolut identisch ist, [292] während einschlägige Rückfälligkeit „im weiteren Sinne" bei vergleichbaren Taten innerhalb einer Deliktsgruppe [293] vorliegen soll, und zwar auch dann, wenn die Entweichungstat in einer leichteren oder schwereren Form der gleichen Deliktsgruppe [294] verwirklicht worden ist. [295]

Im einzelnen ergibt sich hierbei folgendes Bild:

Tabelle 55:
*Probanden mit einschlägiger * Rückfälligkeit bei den Entweichungsverurteilun-*
*gen ***

Probanden Nr.	Vorverurteilungen ohne Einweisungsde- likte	Einweisungsdelikte	Entweichungsdelikte
9	§ 243 § 244		
		§ 211 § 250 § 255	§ 255 § 239 a § 239 b
10	§ 223	§ 223 a §211 §250	
			§ 255 § 239 a § 239 b

---

292 Beispielsweise § 242 StGB zu § 242 StGB und § 223 StGB zu § 223 StGB.

293 Beispielsweise § 255 StGB oder § 250 StGB.

294 Beispielsweise § 242 StGB zu § 243 StGB und § 223 a StGB zu § 223 StGB.

295 Vgl. insoweit von Harling, 1997, Seite 112, mit einer vergleichbaren Definition.

11	§ 255 § 223 a	§ 255 § 250 § 211	§ 255 § 239 a § 239 b
23	§ 255	§ 255 §§ 250, 30 §§ 255, 30 § 243	§ 255 § 113 II 1 §§ 121 I 1, III 2 § 223 a § 142
24	StVG § 113 § 315 b § 243	StVG § 142 § 113 § 315 b § 243	StVG § 142 § 255 §§ 121 I 1, III 2
25	§ 242 WaffG	§ 250	§ 242 § 255 WaffG § 267
29	§ 243 § 250	§ 243 § 250 § 239	§ 243 § 121 I Nr. 1
39	§ 243 § 244 StVG	§ 243	§ 243 StVG § 267
42	§ 242 § 303 StVG	§ 243	§ 243 WaffG

46	§ 243	§ 240 § 250 § 223 a § 281	§ 240
54	§ 242 § 243 § 142 § 315 a § 230 StVG	§ 242	§ 242 § 243 § 142
62	§ 242 § 243 § 255	§ 243	§ 242 § 243 § 255 § 120 § 223 a § 239 § 249
63	§ 242	§ 242 § 246 StVG § 239 § 249	§ 243
64	§ 243	§ 243 § 250	§ 243 § 250 § 239
65	§ 242 § 223 § 223 a	§ 242 § 243 § 223 § 113 § 263 § 303	§ 243 § 250 § 239

243

		§ 121	§ 121 I Nr.1
68	§ 223		§ 223 a
			§ 239 b
	§ 243		
	§ 316 a		
	WaffG		
74	§255	§ 255	§ 255
		§ 250	
		§ 211	
	§ 243		
	§ 244		
	§ 239 a		§ 239 a
	§ 239 b		§ 239 b
75	§ 250	§ 250	
		§ 255	§ 255
			§ 239 a
			§ 239 b
76		§ 239 a	§ 239 a
			§ 239 b
	§ 211		
	§ 230		
		§ 255	§ 255

Anmerkungen:

* Die einschlägigen Delikte „im engeren Sinne" sind in einer Zeile nebeneinander gestellt und fett gedruckt; alle einschlägigen Delikte, also auch diejenigen „im weiteren Sinne", sind grau unterlegt.

** Bei den genannten Paragraphen handelt es sich ausnahmslos um solche des Strafgesetzbuches.

Danach sind 17 der 19 Probanden (= 89,5 %) im engeren Sinne einschlägig rückfällig geworden, [296] wobei dies in immerhin acht Fällen Delikte aus dem Bereich der
Gewaltkriminalität waren.

Insgesamt handelt es sich um sieben Probanden, die bereits vor ihrer Entweichung eine schwere räuberische Erpressung (§ 255 StGB) verwirklicht haben. Bei
fünf weiteren Probanden ist eine solche Parallelität wegen Verurteilungen gemäß
§ 243 StGB feststellbar und in jeweils einem Fall wegen schweren Raubes (§ 250
StGB), Diebstahls (§ 242 StGB), Nötigung (§ 240 StGB), Gefangenenmeuterei
(§ 121 StGB) und Verkehrsunfallflucht (§ 142 StGB).

Bemerkenswert erscheint hierbei vor allem, daß der sehr hohe Anteil von identischen Deliktsverwirklichungen auch festzustellen ist, wenn die Parallelität nur in
bezug auf die Einweisungsdelikte untersucht wird:

Bei 16 der 19 Probanden (= 84,2 %) besteht zwischen zumindest einem Einweisungsdelikt und einer Entweichungstat eine Parallelität im engeren Sinne, wobei es
sich in acht Fällen um Delikte aus dem Bereich der Gewaltkriminalität handelt
(= sieben Fälle der schweren räuberischen Erpressung sowie ein Fall des schweren
Raubes).

Die verbleibenden zwei der 19 Probanden mit einschlägiger Rückfälligkeit im
weiteren Sinne (= 10,5 %) wurden einerseits verurteilt wegen eines mit einer Vorverurteilung vergleichbaren, jedoch in einer anderen Form verwirklichten Deliktes,
nämlich wegen schwerer räuberischer Erpressung (§ 255 StGB) gegenüber früher
begangenen schweren Raubtaten (§ 250 StGB), und andererseits wegen eines in
einer schwereren Form verwirklichten Deliktes, nämlich eines besonders schweren

---

296 Bei der nachfolgenden textlichen Aufbereitung der Parallelität der Deliktsverwirklichung wird
   aus Gründen der Übersichtlichkeit jeweils nur auf das schwerste Delikt abgestellt; die in einzelnen Fällen weiter zu verzeichnenden Parallelen sind lediglich in der tabellarischen Darstellung
   ersichtlich.

Fall des Diebstahls (§ 243 StGB) gegenüber einem früher begangenen einfachen Diebstahl (§ 242 StGB).

Interessant ist in diesem Zusammenhang die Feststellung, daß immerhin zehn der 19 einschlägigen Rückfalltäter (im engeren und im weiteren Sinne) Verbrechenstatbestände aus dem Bereich der Gewaltkriminalität begingen (= 52,6 %), und zwar ausnahmslos aus dem Bereich der schweren räuberischen Erpressung und des schweren Raubes.

Dieses Ergebnis weicht von der allgemeinen kriminologischen Erfahrung ab, wonach die Rückfallwahrscheinlichkeit bei den wegen Eigentums- und Vermögensdelikten Inhaftierten am höchsten ist, während Gewalt- und Sexualtäter, deren einschlägige Rückfälligkeit zwar stets großes Aufsehen erregt, tendenziell niedrigere Wiederverurteilungsraten aufweisen. [297]

Entgegen der statistischen Wahrscheinlichkeit ist bezüglich des Rückfallverhaltens der im Zusammenhang mit der Entweichung erneut straffällig gewordenen Probanden daher die grundsätzliche Aussage gerechtfertigt, daß sie unabhängig von der Art ihrer Vorbelastung größtenteils in ihr „stereotypes Fehlverhalten" [298] zurückfallen

---

297 Vgl. Justizministerium des Landes Nordrhein-Westfalen, 1997, Seite 31;

Dünkel / Geng, 1993, Seite 193 ff;

Dünkel, 1994, Seite 109; jeweils mit weiteren Nachweisen, und

Baumann / Maetze / Mey, 1983, Seite 139, die bei einer im Auftrag des Justizministeriums des Landes Nordrhein-Westfalen erstellten Untersuchung für männliche Erwachsene des Entlassungsjahrganges 1975 feststellten, daß lediglich 40 % der Gefangenen, die wegen Delikten gegen die Person (= Straftaten gegen die sexuelle Selbstbestimmung, Mord, Totschlag, Raub, gefährliche Körperverletzung, Erpressung und Widerstand gegen Vollstreckungsbeamte) bestraft worden sind, später einschlägige Straftaten begingen, wohingegen unter allen Rückfälligen eine Quote von 70 % zu verzeichnen war.

298 Vgl. Baumann / Maetze / Mey, 1983, Seite 138.

und sich ihr strafbares Verhalten zwanglos in ihre bisherige kriminelle Laufbahn einfügt.

Bei den verbleibenden 12 Probanden (= 38,7 %), bei denen keine Parallele zwischen der früheren Kriminalität und der Entweichungstat festgestellt werden konnte, waren folgende Entweichungsdelikte zu verzeichnen:

Tabelle 56:
Probanden ohne einschlägige Rückfälligkeit bei den Entweichungsverurteilungen *

Probandennummer gemäß Anlage 1	*Entweichungsdelikte*
15	§ 121 Absatz 1 Nummer 2
16	§ 121 Absatz 1 Nummer 2
17	§ 121 Absatz 1 Nummer 2
18	§ 121 Absatz 1 Nummer 2
40	§ 306 / § 223 a / § 113
51	§ 121 Absatz 1 Nummer 2
52	§ 121 Absatz 1 Nummer 2
66	§ 250 / § 243 / § 239
67	§ 121 Absatz 1 Nummer 1 / § 223 a / § 239 b
69	§ 121 Absatz 1 Nummer 1 / § 223 / § 239 b
71	§ 121 Absatz 1 Nummer 2 / § 304
72	§ 121 Absatz 1 Nummer 2 / § 304

Anmerkung:
* Bei den genannten Paragraphen handelt es sich ausnahmslos um solche des Strafgesetzbuches.

Von diesen 12 Probanden haben sich zehn, also 83,3 %, ausschließlich im Zusammenhang mit dem unmittelbaren Entweichungsvorgang strafbar gemacht, und zwar ausnahmslos gemäß § 121 StGB, teilweise daneben auch nach §§ 223, 223 a, 239 b und 304 StGB. Im Falle dieser zehn Probanden handelt es sich mithin um situationsbedingte Delikte, die alleine auf die Haftsituation und das besondere Vorkommnis der Entweichung zurückzuführen sind. Dies erklärt ohne weiteres das Fehlen einer entsprechenden Parallele zur früheren Kriminalität der Probanden.

Aber auch bei den Probanden Nummer 40 und 66 weisen die Entweichungstaten bei näherer Betrachtung Besonderheiten auf, die ein Abweichen von vorherigen kriminellen Verhalten durchaus nachvollziehbar machen:

Bei der Brandstiftung des Probanden Nummer 40 handelt es sich um die Inbrandsetzung der eigenen Wohnung, um sich der Festnahme und Rückführung in den Strafvollzug zu entziehen. [299] Insoweit handelt es sich um eine Ausnahmetat im mittelbaren Zusammenhang mit dem Entweichungsvorgang, bei der eine Parallele zur früheren Kriminalität des Probanden nicht zu erwarten war.

Der Proband Nummer 66 war mit 14 Jahren der jüngste der fünf Probanden, die gemeinsam aus einer Jugendstrafanstalt entwichen waren und auf die der Großteil der gesamten Entweichungskriminalität entfällt. [300] Die von dem Probanden verübten schweren Diebstähle wurden in der Gruppe begangen und erfolgten mit dem Ziel, die widerrechtlich erlangte Freiheit zu sichern und sich aus dem näheren Umfeld der Anstalt möglichst schnell zu entfernen. Den schweren Raub auf ein Lebensmittelgeschäft beging dieser Proband gemeinschaftlich mit einem anderen

---

299 Vgl. Seite 178.
300 Vgl. Seite 203 ff..

17jährigen Mitglied dieser Probandengruppe, der bezeichnenderweise bereits früher wegen eines gleichartigen Überfalls auf ein Lebensmittelgeschäft verurteilt worden war. Es kann daher vermutet werden, daß die Idee und Initiative zu dieser Tat von dem wesentlich älteren Mittäter ausging. Dies könnte eine Ursache dafür sein, warum bei dem 14jährigen Probanden - Nummer 66 -, der außer seiner Einweisungsverurteilung noch keinerlei Vorverurteilungen aufweist, keine Parallele zu früheren Straftaten besteht. Hierbei muß jedoch bedacht werden, daß eventuelle frühere Taten mangels Strafmündigkeit des Probanden nicht zur Einleitung eines Strafverfahrens und damit auch nicht zu einer Zentralregistereintragung geführt haben können, so daß insoweit auch vergleichbare Taten nicht vorliegen konnten.

Zusammenfassend läßt sich damit feststellen, daß weit über die Hälfte (19 = 61,3 %) der 31 wegen Entweichungsdelikten verurteilten Probanden bereits zuvor wegen identischer, zumindest aber vergleichbarer Straftaten verurteilt wurden. Die verbleibenden 38,7 % der Probanden, die im Zusammenhang mit ihrer Entweichung gegenüber den Vorverurteilungen abweichende Delikte verwirklicht haben, begingen diese Straftaten fast ausnahmslos in den Bereichen der Anstalt bzw. der Ergreifung, was den „Ausnahmecharakter" der Kriminalitätserscheinung unterstreicht.

Danach besteht eine doch relativ hohe Wahrscheinlichkeit von immerhin über 60 %, daß entwichene Strafgefangene - sofern sie sich überhaupt im Zusammenhang mit ihrer Entweichung erneut strafbar machen - die gleichen Delikte begehen wie in ihrer früheren kriminellen Karriere.

bb) Zusammenhang zwischen den Vorverurteilungen der Probanden und der Entweichungskriminalität im Bereich der Allgemeinheit

Im folgenden soll nun bezüglich der nur die Allgemeinheit betreffenden Entweichungskriminalität geprüft werden, ob und in welchem Ausmaß die Probanden Vorverurteilungen aufweisen und inwieweit hier Parallelen zu den Entweichungsdelikten feststellbar sind.

(1) Anzahl der Vorverurteilungen

Wird von den Einweisungsverurteilungen abgesehen, so sind von den 13 Probanden, die wegen Entweichungstaten im Bereich der Allgemeinheit verurteilt wurden, 12 (= 92,3 %) bereits früher strafrechtlich in Erscheinung getreten. Bei den 65 übrigen Probanden liegt die diesbezügliche Quote allerdings noch etwas höher, nämlich bei 95,4 % (62 dieser 65 Probanden waren - wiederum abgesehen von der Einweisungsverurteilung - bereits früher einmal verurteilt worden).

Die Anzahl der Vorverurteilungen beträgt bei den 13 im Bereich der Allgemeinheit straffällig gewordenen Probanden (ohne die Einweisungsverurteilungen) 4,4 Vorverurteilungen, während die 65 übrigen Probanden durchschnittlich 5,9 Vorverurteilungen aufweisen.

Tabelle 57:
*Anzahl der Vorverurteilungen bei den Probanden mit und ohne Entweichungs-
verurteilungen im Bereich der Allgemeinheit*

Probandengruppe	Vorverurteilungen insgesamt	Vorverurteilungen durchschnittlich
Alle Probanden (n = 78)	441	5,7
Wegen Kriminalität im Bereich der Allgemeinheit verurteilte Probanden (n = 13)	57	4,4
Nicht wegen Kriminalität im Bereich der Allgemeinheit verurteilte Probanden (n = 65)	384	5,9

Angesichts dieser Zahlen kann keine Rede davon sein, daß vor allem die schon früher besonders häufig strafrechtlich in Erscheinung getretenen Probanden während der Entweichung Straftaten gegenüber der Allgemeinheit begehen und daher eine besondere Gefahr für die Allgemeinheit darstellen. Im Gegenteil: Die gegenüber der Allgemeinheit straffällig gewordenen Probanden weisen durchschnittlich eine deutlich geringere Vorstrafenbelastung auf als die übrigen Probanden.

Die Anzahl der Vorstrafen ist also kein geeigneter Indikator für die Beurteilung, ob es sich im Einzelfall um einen - für die Allgemeinheit - besonders gefährlichen Straftäter handelt.

(2) Deliktsmäßige Parallelen

Nunmehr soll untersucht werden, inwieweit eine einschlägige Rückfälligkeit [301] feststellbar ist zwischen der früheren Kriminalität der Probanden und den von ihnen im Bereich der Allgemeinheit begangenen Straftaten.

Im einzelnen ergibt sich hierbei folgendes Bild:

Tabelle 58:
Probanden mit einschlägiger * Rückfälligkeit bei den Entweichungsverurteilungen im Bereich der Allgemeinheit **

Probanden Nr.	Vorverurteilungen ohne Einweisungsdelikte	Einweisungsdelikte	Entweichungsdelikte im Bereich der Allgemeinheit
23	§ 255	§ 255 §§ 250,30 §§ 255,30 § 243	§ 255
24	StVG § 113 § 315 b § 243	StVG § 142 § 113 § 315 b § 243	StVG § 142 § 255
25	§ 242 WaffG	§ 250	§ 242 § 255 WaffG § 267
39	§ 243 § 244 StVG	§ 243	§ 243 StVG § 267

---

301 Vgl. Seite 241 f..

42	§ 242 § 303 StVG	**§ 243**	**§ 243**
46	§ 243	**§ 240** § 250 § 223 a § 281	**§ 240**
54	**§ 242** **§ 243** § 142 § 315 a § 230 StVG	§ 242	**§ 243**
62	**§ 242** **§ 243** **§ 255**	**§ 243**	**§ 242** **§ 243** **§ 255** § 249 § 120 § 223 a § 239
63	§ 242	§ 242 § 246 StVG	**§ 243** § 239 § 249
64	**§ 243**	**§ 243** **§ 250**	**§ 243** **§ 250** § 239
65	§ 242 § 223 § 223 a	§ 242 **§ 243** § 223 § 113 § 263 § 303	**§ 243** § 250 § 239

Anmerkungen:

* Die einschlägigen Delikte im engeren Sinne sind in einer Zeile nebeneinander gestellt und fett gedruckt; alle einschlägigen Delikte, also auch diejenigen im weiteren Sinne, sind grau unterlegt.
** Bei den genannten Paragraphen handelt es sich ausnahmslos um solche des Strafgesetzbuches.

Eine Auswertung des Zahlenmaterials ergibt, daß 11 der 13 verurteilten Probanden (= 84,6 %) auch bereits früher wegen einschlägiger Delikte verurteilt wurden.

Dabei sind zehn der 11 Probanden (= 90,9 %) sogar im engeren Sinne einschlägig rückfällig geworden, [302] wobei dies allerdings nur in drei Fällen Delikte aus dem Bereich der Gewaltkriminalität sind. In vier Fällen handelt es sich um Verurteilungen wegen schweren Diebstahls (§ 243 StGB), in zwei Fällen um schwere räuberische Erpressungen (§ 255 StGB) und in je einem Fall um einen schweren Raub (§ 250 StGB), einen Diebstahl (§ 242 StGB), eine Verkehrsunfallflucht (§ 142 StGB) sowie eine Nötigung (§ 240 StGB).

Der elfte der Probandengruppe wurde nur im weiteren Sinne einschlägig rückfällig. Er wurde wegen eines Deliktes verurteilt, das mit einer Vorverurteilungstat zwar nicht identisch, aber doch vergleichbar ist. Es handelt sich hierbei um einen besonders schweren Diebstahl (§ 243 StGB) gegenüber einem früher begangenen einfachen Diebstahl (§ 242 StGB).

Bemerkenswert erscheint, daß gerade in dem hier besonders interessierenden Bereich der Allgemeinheit, die einschlägige Rückfälligkeit bei einem Großteil der Probanden nicht bei den Gewalttaten (= 27,3 %), sondern bei den „normalen" Delikten (= 72,7 %) zu verzeichnen ist, wobei es sich überwiegend um Eigentumsdelikte handelt.

---

302 Vgl. Seite 246, Fußnote 296.

Auffallend ist auch hier der hohe Anteil der Probanden, bei denen eine einschlägige Rückfälligkeit sogar zwischen der Entweichungskriminalität im Bereich der Allgemeinheit und den Einweisungsdelikten feststellbar ist.

Immerhin haben acht der 11 Probanden (= 72,7 %) im Bereich der Allgemeinheit genau dieselben Delikte begangen, wegen deren Begehung sie dem Vollzug zugeführt worden waren. Allerdings handelt es sich nur in zwei Fällen um Delikte aus dem Bereich der Gewaltkriminalität, nämlich um eine schwere räuberische Erpressung (§ 255 StGB) und einen schweren Raub (§ 250 StGB).

Bei zwei der 13 Probanden (= 15,4 %), die wegen zumindest einer Straftat im Bereich der Allgemeinheit verurteilt wurden, ist eine Parallelität zur früheren Kriminalität demgegenüber nicht feststellbar. Es handelt sich hierbei um die bereits erwähnten Taten der Probanden Nummer 40 und 66, die bei näherer Betrachtung aus durchaus nachvollziehbaren Gründen keine Parallelität aufweisen. [303]

Tabelle 59:
Probanden ohne einschlägige Rückfälligkeit bei den Entweichungsverurteilungen im Bereich der Allgemeinheit *

Probandennummer gemäß Anlage 1	Verurteilungen wegen Delikten im Bereich der Allgemeinheit
40	§ 306
66	§ 250 / § 243

Anmerkung:
* Bei den genannten Paragraphen handelt es sich ausnahmslos um solche des Strafgesetzbuches.

---

303 Vgl. Seite 249 f..

cc) Zusammenfassung

Zusammenfassend ergibt der Vergleich der Anzahl der Vorverurteilungen das erstaunliche Ergebnis, daß die wegen Entweichungskriminalität verurteilten Probanden - besonders im Bereich der Allgemeinheit - deutlich weniger Vorverurteilungen aufweisen als die übrigen, straflos gebliebenen Probanden. Dies spricht gegen die These, wonach es die besonders schwierigen und gefährlichen Gefangenen sein sollen, von denen im Falle einer Entweichung eine besondere Gefahr für die Allgemeinheit ausgeht. Bei diesem Ergebnis muß jedoch berücksichtigt werden, daß die Probandengruppe insgesamt eine erheblich höhere Vorstrafenbelastung aufweist als der Durchschnitt der im geschlossenen Vollzug inhaftierten Gefangenen. [304]

Des weiteren ist der hohe Anteil (= 84,6 %) der im Bereich der Allgemeinheit straffällig gewordenen Probanden bemerkenswert, die bereits früher identische oder doch vergleichbare Delikte begangen haben. Dies zeigt, daß sich die aus dem geschlossenen Vollzug entwichenen Gefangenen, wenn sie die Anstaltsmauern erst einmal hinter sich gelassen haben, in ihrer widerrechtlich erlangten Freiheit kriminell meist so betätigen, wie sie dies auch früher getan haben. Es handelt sich bei der im Bereich der Allgemeinheit begangenen Kriminalität mithin größtenteils um keine besonders geartete, sondern um die für diese Straftäter „übliche" Kriminalität. Der hohe Anteil von 84,6 % - meist sogar im engeren Sinne - einschlägig rückfällig gewordener Probanden ist um so bemerkenswerter, als es sich bei den zwei übrigen Probanden (= 15,4 %), die in ihrer früheren kriminellen Laufbahn noch keine einschlägige Verurteilung aufweisen, um Ausnahmefälle handelt. Während der eine in einer psychischen Ausnahmesituation im Rahmen seiner Wiederergreifung seine eigene Wohnung in Brand setzte, handelte der andere - kaum strafmündige - Proband im Rahmen einer Ausbrechergruppe zusammen mit älteren Mittätern. Ohne

---

304 Vgl. Seite 110, Tabelle 23.

diese zwei Ausnahmefälle wäre sogar eine 100prozentige Einschlägigkeit zwischen den im Bereich der Allgemeinheit und den früher begangenen Delikten der Probanden feststellbar.

Die Art der früher begangenen Straftaten muß daher als verläßliches Kriterium für die Einschätzung angesehen werden, welche Delikte im Falle einer Entweichung voraussichtlich erwartet werden können.

Abschließend ist erwähnenswert, daß circa drei Viertel (= 72,7 %) der einschlägig rückfällig gewordenen Probanden hierbei „normale" Straftaten - meist aus dem Bereich der Eigentumsdelikte - begangen haben. Lediglich bei circa einem Viertel (= 27,3 %) der rückfällig gewordenen Probanden handelt es sich um Rückfalltaten aus dem Bereich der Gewaltdelikte (Raub bzw. räuberische Erpressung).

d) **Zusammenhang zwischen den Nachverurteilungen der Probanden und der Entweichungskriminalität**

Im folgenden soll nun ergänzend untersucht werden, ob sich entsprechende Zusammenhänge auch nachweisen lassen im Verhältnis zu den Straftaten, die von den Probanden erst später, also zeitlich nach dem Entweichungsvorfall gelegen, begangen wurden.

aa) Zusammenhang zwischen den Nachverurteilungen der Probanden und der gesamten Entweichungskriminalität

Zunächst soll auch hier wiederum untersucht werden, in welchem zahlenmäßigen Umfang die wegen Entweichungstaten verurteilten Probanden erneut straffällig wurden, um dann in einem nächsten Schritt die Nachverurteilungen deliktsmäßig mit den Verurteilungen wegen der festgestellten Entweichungskriminalität zu vergleichen.

(1) Anzahl der Nachverurteilungen

Von den 31 Probanden, die wegen einer Entweichungsstraftat rechtskräftig verurteilt wurden, sind im Anschluß an diese Tat insgesamt 25 (= 80,6 %) erneut strafrechtlich in Erscheinung getreten. Von den übrigen 47 Probanden, also denjenigen, die wegen keiner Straftat im Zusammenhang mit der Entweichung verurteilt wurden, sind demgegenüber „nur" 34 (= 72,3 %) im Anschluß an den Entweichungsvorfall erneut verurteilt worden.

Wird auf die Anzahl der Nachverurteilungen abgestellt, so zeigt sich eine etwas häufigere Verurteilung bei den wegen Entweichungstaten verurteilten Probanden, wobei der Unterschied allerdings mit 3,06 gegenüber 2,74 Nachverurteilungen relativ gering ausfällt:

Tabelle 60:
Anzahl der Nachverurteilungen bei den Probanden mit und ohne Verurteilungen
wegen Entweichungskriminalität

Probandengruppe	Nachverurteilungen insgesamt	Nachverurteilungen durchschnittlich
Alle Probanden (n = 78)	224	2,87
Wegen Entweichungskriminalität verurteilte Probanden (n = 31)	95	3,06
Wegen Entweichungskriminalität nicht verurteilte Probanden (n = 47)	129	2,74

Angesichts des Umstandes, daß die allgemeine Rückfallquote der aus dem Regelvollzug des Landes Nordrhein-Westfalen entlassenen männlichen Gefangenen bei
circa 66 % liegt, [305] könnte die ermittelte Rückfallquote der Probandengruppe von
80,6 % bzw. 72,3 % auf eine höhere kriminelle Energie dieser Täter hinweisen. Das
Ergebnis muß jedoch insoweit relativiert werden, als sich unter den 78 Probanden
überdurchschnittlich viele junge Gefangene befinden, nämlich allein neun Jugendliche und 24 Heranwachsende. Die Altersstruktur der Probandengruppe ist damit wesentlich „rückfallträchtiger" als die Altersstruktur aller aus dem Regelvollzug des
Landes Nordrhein-Westfalen entlassenen Gefangenen, da die Rückfallgeschwindigkeit nach allgemeinen Erkenntnissen mit zunehmendem Alter abnimmt. [306]

Außerdem darf nicht verkannt werden, daß entwichene Strafgefangene in der Illegalität leben und sich ihren Lebensunterhalt kaum anders als durch neue Straftaten

---

305 Baumann / Maetze / Mey, 1983, Seite 133.

306 Kaiser, in: Kaiser / Kerner / Schöch, 1992, Seite 106 f..

beschaffen können. Ordnungsgemäß entlassene Gefangene können demgegenüber eine legale Arbeit aufnehmen oder staatliche Hilfe zum Lebensunterhalt in Anspruch nehmen.

(2) Deliktsmäßige Parallelen

31 der 78 Probanden wurden bekanntlich wegen Entweichungsdelikten rechtskräftig verurteilt. [307] Wie dargelegt, konnte bei 19 dieser Probanden (= 61,3 %) eine vergleichbare und meist sogar eine identische Strafbarkeit auch schon für die Straftaten festgestellt werden, die zeitlich vor der Entweichungstat lagen. [308]

Entsprechende Parallelen zu Straftaten, die erst nach dem besonderen Vorkommnis der Entweichung begangen wurden, sind jedoch nur bei 14 der 31 Probanden (45,2 %) nachweisbar. Allerdings kam es auch überhaupt nur bei 25 dieser 31 Probanden zu weiteren Verurteilungen. Hierauf bezogen liegt die Quote der identischen oder vergleichbaren späteren Verurteilungen immerhin bei 56,0 % (= 14 von 25) und damit fast so hoch wie bei den vor der Entweichung liegenden Straftaten.

Die 14 Parallelfälle stellen sich hierbei im einzelnen wie folgt dar:

---

307 Vgl. Seite 149, Tabelle 31.
308 Vgl. Seite 242 ff., Tabelle 55.

Tabelle 61:

**Probanden mit einschlägiger Rückfälligkeit * bei den Nachverurteilungen gegen-
über der gesamten Entweichungskriminalität ****

Probanden Nr.	Entweichungsdelikte	Nachverurteilungen
9	§ 255 § 239 a § 239 b	§ 255 § 239 a § 239 b
25	§ 267 WaffG § 255 § 242	§ 267 WaffG KWKG
29	§ 121 § 243	§ 121
39	§ 243 § 267 StVG	§ 243 § 267
40	§ 223 a § 113 § 306	§ 223 a § 243
54	§ 243 § 242 § 142	§ 243 § 315 c § 223 StVG
62	§ 255 § 249 § 242 § 243 § 120 § 223 a § 239	§ 250 § 242
64	§ 250 § 243 § 239	§ 250

65	§ 239	§ 239 b
	§ 250 § 243	
66	§ 250	§ 255 § 243
	§ 243 § 239	§ 223 a § 303
67	§ 223 a	§ 223
	§ 121 § 239 b	
68	§ 223 a	§ 223 a § 223
	§ 121 § 239 b	§ 255 § 249 § 243 WaffG
69	§ 223 § 121 § 239 b	§ 223
		§ 250 § 243 § 242 § 142 StVG
72	§ 304	§ 303
	§121	§ 242 § 223 a

Anmerkungen:

* Die einschlägigen Delikte im engeren Sinne sind in einer Zeile nebeneinander gestellt und fett gedruckt; alle einschlägigen Delikte, also auch diejenigen im weiteren Sinne, sind grau unterlegt.

** Bei den genannten Paragraphen handelt es sich ausnahmslos um solche des Strafgesetzbuches.

Danach sind 11 der 14 Probanden (= 78,6 %) im engeren Sinne einschlägig rückfällig geworden.

Anders als beim Vergleich der Vorverurteilungen, wo es sich bei den im engeren Sinne einschlägigen Delikten im wesentlichen um schwere räuberische Erpressungen (§ 255 StGB) handelt (sieben Mal), [309] ist hier ein solcher Schwerpunkt nicht feststellbar. Die einschlägige Rückfälligkeit im engeren Sinne verteilt sich hier vielmehr auf eine Vielzahl unterschiedlicher Delikte, wobei allerdings ein gewisser Schwerpunkt feststellbar ist bei den Diebstahlsdelikten (§§ 242, 243 StGB) mit vier Parallelen, bei den Körperverletzungsdelikten (§§ 223, 223 a StGB) mit drei Parallelen und bei den Raubdelikten (§§ 255, 250 StGB) mit zwei Parallelen. [310]

Bei den übrigen drei Probanden ist eine einschlägige Rückfälligkeit im weiteren Sinne zu beobachten:

Zwei Probanden wurden nach der Einweisungstat wegen vergleichbarer, jedoch in leichterer Form begangener Delikte verurteilt, nämlich in einem Fall wegen Körperverletzung (§ 223 StGB) gegenüber einer gefährlichen Körperverletzung (§ 223 a StGB) und in einem Fall wegen Sachbeschädigung (§ 303 StGB) gegenüber einer gemeinschädlichen Sachbeschädigung (§ 304 StGB). Der dritte Proband machte sich eines vergleichbaren Deliktes in schwererer Form schuldig, nämlich einer Geiselnahme (§ 239 b StGB) im Gegensatz zu einer zuvor begangenen Freiheitsberaubung (§ 239 StGB).

Bei den übrigen 17 der 31 Probanden (54,8 %), die wegen einer Straftat im Zusammenhang mit dem Entweichungsvorgang verurteilt wurden, ist demgegenüber für die Zeit nach der Entweichung überhaupt keine (sechs Probanden = 35,3 %) oder

---

309 Vgl. Seite 242 ff., Tabelle 55.
310 Vgl. Seite 246, Fußnote 296.

doch nur eine solche Kriminalität feststellbar, die mit der zur Verurteilung gelangten Entweichungskriminalität keine Parallelen aufweist (11 Probanden = 64,7 %).

Diese 17 Probanden haben sich im Zusammenhang mit dem Entweichungsvorgang wie folgt strafbar gemacht:

Tabelle 62:
Probanden ohne einschlägige Rückfälligkeit bei den Nachverurteilungen gegenüber der gesamten Entweichungskriminalität *

Probandennummer gemäß Anlage 1	Entweichungskriminalität
10	§ 255 / § 239 a / § 239 b
11	§ 255 / § 239 a / § 239 b
15	§ 121 Absatz 1 Nummer 2
16	§ 121 Absatz 1 Nummer 2
17	§ 121 Absatz 1 Nummer 2
18	§ 121 Absatz 1 Nummer 2
23	§ 121 Absatz 3 Nummer 2 / § 255 / § 113 Absatz 2 Nummer 1 / § 223 a / § 142
24	§ 121 Absatz 3 Nummer 2 / § 255 / § 142 / StVG
42	§ 243 / WaffG
46	§ 240
51	§ 121 Absatz 1 Nummer 2
52	§ 121 Absatz 1 Nummer 2
63	§ 243 / § 239
71	§ 121 Absatz 1 Nummer 2 / § 304
74	§ 255 / § 239 a / § 239 b
75	§ 255 / § 239 a / § 239 b
76	§ 255 / § 239 a / § 239 b

Anmerkung:
* Bei den genannten Paragraphen handelt es sich ausnahmslos um solche des Strafgesetzbuches.

Insgesamt 12 dieser 17 Probanden (= 70,6 %), die überhaupt keine oder keine parallele Nachverurteilung aufweisen, haben sich ausschließlich im Zusammenhang mit der unmittelbaren Entweichung strafbar gemacht, und zwar in sieben Fällen gemäß § 121 StGB (davon einmal tateinheitlich mit § 304 StGB) und in den verbleibenden fünf Fällen jeweils gemäß §§ 255, 239 a, 239 b StGB. Diese Probandengruppe hat mithin offensichtlich nur situationsbedingt Delikte begangen, die alleine auf das besondere Vorkommnis der Entweichung zurückzuführen sind. Dies erklärt ohne weiteres das Fehlen einer entsprechenden Parallele zur späteren Kriminalität.

Von den fünf übrigen Probanden haben drei (Nr. 23, 24 und 63) Straftaten sowohl anläßlich des unmittelbaren Entweichungsvorganges, als auch im Bereich der Allgemeinheit begangen. Die Straftaten im Bereich der Allgemeinheit wurden von diesen Probanden jedoch noch im unmittelbaren Umfeld der Anstalt verwirklicht und sind daher ebenfalls auf die konkrete Entweichungssituation zurückzuführen. Auch insoweit ist die fehlende Parallele zu späteren Verurteilungen durchaus erklärlich.

Lediglich zwei der 17 Probanden (= 11,8 %), bei denen keine Parallelität zu späteren Verurteilungen feststellbar ist (Nr. 42 und 46), haben im Rahmen der Entweichungskriminalität ausschließlich Straftaten im Bereich der Allgemeinheit begangen. Hier scheidet daher die besondere Entweichungssituation als Erklärung für untypische Delikte und damit für das Fehlen einer Parallele zu späteren Straftaten aus.

Festgehalten werden kann danach, daß ein hoher Anteil (= 45,2 %) der Probanden, die sich im Zusammenhang mit dem Entweichungsvorgang strafbar gemacht haben, später nochmals wegen vergleichbarer oder sogar identischer Delikte verurteilt wurde. Wird dabei nur auf die 25 Probanden abgestellt, bei denen es nach der Entweichungstat überhaupt zu einer weiteren Verurteilung gekommen ist, so liegt der Anteil der einschlägig rückfällig gewordenen Probanden sogar bei 56,0 %.

Demgegenüber haben sich die 17 Probanden, bei denen eine Parallele zwischen Entweichungs- und Nachverurteilung nicht feststellbar ist, im Zusammenhang mit dem Entweichungsvorgang vor allem wegen Gefangenenmeuterei und schwerer räuberischer Erpressung strafbar gemacht. Davon entfallen alleine fünf Taten auf Geiselnahmen innerhalb des Anstaltsbereiches, mit denen die Probanden - wenn auch nur für kurze Zeit - ihre Freiheit erzwingen konnten. Damit stellen diese Delikte - ebenso wie die sieben Taten nach § 121 StGB - fast ausnahmslos eine Kriminalität dar, die durch die konkrete Situation der Entweichung bedingt ist, womit das Fehlen einschlägiger Nachverurteilungen ohne weiteres erklärbar ist.

bb) Zusammenhang zwischen den Nachverurteilungen der Probanden und der Entweichungskriminalität im Bereich der Allgemeinheit

Wird in diesem Zusammenhang wiederum nicht auf die gesamte, sondern nur auf den Teil der Entweichungskriminalität abgestellt, durch den die Allgemeinheit beeinträchtigt wurde, so ergibt sich folgendes Bild:

(1) Anzahl der Nachverurteilungen

Von den 13 Probanden, die wegen Entweichungstaten gegenüber der Allgemeinheit verurteilt wurden, weisen 11 (= 84,6 %) auch nach diesem Zeitpunkt noch Verurteilungen auf.

Von den 65 Probanden, die keine Straftat im Bereich der Allgemeinheit begangen haben, wurden demgegenüber 48 (= 73,8 %) erneut verurteilt.

Die Anzahl der Nachverurteilungen beträgt bei den 13 gegenüber der Allgemeinheit straffällig gewordenen Probanden durchschnittlich 2,92 und bei den verbleibenden 65 Probanden, die sich also anläßlich ihrer Entweichung gegenüber der Allgemeinheit nicht strafbar gemacht haben, 2,86 Verurteilungen.

Tabelle 63:
Anzahl der Nachverurteilungen bei den Probanden mit und ohne Entweichungsverurteilungen im Bereich der Allgemeinheit

Probandengruppe	Nachverurteilungen insgesamt	Nachverurteilungen durchschnittlich
Alle Probanden (n= 78)	224	2,87
Wegen Kriminalität im Bereich der Allgemeinheit verurteilte Probanden (n= 13)	38	2,92
Wegen Kriminalität im Bereich der Allgemeinheit nicht verurteilte Probanden (n= 65)	186	2,86

Die wegen Straftaten gegenüber der Allgemeinheit inhaftierten Probanden sind damit in der Zeit nach ihrer Entweichungstat nicht häufiger strafrechtlich in Erscheinung getreten, als die übrigen Probanden.

Als Zwischenergebnis kann festgehalten werden, daß die 13 entwichenen Gefangenen, die anläßlich ihrer Entweichung erneut Straftaten gegenüber der Allgemeinheit begangen haben, damit weder vor noch nach ihrer Inhaftierung häufiger strafrechtlich in Erscheinung getreten sind als die übrigen, gegenüber der Allgemeinheit nicht straffällig gewordenen Probanden. Für eine Gefährlichkeitsprognose scheidet dieses Kriterium daher aus.

(2) Deliktsmäßige Parallelen

Eine Übereinstimmung zwischen den im Bereich der Allgemeinheit begangenen Entweichungstaten und späteren Verurteilungen konnte bei sechs der 13 Probanden (= 46,1 %) festgestellt werden. Allerdings kam es überhaupt „nur" bei 11 der 13 Probanden (= 84,6 %) im Anschluß an die Entweichungstat zu weiteren Verurteilungen, so daß sich unter Zugrundelegung dieser Bezugsgröße (= 11 Probanden) eine einschlägige Rückfallquote von 54,5 % ergibt.

Diese Quoten liegen damit nicht höher als die Quoten bei den Entweichungstaten insgesamt, die bei 45,2 % bzw. 56,0 % lagen. [311]

Die sechs Parallelfälle stellen sich im einzelnen wie folgt dar:

---

311 Vgl. Seite 261.

Tabelle 64:
Probanden mit einschlägiger Rückfälligkeit * bei den Nachverurteilungen gegen-
über der Entweichungskriminalität im Bereich der Allgemeinheit **

Probanden Nr.	Entweichungsdelikte im Bereich der Allgemeinheit	Nachverurteilungen
25	§ 267 **WaffG** § 255 § 242	§ 267 **WaffG** KWKG
39	§ 243 § 267 StVG	§ 243 § 267
54	§ 243 § 242 § 142	§ 243 § 315 c § 223 StVG
62	§ 255 § 249 § 242 § 243 § 223 a	§ 250 § 242
64	§ 250 § 243	§ 250
66	§ 250 § 243	§ 255 § 243 § 223 a § 303

Anmerkungen:
* * Die einschlägigen Delikte im engeren Sinne sind in einer Zeile nebeneinander gestellt und fett gedruckt; alle einschlägigen Delikte, also auch diejenigen im weiteren Sinne, sind grau unterlegt.
* ** Bei den genannten Paragraphen handelt es sich ausnahmslos um solche des Strafgesetzbuches.

Auffallend ist, daß alle einschlägig rückfällig gewordenen Probanden, die zuvor wegen Entweichungstaten im Bereich der Allgemeinheit verurteilt wurden, sogar im engeren Sinne rückfällig geworden sind. Dies zeigt, daß jedenfalls diese Probanden auch im weiteren Verlauf ihrer „kriminellen Karriere" die gleichen Delikte verwirklicht haben.

Die folgende Übersicht gibt Auskunft über die sieben der 13 Probanden, bei denen keine einschlägige Nachverurteilung registriert werden konnte.

Tabelle 65:
Probanden ohne einschlägige Rückfälligkeit bei den Nachverurteilungen gegenüber der Entweichungskriminalität im Bereich der Allgemeinheit *

Probandennummer gemäß Anlage 1	Entweichungsdelikte im Bereich der Allgemeinheit	Nachverurteilungen
23	§ 255	Keine Nachtat
24	§ 255	Keine einschlägige Nachtat
40	§ 306	Keine einschlägige Nachtat
42	§ 243	Keine einschlägige Nachtat
46	§ 240	Keine einschlägige Nachtat
63	§ 243	Keine Nachtat
65	§ 250 / § 243	Keine einschlägige Nachtat

Anmerkung:
* Bei den genannten Paragraphen handelt es sich ausnahmslos um solche des Strafgesetzbuches.

Hierbei fällt auf, daß zwei dieser Probanden (= Nummer 23 und 63) keinerlei Nachverurteilungen mehr aufweisen. Dies ist insoweit bemerkenswert, als beide Probanden aufgrund ihrer zeitigen Freiheitsstrafen durchaus Gelegenheit zu weiteren Straftaten hatten.

Bei zwei weiteren Probanden (= Nummer 40 und 46) erklärt sich die Diskontinuität in der Deliktsverwirklichung bereits aus den besonderen Umständen der Entweichungstat, so daß es durchaus nachvollziehbar ist, daß keine einschlägige Nachverurteilung feststellbar ist. Bei den von diesen Probanden im Bereich der Allgemeinheit begangenen Straftaten handelt es sich nämlich um solche mit unmittelbarem Bezug zum Entweichungsvorgang, nämlich zum einen um die Nötigung eines LKW-Fahrers, in dessen Fahrzeug sich der Proband zum Zwecke der Entweichung aus der Anstalt versteckt hatte und zum anderen um eine Brandstiftung, die der Proband anläßlich seiner Wiederergreifung beging, um sich dem Zugriff der Polizei zu entziehen. [312]

Lediglich bei den Probanden Nummer 24, 42 und 65 ist danach die fehlende Kontinuität im Deliktsbild der Nachverurteilungen nicht bereits durch die Besonderheiten des Entweichungsvorganges zu erklären.

cc) **Zusammenfassung**

Insgesamt kann festgehalten werden, daß die Anzahl der Nachverurteilungen bei den wegen Entweichungskriminalität verurteilten Probanden nicht höher liegt als bei den Probanden, die keine neuerlichen Straftaten im Zusammenhang mit der Entweichung begangen haben.

---

312 Vgl. Seite 249 f..

Damit kann auch unter dem Gesichtspunkt der Anzahl der Nachverurteilungen - zumindest bezogen auf die Gruppe der Entwichenen - kein Beleg dafür gefunden werden, daß es vor allem die besonders schwierigen und gefährlichen Gefangenen sind, von denen im Falle einer Entweichung eine besondere Gefahr für die Allgemeinheit ausgeht.

Bemerkenswert ist ferner, daß auch bei den Nachverurteilungen - wenn auch nicht in gleichem Maße wie bei den Vorverurteilungen - eine erhebliche deliktsmäßige Übereinstimmung feststellbar ist zwischen den im Bereich der Allgemeinheit verwirklichten Delikten und der späteren Kriminalität der Probanden. Dies bestätigt die Erkenntnis, daß sich die aus dem geschlossenen Vollzug entwichenen Probanden anläßlich ihrer Entweichung im Bereich der Allgemeinheit strafrechtlich gesehen nicht anders verhalten als im Vergleich zu der ansonsten bei ihnen zu verzeichnenden Kriminalität: Im Vergleich zur Entweichungstat ist bei 76,9 % der Probanden eine Parallelität zur früheren Kriminalität nachweisbar und bei 54,5 % eine solche zur späteren Kriminalität. Bereinigt um die angesprochenen Sonderfälle, bei denen sich die Abweichung im Kriminalitätsbild zumindest aus dem unmittelbaren Zusammenhang mit dem besonderen Vorkommnis der Entweichung ergibt, liegen die Quoten der Parallelität in der Deliktsverwirklichung sogar noch erheblich höher.

e) Gleichzeitige deliktsmäßige Übereinstimmung zwischen der Entweichungs-kriminalität im Bereich der Allgemeinheit und den Vor- sowie den Nach-verurteilungen der Probanden

Wie soeben dargelegt, ist bei den 13 Probanden, die wegen Straftaten im Bereich der Allgemeinheit verurteilt wurden, in elf Fällen (= 84,6 %) eine deliktsmäßige Parallele zu den Vortaten [313] und in sechs Fällen (= 46,1 % bzw. 54,5 %) eine solche zu den Nachverurteilungen [314] feststellbar.

Im einzelnen stellen sich die Parallelen sowohl zu den Vor- als auch zu den Nach-verurteilungen bei den 13 Probanden, die wegen Straftaten im Bereich der Allgemeinheit verurteilt wurden, wie folgt dar:

Tabelle 66:
Gleichzeitige Parallelen* gegenüber Vor- und Nachverurteilungen bei den 13 Probanden mit Verurteilungen im Bereich der Allgemeinheit**

Probanden Nr.	Vorverurteilungen einschließlich Einweisungsdelikten	Entweichungsdelikte im Bereich der Allgemeinheit	Nachverurteilungen
23	§ 255 §§ 250, 30 §§ 255, 30 § 243	§ 255	keine
24	StVG § 142 § 113 § 315 b § 243	StVG § 142 § 255	2 nicht einschlägige

---

313 Vgl. Seite 253f., Tabelle 58.

314 Vgl. Seite 271 Tabelle 64.

25	§ 242 § 250 **WaffG**	§ 242 § 255 **WaffG** § 267	 **WaffG** § 267
39	**§ 243** § 244 StVG	**§ 243** StVG § 267	**§ 243** § 267
40	§ 243	 § 223 a § 113 § 306	§ 243 § 223 a
42	§ 242 § 243 § 303 StVG	 § 243	 § 303 StVG
46	§ 243 § 240 § 250 § 223 a § 281	 § 240	§ 243
54	§ 242 **§ 243** § 142 § 315 a § 230 StVG	**§ 243**	**§ 243** § 315 c § 223 StVG
62	**§ 242** § 243 § 255	**§ 242** § 243 § 255 § 249 § 120 § 223 a § 239	**§ 242** § 250

63	§ 242 § 246 StVG	§ 243 § 239 § 249	keine
64	§ 243 § 250	§ 243 § 250 § 239	§ 250
65	§ 242 § 243 § 223 § 223 a § 113 § 263 § 303	§ 243 § 250 § 239	§ 223 a § 239 b
66	keine	§ 250 § 243	§ 255 § 243 § 223 a § 303

Anmerkungen:
* Die einschlägigen Delikte im engeren Sinne sind in einer Zeile nebeneinander gestellt und fett gedruckt; alle einschlägigen Delikte, also auch diejenigen im weiteren Sinne, sind grau unterlegt.
** Bei den genannten Paragraphen handelt es sich ausnahmslos um solche des Strafgesetzbuches.

Auffallend ist zunächst, daß bei fünf Probanden eine gleichzeitige Parallele zwischen den Entweichungstaten und den Vorverurteilungen einerseits sowie den Nachverurteilungen andererseits feststellbar ist, wobei sogar in allen drei Bereichen jeweils identische Delikte vorzufinden sind. Es handelt sich hierbei in drei Fällen um Diebstahlsdelikte (zweimal gemäß § 243 StGB und einmal gemäß § 242 StGB), in einem Fall um einen schweren Raub (§ 250 StGB) und in einem weiteren Fall um einen Verstoß gegen das Waffengesetz.

Dies unterstreicht den Eindruck, daß es sich bei der Entweichungskriminalität um eine „normale" Kriminalität handelt, die allein durch das besondere Vorkommnis der Entweichung zu einer „besonderen" Kriminalität wird.

10. Bedeutung der Dauer der Entweichung der Probanden für die Entweichungskriminalität

Abschließend soll nun untersucht werden, ob außer einer weitgehenden deliktsmäßigen Parallele auch ein Zusammenhang zwischen der Dauer der Entweichung und dem Umfang der Entweichungskriminalität feststellbar ist.

Wie bereits dargelegt, [315] wird insoweit die These vertreten, daß die Zahl der begangenen Delikte „proportional zur Fluchtdauer" ansteige. Danach wäre davon auszugehen, daß ein Proband anläßlich seiner Entweichung aus den Anstalten des geschlossenen Vollzuges um so mehr Delikte verwirklicht, je länger er sich auf freiem Fuß befindet.

Angesichts des Umstandes, daß ein „Ausbrecher" nach der Überwindung des Anstaltsgewahrsams unter dem Druck der eingeleiteten Fahndung zumeist auf sich allein gestellt und der Weg in eine legale Existenz nahezu unmöglich ist, spricht tatsächlich vieles für eine steigende Gefahr neuer Straftaten bei zunehmender Entweichungsdauer. Naturgemäß kann hiervon jedoch nur der Bereich der Allgemeinheit betroffen sein. Für die Straftaten, die ein Gefangener anläßlich der unmittelbaren Überwindung des Anstaltsgewahrsams oder anläßlich seiner Wiederergreifung be-

---

315 Vgl. Seite 112.

geht, kann die Dauer der Entweichung dagegen keine Bedeutung haben. Die folgende Untersuchung beschränkt sich daher lediglich auf die 26 die Allgemeinheit betreffenden Straftaten, [316] die von insgesamt 13 der 78 Probanden begangen wurden.

In bezug auf die Probandengruppe muß für die folgende Untersuchung insoweit ebenfalls eine Korrektur erfolgen, als bei der Untersuchung der Entweichungsdauer die sechs Probanden nicht mitberücksichtigt werden können, die sich bis heute noch auf der Flucht befinden. [317] Eine Dauer der Entweichung ist in diesen Fällen nämlich nicht feststellbar.

Unter Berücksichtigung dieser Besonderheiten ist zur Bedeutung der Dauer der Entweichung für das Ausmaß der Entweichungskriminalität folgendes festzustellen:

Die hier in Rede stehenden 72 Probanden befanden sich insgesamt 3.154 Tage auf freiem Fuß, durchschnittlich also 43,8 Tage.

Die 27 wegen eines Gewaltdeliktes im Sinne der Polizeilichen Kriminalstatistik inhaftierten Probanden waren dabei allerdings insgesamt nur 311 Tage, und damit durchschnittlich nur 11,5 Tage, in Freiheit.

Die übrigen 45 Probanden, die wegen normaler Delikte inhaftiert waren, befanden sich demgegenüber insgesamt 2.843 Tage, durchschnittlich also 63,2 Tage, auf freiem Fuß. Sie waren damit im Durchschnitt neun mal länger in Freiheit als die wegen Gewalttaten inhaftierten Probanden.

Wäre die Annahme zutreffend, daß die Anzahl der Delikte proportional zur Dauer der Entweichung steigt, so müßte ein eindeutiges Schwergewicht der Kriminalität bei den wegen „normaler" Delikte inhaftierten Gefangenen zu verzeichnen sein.

---

316 Aus Gründen der Übersichtlichkeit wird im folgenden lediglich auf die 26 abgeurteilten Straftaten und nicht mehr auf die verwirklichten 27 Straftatbestände abgestellt.

317 Es handelt sich hierbei um die Probanden Nummer 6, 7, 12, 28, 32 und 50 gemäß Anlage 1.

Eine Überprüfung dieser Annahme führt jedoch zu folgenden Ergebnissen:

Auf die Gruppe der 27 Gewalttäter entfallen 12 der insgesamt 26 zur Verurteilung gelangten Straftaten im Bereich der Allgemeinheit, wobei es sich in drei Fällen um Gewalttaten handelt. Während ihrer insgesamt 311 Tage in Freiheit begingen die Gewalttäter folglich durchschnittlich alle 25,9 Tage eine Straftat und alle 103,7 Tage eine Gewalttat.

Die 45 wegen „normaler" Delikte inhaftierten Probanden begingen demgegenüber während ihrer insgesamt 2.843 Tage in Freiheit 20 der ingesamt 26 Straftaten mit Bezug auf die Allgemeinheit, worunter vier als Gewalttaten zu qualifizieren sind. Damit fiel auf diese Probandengruppe durchschnittlich nur alle 142,2 Tage eine Straftat und sogar nur alle 710,8 Tage eine Gewalttat. [318]

In Relation zur Entweichungsdauer begingen die wegen Gewalttaten inhaftierten Probanden mithin 5,5 mal häufiger Straftaten als die wegen „normaler" Delikte inhaftierten Probanden und sogar 6,9 mal häufiger eine Gewalttat.

Damit scheint zum einen die Ausgangsthese widerlegt, wonach ein proportionaler Anstieg der Straftaten zur Entweichungsdauer anzunehmen ist, zum anderen scheint damit aber auch festzustehen, daß entwichene Gewalttäter zumindest eine höhere Deliktsfrequenz aufweisen als die normalen Gefangenen, die aus Anstalten des geschlossenen Vollzuges entwichen sind.

Zusammenfassend erscheint die These vertretbar, daß von einem entwichenen Gewalttäter eine überdurchschnittlich hohe Gefahr der Begehung neuer Straftaten ausgeht, je länger er sich dem Strafvollzug erfolgreich entziehen kann.

---

318 Zwar wurden von den Probanden insgesamt nur 26 Straftaten im Bereich der Allgemeinheit begangen. Da jedoch an sechs dieser Straftaten sowohl Gewalttäter als auch wegen „normaler" Delikte inhaftierte Gefangene beteiligt waren, sind diese Delikte sowohl bei den Gewalttätern (= 12 Straftaten) als auch bei den „normalen" Gefangenen (= 20 Straftaten) mitzuzählen.

Voraussetzung für die Gültigkeit dieser These wäre jedoch der noch nicht erbrachte Nachweis, daß die Dauer der Entweichung tatsächlich Einfluß auf die Anzahl der Straftaten hat, die während dieser Zeit begangen werden.

Diese Annahme erscheint jedoch aus folgenden Gründen zumindest zweifelhaft:

Zum einen ist der Proband Nummer 14, der sich mit Abstand am längsten, nämlich 1.678 Tage, auf freiem Fuß befand, anläßlich seiner Entweichung in keiner Weise strafrechtlich in Erscheinung getreten. Wird dieser Proband als „statistischer Ausreißer" interpretiert und bei der Berechnung der durchschnittlichen Verweildauer in Freiheit nicht mitberücksichtigt, so ergibt sich bei den restlichen 44 wegen „normaler" Delikte inhaftierten Probanden eine Entweichungsdauer von 1165 Tagen, durchschnittlich also 26,5 Tagen (gegenüber zuvor ermittelten 63,2 Tage). Da auf diese Probandengruppe 20 der gegen die Allgemeinheit gerichteten Straftaten entfallen, begingen sie durchschnittlich alle 58,3 Tage eine „normale" Straftat und alle 291,3 Tage eine Gewalttat. Im Vergleich zu den zuvor errechneten Quoten der wegen Gewaltkriminalität verurteilten Probanden (alle 25,9 Tage eine Straftat und alle 103,7 Tage eine Gewalttat) würden die Gewalttäter in Relation zur Entweichungsdauer dann nur noch 2,3 mal (statt 5,5 mal) häufiger Straftaten und sogar nur noch 2,9 mal (statt 6,9 mal) häufiger Gewalttaten begehen als die wegen normaler Delikte inhaftierten Probanden.

Die Fragwürdigkeit der These, daß die Dauer der Entweichung Einfluß auf das Ausmaß der verwirklichten Kriminalität habe, erweist sich vor allem auch angesichts eines weiteren „Extremfalles":

Ein wegen schweren Diebstahls (§ 243 StGB) der geschlossenen Anstalt zugeführter Proband,[319] der sich dem Anstaltsgewahrsam lediglich fünf Tage erfolgreich entziehen konnte, war an insgesamt zehn der 26 im Bereich der Allgemeinheit be-

---

319 Proband Nummer 62 gemäß Anlage 1.

gangenen Straftaten maßgeblich beteiligt. Er beging also durchschnittlich zwei Straftaten pro Tag und 38,5 % aller Straftaten im Bereich der Allgemeinheit.

Gewichtiger noch als diese Einzelfälle spricht jedoch folgende Überlegung gegen die These eines direkten Zusammenhanges zwischen Dauer der Entweichung und Anzahl der Straftaten:

Die 26 mit Bezug zur Allgemeinheit begangenen Entweichungstaten wurden insgesamt von nur 13 Probanden [320] begangen. Fünf dieser 13 Probanden [321] waren wegen Gewaltdelikten inhaftiert und acht [322] wegen „normaler" Delikte. Sowohl die Gruppe der fünf wegen Gewalttaten inhaftierten, als auch die Gruppe der acht wegen „normaler" Delikte inhaftierten Probanden befanden sich - jeweils auf die einzelne Gruppe bezogen - insgesamt 88 Tage in Freiheit. Die fünf wegen Gewalttaten inhaftierten Probanden begingen in dieser Zeit 12 Straftaten (davon drei Gewalttaten), während die acht wegen normaler Delikte Inhaftierten in der gleichen Zeit 20 Straftaten (davon vier Gewalttaten) begingen.

Die wegen Gewalttaten inhaftierten Probanden verübten mithin durchschnittlich alle 7,3 Tage eine Straftat (und alle 29,3 Tage eine Gewalttat), während die übrigen, nur wegen „normaler" Delikte inhaftierten Probanden durchschnittlich alle 4,4 Tage eine Straftat (und alle 22 Tage eine Gewalttat) begingen.

Bestünde ein Zusammenhang zwischen Dauer der Entweichung und Anzahl der Straftaten, so würde dieses Ergebnis für eine geringere Gefährlichkeit der wegen Gewalttaten inhaftierten Gefangenen gegenüber den nur wegen „normaler" Straftaten inhaftierten Probanden sprechen.

---

320 Probanden Nummer 23, 24, 25, 39, 40, 42, 46, 54, 62, 63, 64, 65 und 66 gemäß Anlage 1.

321 Probanden Nummer 23, 25, 46, 64 und 66 gemäß Anlage 1.

322 Probanden Nummer 24, 39, 40, 42, 54, 62, 63 und 65 gemäß Anlage 1.

Alleine der Umstand, daß der entwichene Proband aufgrund der Dauer der Entweichung ausreichend Zeit und Gelegenheit zur Begehung von Straftaten hatte, vermag damit nicht den Schluß zu rechtfertigen, daß sich diese abstrakte Gefahr auch realisiert der entwichene Gefangene die ihm gegebene Möglichkeit zur Begehung von Straftaten also auch tatsächlich „nutzt".

Angesichts dieser Zahlen kann mithin nicht davon ausgegangen werden, daß die Dauer der Entweichung tatsächlich einen nachweisbaren Einfluß auf die Anzahl der Straftaten hat, die von entwichenen Gefangenen im Bereich der Allgemeinheit begangen werden.

Aber auch hier muß wiederum der bereits angesprochenen Problematik des Dunkelfeldes [323] Rechnung getragen werden. Je länger der Zeitraum zwischen der Überwindung des Anstaltsgewahrsams und der Rückführung dorthin ist, desto größer wird zumindest die objektive Möglichkeit der Begehung von Straftaten. Eine statistisch verifizierbare Konkretisierung dieser abstrakten Gefahr ist jedoch nicht möglich, weshalb es bei dem festgestellten Untersuchungsergebnis bleiben muß.

---

323 Vgl. Seite 213 ff..

IV. Auswertung der Presseberichterstattung

Spektakuläre Vollzugsereignisse, seien es Geiselnahmen oder gewaltsame Ausbrüche, haben immer Auswirkungen auf die öffentliche Wahrnehmung des Strafvollzuges. Im folgenden soll nun der Versuch unternommen werden, auf der Grundlage einer inhaltlichen Analyse der zu den Entweichungsvorfällen vorliegenden Presseartikel Erkenntnisse darüber zu gewinnen, was Entweichungen aus dem geschlossenen Vollzug für die Presse - als Spiegelbild der Öffentlichkeit - so interessant macht, wobei vorab kurz dargelegt werden soll, welche Presseartikel Grundlage der Auswertung waren.

1. Erhebungsgrundlage

Im Erhebungszeitraum ereigneten sich unter Beteiligung von 78 Gefangenen insgesamt 47 Entweichungsvorfälle. Bei den Justizvollzugsämtern Westfalen-Lippe und Rheinland werden zu diesen „besonderen Vorkommnissen" des Vollzuges eigene Vorgänge geführt, zu denen auch die anläßlich der Entweichung veröffentlichten Presseberichte genommen werden. Hierbei handelt es sich jedoch um keine systematische Auswertung der Printmedien, sondern nur um eine - mehr oder weniger zufällige - Auswahl aus der - meist lokalen - Presselandschaft.

Insgesamt standen für die Untersuchung 140 Presseartikel zur Verfügung, pro Entweichungsfall also durchschnittlich drei Artikel. Allerdings verteilen sich diese Artikel zahlenmäßig sehr ungleich auf die verschiedenen Entweichungsfälle. Dies dürfte vor allem darauf zurückzuführen sein, daß es sich teilweise um sehr unspektakuläre, teilweise aber auch um sehr spektakuläre Fälle handelt. Während beispielsweise zu 12 Entweichungsfällen überhaupt keine Artikel vorliegen, beschäftigten sich allein 24 Artikel mit einer einzigen Entweichung, bei der es zu einer Geiselnahme kam.

2. Inhaltliche Analyse der ausgewerteten Presseartikel

Die inhaltliche Auswertung der 140 Artikel ergab, daß eine Reihe interessanter Fakten in sehr unterschiedlicher Häufigkeit - teils nur vereinzelt, teils ausnahmslos - angesprochen wurden.

Es handelt sich hierbei um die folgenden Einzelpunkte:

In annähernd jedem der 35 Entweichungsfälle, zu denen Artikel vorliegen, finden sich Angaben über das Alter des Probanden, dessen Haftstatus (Strafhaft, Untersuchungshaft oder Jugendstrafe) sowie über die konkrete Art und Weise der Überwindung des Anstaltsgewahrsams (jeweils in 34 der 35 Fälle = 97,1 %).

Fast ebenso häufig (33 Fälle = 94,3 %) finden sich Angaben über die Einweisungsdelikte, also der Delikte wegen deren Begehung die entwichenen Probanden zum Zeitpunkt ihrer Entweichung inhaftiert waren. Häufig geschieht dies in der Weise, daß schlicht von einem entflohenen „Mörder" oder „Räuber" die Rede ist. Diese Art der Formulierung sowie die Häufigkeit der Angaben zu den Einweisungsdelikten sind deutliche Zeichen dafür, daß in der Presse diese Taten oft undifferenziert mit der Persönlichkeit des Täters gleichgestellt werden. In der Wahrnehmung des Lesers wird dabei die konkrete Gefahr einer einschlägigen Rückfälligkeit des entwichenen Straftäter suggeriert, wodurch nicht nur ein Angstpotential geschürt, sondern auch eine allgemeine Verunsicherung gegenüber der Institution Strafvollzug hervorgerufen wird.

Dadurch wird in den Presseberichten eine „Gefährdungsprognose" vorgenommen, die nach den Ergebnissen der vorliegenden Untersuchung nur in den wenigsten Fällen gerechtfertigt ist:

Nur 13 der 78 Probanden sind überhaupt wegen Straftaten im Bereich der Allgemeinheit verurteilt worden. Hiervon haben wiederum 11 Probanden Straftaten begangen, zu denen sich in der früheren kriminellen Laufbahn einschlägige Parallelen finden. Im Vergleich zu den Einweisungsdelikten sind solche Parallelen zwar bei acht Probanden feststellbar, wobei es sich jedoch lediglich wiederum nur um zwei Wiederholungstäter im Bereich von Gewalttaten handelt: In einem Fall [324] war der Proband unter anderem wegen räuberischer Erpressung (§ 255 StGB), dem Versuch der Beteiligung an einem schweren Raub (§§ 250, 30 StGB) und dem Versuch der Beteiligung an einer räuberischen Erpressung (§§ 255, 30 StGB) in den geschlossenen Vollzug eingewiesen worden. Dieser Proband beging während seiner Entweichung im Bereich der Allgemeinheit dann auch tatsächlich eine weitere räuberische Erpressung gemäß § 255 StGB. [325] In dem zweiten Fall [326] war der Proband unter anderem wegen eines schweren Raubes (§ 250 StGB) eingewiesen worden und beging nach seiner Entweichung im Bereich der Allgemeinheit erneut einen schweren Raub (§ 250 StGB). [327]

Eine derart verschwindend geringe Anzahl von Fällen einschlägiger Rückfälligkeit im Bereich der Allgemeinheit - insbesondere von entwichenen Gewalttätern - rechtfertigt somit keinesfalls die nahezu bei allen Entweichungsfällen zu beobachtende stigmatisierende und zugleich die Öffentlichkeit verunsichernde Darstellung in der Presseberichterstattung.

---

324 Proband Nummer 23.

325 Vgl. Seite 198 ff..

326 Proband Nummer 64.

327 Vgl. Seite 203 ff..

Auch unter dem Aspekt einer möglichen Unterstützung der staatlichen Fahndungs-
organe durch die Bevölkerung können die Angaben zu den Einweisungsdelikten
nicht gerechtfertigt werden: Lediglich bei fünf Entweichungsvorgängen (= 14,3 %)
war der vollständige Name - teilweise sogar mit einem Bild - des Probanden abgedruckt, so daß nur in diesen Fällen eine Identifizierung der Person überhaupt möglich war. In vier dieser Fälle wurde dann auch die Bevölkerung ausdrücklich um
„Fahndungshilfe" ersucht. [328]

Hinzu kommt, daß sich Angaben zu den Vorstrafen der entwichenen Probanden nur
bei überraschend wenig, nämlich nur bei zehn Entweichungsfällen (= 28,6 %) feststellen lassen. Diese Angaben wären aber im Hinblick auf eine möglichst umfassende Information zur Person des Entwichenen ebenso aussagekräftig wie das fast
ausnahmslos erwähnte Einweisungsdelikt.

Im übrigen konnten den Presseartikeln noch folgende Informationen entnommen
werden:

In circa zwei Drittel der 35 Fälle (24 Fälle = 68,6 %) enthielten die Artikel einerseits Angaben zur Wiederergreifung der entwichenen Gefangenen, andererseits über
die nach der Entweichung eingeleiteten Fahndungsmaßnahmen (23 Fälle = 65,7 %)

---

328 Vgl. insoweit Anlage B zu den Richtlinien für das Straf- und Bußgeldverfahren, wo es unter
Ziffer II.4. (Fahndung nach einem flüchtigen Verurteilten) heißt: „In die Fahndung nach einem
flüchtigen Verurteilten sollen Publikationsorgane nur eingeschaltet werden, wenn der Verurteilte noch mindestens ein Jahr Freiheitsstrafe zu verbüßen hat, wenn seine Unterbringung angeordnet ist oder wenn seine Ergreifung aus anderen Gründen, etwa wegen der Gefahr weiterer
erheblicher Straftaten, im öffentlichen Interesse liegt. Über die Einschaltung der Publikationsorgane entscheidet die Vollstreckungsbehörde. Ist der Verurteilte aus einer Vollzugsanstalt geflohen, so können bei Gefahr im Verzuge auch der Leiter der Vollzugsanstalt und die Polizei
die Fahndungshilfe von Publikationsorganen in Anspruch nehmen."

und schließlich über die Höhe der von den Entwichenen zum Zeitpunkt der Entweichung noch zu verbüßenden Reststrafe (20 Fälle = 57,1 %).

Zu 16 Entweichungsfällen (= 45,7 %) finden sich in den Artikeln ferner Hinweise auf andere Entweichungsfälle aus den betroffenen Anstalten.

In lediglich 10 Fällen (= 28,6 %) finden sich mehr oder weniger ausführliche Anmerkungen oder auch nur Andeutungen zu verschiedenen kriminalpolitischen Aspekten, meist bezogen auf den Strafvollzug oder das besondere Vorkommnis der Entweichung. Beispielsweise finden sich dort Bemerkungen zu der Frage, ob es sich um eine geplante oder eine Spontantat handelt (zwei Fälle), über die Frage der Strafbarkeit der Selbstbefreiung eines Gefangenen (ein Fall) bzw. die Folgen einer Entweichung für zukünftige Vollzugslockerungen des Gefangenen (ein Fall), die Frage nach Sinn und Zweck einzelner Vollzugsformen, wie der sozialtherapeutischen Anstalt (zwei Fälle) oder der Sicherungsverwahrung (ein Fall), die Abwägung zwischen Einrichtungen, die der Aus- und Fortbildung des Gefangenen und solchen, die dem Sicherungsaspekt der Anstalten dienen (zwei Fälle) sowie der grundsätzlichen Überlegung des Einsatzes von Frauen im Strafvollzug (ein Fall).

In ebensowenig Entweichungsfällen finden sich Angaben zu den Fluchtmotiven der Probanden, wobei jedoch oftmals deutlich wird, daß es sich hierbei lediglich um Vermutungen - wie eine noch zu erwartende Verurteilung oder familiäre Probleme - handelt.

Überraschend selten, nämlich in nur acht Entweichungsfällen (= 22,9 %), finden sich Angaben zur Nationalität der an der Entweichung beteiligten Gefangenen.

Zusammenfassend kann damit festgestellt werden, daß die an der Tagesaktualität orientierte Berichterstattung wenig über die Hintergründe einer Entweichung informiert, sondern lediglich die Teilgebiete plakativ aus dem Gesamtkomplex herausstellt, die besonders berichtenswert erscheinen. [329] Dabei ist gefragt, was die Emoti-

---

329 Vgl. insoweit Kerner / Feltes, 1980, Seite 93 und 101.

onen anspricht, sei es, daß der Gefangene durch sein Verhalten besondere Aufmerksamkeit verdient, sei es, daß die Anstalt durch - scheinbare - Fehlleistungen die Sicherheit der Öffentlichkeit in Gefahr gebracht hat. Ob es sich hierbei um eine typische Qualität der Berichterstattung über den Strafvollzug handelt, kann letztlich jedoch nicht mit Bestimmtheit gesagt werden, da die vorliegenden Presseberichte keinen repräsentativen Querschnitt wiedergeben, sondern gezielt anläßlich bestimmter Entweichungsvorgänge gesammelt wurden, weshalb sie sich notwendigerweise ausschließlich hiermit beschäftigen.

Dennoch spricht einiges dafür, [330] daß Journalisten nur dann ihre berufliche Aufmerksamkeit auf den Strafvollzug lenken, wenn er - aus welchen Gründen auch immer - nicht funktioniert, [331] wie es insbesondere auch bei dem „besonderen Vorkommnis" der Entweichung der Fall ist.

---

330 Vgl. insoweit:

Geerds, 1994, Seite 268, Fußnote 23; sowie:

Busch / Häußling, 1976, Seite 157 ff.; die im Jahre 1975 sechs Monate lang Berichte zum Stichwort Strafvollzug in 163 Zeitungen gesammelt und ausgewertet haben, wobei die Auswertung der 385 (von insgesamt 423) Artikel folgendes ergab: Bei Gliederung in 16 Gebiete entfielen die meisten Artikel auf den Strafvollzug als solchen (79 = 30,5 %), gefolgt von Artikeln zur Strafvollzugsreform (76 = 19,8 %) und zu einzelnen Konflikten / Skandalen (41 = 10,7 %).

Zu ähnlichen Ergebnissen kam auch Lamnek, 1990, Seite 163, mit einer Auswertung der Süddeutschen Zeitung und der Abendzeitung München im Zeitraum vom 02.01.1986 bis 30.04.1986. Von 1116 inhaltsanalytisch aufbereiteten Artikeln beschäftigten sich ganze 56, das sind 5 %, mit kriminalpolitischen Gegenständen, die über den Tagesalltag hinausgingen. Davon entfielen in der Süddeutschen Zeitung auf das Thema Strafvollzug immerhin noch 10,8 %, wohingegen in der Abendzeitung dieses Thema kein einziges Mal aufgegriffen wurde.

331 Michaely, 1974, Seite 44 ff.;

Dabei dürfte jedoch eine einseitige Schuldzuweisung an die Medien, die ein solches Vorkommnis aufgreifen und zum „Thema - Strafvollzug" machen, nicht gerechtfertigt sein. Vielmehr ist auch die Öffentlichkeitsarbeit der mit dem Strafvollzug befaßten Institutionen und deren handelnden Personen dazu aufgerufen, den Vollzug und die Vollzugswirklichkeit einer breiteren Öffentlichkeit nahe zu bringen. Es darf nämlich nicht verkannt werden, daß die Medien für den Strafvollzug bedeutsam sind, da sie die Einstellung des Bürgers hierzu wesentlich prägen. [332] Unrichtige Vorstellungen der Allgemeinheit über den Strafvollzug, die zwischen dem politischen Ressentiment „Hotelvollzug" einerseits und dem gesellschaftspolitischen Sentiment „Opfer der Gesellschaft und der Behörden" andererseits schwanken, [333] sind dabei durch ein realistisches Bild über den Strafvollzug zu ersetzen.

Der Stellenwert einer solchen Öffentlichkeitsarbeit, die die Bevölkerung über den Strafvollzug umfassend informiert und sich eher mit grundsätzlichen kriminalpolitischen Fragestellungen beschäftigt, liegt vor allem darin, daß die für den Strafvollzug Verantwortlichen nicht nur zu Mißständen in Vergangenheit und Gegenwart Stellung nehmen müssen, sondern sie auch in die Lage versetzt, notwendige Veränderungen einzuleiten. Dabei stellt sich in diesem Bereich vor allem die Aufgabe, in der

---

Nass, 1975, Seite 108 f.;

Busch / Häußling, 1976, Seite 157;

Schäfer, 1985, Seite 157;

Brüser, 1992, Seite 95 f.

332 Doleisch, 1977, Seite 193 ff.;

Geerds, 1994, Seite 261.

333 Kerner, in: Kaiser / Kerner / Schöch, 1992, Seite 385;

Schwind, 1995, Seite 220.

Vgl. insoweit auch:

Klose, 1977, Seite 76 f.;

Schüler-Springorum, 1978, Seite 15, der jedoch feststellt, daß „mit einem allgemeinen Aufklärungsfeldzug ... heute gar nicht mehr so viel erreichbar zu sein (scheint)."

Allgemeinheit Verständnis für wirksame(re) Resozialisierungsmaßnahmen zu wecken. [334] Dabei sollte auch die Einstellung vermittelt werden können, daß der Strafvollzug nicht eine Angelegenheit der staatlichen Verwaltung, sondern ein Anliegen der Gesamtheit ist und hier die Mitarbeit aller bei der Resozialisierung und insbesondere der Entlassenenhilfe gefordert ist. [335]

Das bloße Verteilen von Informationsschriften dürfte damit allein nicht für eine wirksame Öffentlichkeitsarbeit ausreichen, [336] zumal zumindest in der Vergangenheit davon ausgegangen werden konnte, daß die Allgemeinheit sich gegenüber dem Strafvollzug und dem Rechtsbrecher durchaus interessiert zeigt. In seiner 1980 veröffentlichten Studie kommt Kury [337] zu dem Ergebnis, daß die verhältnismäßig geringe Informiertheit der 137 befragten Freiburger Bürger - nur 12 % waren der Überzeugung, gut über das Leben in den Strafanstalten informiert zu sein - weniger durch ein generelles Desinteresse an Fragen des Vollzuges bedingt war, sondern eher auf die Abgrenzung der Institution Strafvollzug von der Gesellschaft zurückzuführen war, die der Öffentlichkeit kaum einmal einen Einblick in das Leben hinter den Anstaltsmauern ermöglichte.

Ein wichtiger Schritt in diese Richtung einer wirksamen Öffentlichkeitsarbeit dürften unbestritten die auch für Justizvollzugsanstalten bestehenden Auskunfts- und Informationspflichten sein. Danach hat der Anstaltsleiter einmal jährlich in einer

---

334 Doleisch, 1977, Seite 195 f.;

Busch, 1978, Seite 23;

Geerds, 1994, Seite 263 f..

335 Doleisch, 1977, 196;

Schäfer, 1985, Seite 171;

Geerds, 1994, Seite 266.

336 Geerds, 1994, Seite 264.

337 Kury, 1980, Seite 138.

Pressekonferenz über die Lage seiner Justizvollzugsanstalt zu informieren. [338] Deshalb sollte sich die aktive Einbeziehung der Presse nicht nur auf „Bitten um Fahndungshilfen" beschränken, sondern dabei die Gelegenheit nutzen, die Öffentlichkeit mit sachlichen Berichten über den Strafvollzug umfassender zu informieren.

---

338 Rotthaus, 1992 b, Seite 103, unter Hinweis auf die Richtlinien über die Zusammenarbeit mit der Presse (AV des Justizministers NRW vom 25.Juni 1981, geändert durch AV vom 21. Dezember 1984 und 01. April 1985) § 6 Absatz 1 Satz 1: "Die Justizbehörden sind verpflichtet, den Vertretern der Presse Auskunft zu erteilen." § 12 Absatz 1: "Die Leiter der Justizvollzugsanstalten unterrichten die Presse von Zeit zu Zeit über das Vollzugsgeschehen und die Situation in der Anstalt. Zu diesem Zweck führen sie mindestens einmal jährlich eine Pressekonferenz durch, an der auch der Beirat zu beteiligen ist."

V. Zusammenfassung der wesentlichen Untersuchungsergebnisse

Die Ergebnisse der vorliegenden Untersuchung lassen sich wie folgt zusammenfassen:

Zunächst ist festzuhalten, daß es sich um insgesamt 47 Entweichungsvorgänge unter Beteiligung von 78 Gefangenen handelt, von denen 72 nach durchschnittlich 1,5 Monaten wieder ergriffen werden konnten. Sechs Entwichene, bei denen es sich ausnahmslos um nichtdeutsche Gefangene handelt, befinden sich nach wie vor auf freiem Fuß.

Die Einordnung des Phänomens der Gefangenenentweichung aus dem eingefriedeten Bereich des geschlossenen Vollzuges in den Gesamtzusammenhang des Strafvollzuges muß zu der Erkenntnis führen, daß es sich bei der Entweichung weniger um ein Problem des geschlossenen als vielmehr um ein solches des offenen Vollzuges handelt. Unter Berücksichtigung der jeweiligen Gesamtinhaftiertenzahlen liegt die Entweichungsquote aus dem eingefriedeten Bereich des offenen Vollzuges 52 mal höher als diejenige aus dem eingefriedeten Bereich des geschlossenen Vollzuges. Bezogen auf die Zahl der insgesamt im geschlossenen Vollzug Inhaftierten bedeutet dies, daß jährlich nur jeder 437. Gefangene entweicht, im Gegensatz zu jedem achten Gefangenen aus dem eingefriedeten Bereich des offenen Vollzuges. Bezogen auf die 44 Justizvollzugsanstalten des geschlossenen Vollzuges ergibt dies mithin durchschnittlich nur etwa alle drei Jahre einmal eine Entweichung.

Im Bewußtsein dieser relativ geringen Anzahl von Entweichungsfällen und der entsprechend schmalen Datenbasis hat die Auswertung der von den Entwichenen anläßlich der Entweichung - und hier vor allem im Bereich der Allgemeinheit - begangenen Straftaten doch zu einigen bemerkenswerten Ergebnissen geführt.

Zunächst verdient der Umstand Erwähnung, daß die den Probanden zur Last gelegte Entweichungskriminalität nur einen verschwindend geringen Anteil an der gesamten polizeilich registrierten Kriminalität ausmacht. Gegenstand eines gegen die Probanden geführten Ermittlungsverfahrens waren nur 55 Straftaten, dies sind 18,3 Straftaten im Jahresdurchschnitt. Verglichen mit den in Nordrhein-Westfalen jedes Jahr registrierten über 1,2 Millionen Straftaten ist dies eine objektiv nicht ins Gewicht fallende Größenordnung.

Die inhaltlich Analyse dieser zahlenmäßig sehr geringen Kriminalität hat ergeben, daß es sich bei der Entweichungskriminalität der Untersuchungsjahre um ein rein männliches Phänomen handelt. Zwar waren auch zwei weibliche Inhaftierte an den Entweichungen beteiligt, diese konnten jedoch bereits nach kurzer Zeit gefaßt und dem Anstaltsgewahrsam wieder zugeführt werden, ohne daß die Entweichung mit einer Verurteilung geahndet wurde.

Eine ganz erhebliche Rolle spielen demgegenüber die Jugendlichen und Heranwachsenden, die nicht nur einen Großteil der Entwichenen ausmachen, sondern auch an den Entweichungsstraftaten, vor allem im Bereich der Allgemeinheit, überproportional häufig beteiligt waren.

Während den Probanden in den gegen sie geführten Ermittlungsverfahren noch insgesamt 55 Straftaten vorgeworfen wurden, kam es nur wegen 37 verübter Straftaten zu einer rechtskräftigen Verurteilung. Betroffen hiervon waren 31 der 78 Probanden. Zehn dieser 37 Straftaten wurden von den Gefangenen bereits im unmittelbaren Zusammenhang mit der Überwindung des Anstaltsgewahrsams begangen und eine

Straftat im unmittelbaren Zusammenhang mit der Wiederergreifung durch die Polizei. Die restlichen 26 Straftaten, an denen lediglich 13 der 78 Probanden beteiligt waren, wurden im Bereich der Allgemeinheit begangen.

Insgesamt betrachtet, weist die zur Verurteilung gelangte Entweichungskriminalität eine recht hohe kriminelle Intensität auf. Allein vier der 11 in den Bereichen der Anstalt und Ergreifung verübten Straftaten zählen zur Gewaltkriminalität im Sinne der Polizeilichen Kriminalstatistik. Bei sieben dieser 11 Straftaten setzten die Probanden Gewalt gegen Personen ein. Dies ist ein deutlicher Hinweis auf die - jedenfalls bei einem Teil der zur Entweichung Entschlossenen vorhandene - Bereitschaft, zur Erzwingung der ihnen vorenthaltenen Freiheit notfalls auch gravierende neue Straftaten zu begehen. Der weit überwiegende Teil der 47 Entweichungsvorgänge erfolgte jedoch ohne Gewaltanwendung gegen Personen. Die hieran beteiligten Gefangenen konnten den Anstaltsgewahrsam durch Anwendung von Gewalt gegen Sachen (beispielsweise Zellengitter) oder durch Ausnutzen beobachteter Schwachstellen im Sicherheitssystem (beispielsweise Verstecken in einem Lieferanten-LKW) überwinden.

Bei den 26 mit Bezug zur Allgemeinheit begangenen Straftaten handelt es sich überwiegend um Vergehen, so beispielsweise in allein 14 Fällen um Diebstahlsdelikte. Lediglich in sieben Fällen, also nur in circa zwei Fällen im Jahresdurchschnitt, wurden von den Probanden in diesem Bereich Verbrechen begangen. Es handelt sich hierbei um fünf schwere räuberische Erpressungen bzw. schwere Raubtaten, um einen Raub und eine schwere Brandstiftung.

Ein Vergleich mit den früheren Verurteilungen der Probanden und insbesondere auch mit den Einweisungsdelikten hat dabei gezeigt, daß die wegen besonders schwerer Straftaten inhaftierten Gefangenen an den im Bereich der Allgemeinheit begangenen Straftaten nicht überproportional häufig beteiligt sind.

Allerdings ist, bezogen nur auf die Kriminalität im Bereich der Allgemeinheit, bei über drei Viertel dieser Probanden eine deliktsmäßige Parallelität zur früheren Kriminalität nachweisbar. Entsprechende Parallelen zu der späteren Kriminalität sind - wenn auch in etwas abgeschwächter Form - ebenfalls feststellbar. Es erscheint daher durchaus gerechtfertigt, die von den Entwichenen im Bereich der Allgemeinheit begangenen Delikte als für diese größtenteils „typisch" zu bezeichnen. Sie werden jedoch zu einer besonderen Kriminalität dadurch, daß sie zu einem Zeitpunkt begangen werden, zu dem sich der Täter bei normalem Verlauf der Haftvollstreckung noch im sicheren Anstaltsgewahrsam hätte befinden müssen.

Eine Auswertung der zu den Entweichungsfällen erschienenen Presseartikel - soweit sie in den Akten der Justizvollzugsämter vorhanden waren - zeigt vor allem, daß typischerweise das jeweilige Einweisungsdelikt in den Vordergrund der Berichterstattung gerückt und den Lesern hierdurch der Eindruck vermittelt wird, von dem entwichenen Gefangenen, und hier vor allem von den entwichenen Gewalttätern, ginge die Gefahr erneuter, gleichartiger Straftaten aus. Die vorliegende Untersuchung hat jedoch gezeigt, daß die wegen eines Gewaltdeliktes inhaftierten Gefangenen - und hier insbesondere die Kapitalverbrecher - gegenüber der Allgemeinheit nicht überdurchschnittlich häufig erneut straffällig geworden sind, so daß der durch die Presseberichterstattung in der Öffentlichkeit hervorgerufene Eindruck als „Zerrbild" der tatsächlichen Gefährdung bezeichnet werden kann.

Anlage 1

Nr.	Alter	Nation	Vorverurteilungen (Anzahl u. Delikte)	Einweisungsdelikte	Einweisungsstrafe * Haftstatus	Entweichungsdelikte	Rechtsfolgen	Entweichungsdauer	Nachverurteilungen (Anzahl u. Delikte)
1	38	D	6 § 240 § 315 c	§ 243	2 Jahre 6 Monate FS Strafhaft			32 Tage	1 § 240 § 315 c
2	22	ND	3 § 242	§ 243	2 Jahre 3 Monate FS Strafhaft			32 Tage	2 § 243 / § 250
3	28	D	16 § 243	§ 123 § 223 § 240 § 243 § 303	1 Jahr 7 Monate FS U-Haft			1 Stunde	8 § 243
4	30	D	11 § 243	§ 243	2 Jahre 9 Monate FS U-Haft			33 Tage	3 § 243
5	22	D	3*	BtMG	1 Jahr 8 Monate FS U-Haft	BtMG	§170IIStPO	4 Tage	0*

296

6	38	ND	0		BtMG	U-Haft	§ 121 I Nr. 2	§170IIStPO	flüchtig	0	
7	31	ND	9	§ 243 StVG	§ 113 § 243 § 246 § 250 § 315 b StVG WaffG	U-Haft			flüchtig	0	
8	48	D	7	§ 250	§§239 a, 30 § 250	12 Jahre FS U-Haft	§ 121 I Nr. 2	§170IIStPO	29 Tage	0	
9*	27	D	9	§ 243 / § 244	§ 211 § 250 § 255	lebenslange FS Strafhaft	§ 255 § 239 a § 239 b 8 Jahre FS	§170IIStPO	12 Stunden	1	§ 255 § 239 a § 239 b

Nr	Alter	D/ND	n	Delikt A	Delikt B / Urteil	Delikt C	Dauer	n	Bemerkung
10	39	D	7	§ 223	§ 211 § 223 a § 250 10 Jahre FS Strafhaft	§ 255 § 239 a § 239 b 6 Jahre FS	1 Tag	0	
11	35	D	12	§ 223 a § 255	§ 211 § 250 § 255 lebenslange FS Strafhaft	§ 255 § 239 a § 239 b 8 Jahre FS	12 Stunden	1	(nicht einschlägig)
12	22	ND	5	BtMG	BtMG 2 Jahre 6 Monate FS U-Haft		flüchtig	0	
13	16	ND	4	§ 243	§ 185 § 242 BtMG 1 Jahr 6 Monate FS U-Haft	§ 121 I Nr. 2 §154IIStPO	12 Stunden	4	§ 243 BtMG
14	19	ND	5	§ 243	§ 243 6 Monate JGG m. Bew. U-Haft	§ 121 I Nr. 2 §154IIStPO	1678 Tage	0	

15	16	D	1	(nicht einschlägig)	§ 243 § 259 § 265 a StVG	U-Haft	§ 121 I Nr. 2 (2 X)	1 Jahr 10 Monate JGG mBew. (Einwei- sungs- und Fluchttat)	18 Tage	2	StVG
16	17	D	2	§ 243	§ 242 § 243 StVG PflVG	1 Jahr 4 Monate JGG m. Bew. U-Haft	§ 121 I Nr. 2 (2 X)	1 Jahr 10 Monate JGG m. Bew. (Einwei- sungstat einbezogen)	2 Tage	0	

17	15	D	1	§ 243	§ 212 § 243	2 bis 3 Jahre JGG Strafhaft	§ 121 I Nr. 2	2 Jahre 6 Monate bis 3 Jahre 6 Monate JGG (Einweisungstat einbezogen)	15 Tage	8	§ 243
18	20	D	8	§ 243 BtMG	§ 243	2 Jahre 4 Monate JGG U-Haft	§ 121 I Nr. 2	2 Jahre 8 Monate JGG (Einweisungstat einbezogen)	1 Tag	3	§ 243 BtMG
19	43	D	9	§ 243 / § 244	§ 211 § 251	lebenslange FS Strafhaft	§ 121 I Nr. 2 §170IIStPO		1 Stunde	0	

20	26	D	14	§ 242 / § 243 § 316 StVG	§ 242 § 316 StVG	8 Monate FS m. Bew. Strafhaft				5 Tage	3	§ 242 / § 243
21	24	D	9	§ 243 / § 250	§ 243	2 Jahre 6 Monate FS Strafhaft				12 Stunden	7	§ 243
22	27	ND	0		§ 146	2 Jahre 6 Monate FS U-Haft				3 Tage	0	
23	24	D	1 (0)	(Urteil erst nach Entweichung) § 255	§ 243 §§ 250, 30 §§ 255, 30 § 255	6 Jahre JGG Strafhaft	§ 255 § 113 II Nr. 1 § 121 I Nr. 1, III Nr. 2 § 223 a § 142	7 Jahre FS § 154 I StPO		12 Stunden	0	

24	27	D	10	§ 113 § 315 b StVG § 243	§ 113 § 315 b § 142 StVG § 243	3 Jahre 3 Monate FS Strafhaft	§ 142 StVG § 255 § 121 I Nr. 1, III Nr. 2	§154I StPO §154aStPO 6 Jahre FS	12 Stunden	2	(nicht einschlägig)
25	26	ND	6	§ 242 WaffG	§ 250	6 Jahre 6 Monate FS Strafhaft	§ 255 § 242 § 267 WaffG	10 Jahre 6 Monate FS	25 Tage	2	§ 267 WaffG / KWKG
26	21	ND Jug StVoll	0		§ 113 § 223 a § 239 § 239 b	3 Jahre JGG Strafhaft			14 Tage	1	(nicht einschlägig)
27	20	D Jug StVoll	9 (7)	§ 243 StVG (2 Urt. erst nach Ent- weichung)	§ 243 StVG	6 Monate JGG Strafhaft	§ 243	§154 I StPO	271 Tage	5	§ 243 StVG

28	20	ND Jug StVoll	2	§ 223 a § 243	§ 223 a § 250	5 Jahre JGG Strafhaft	§ 121 I Nr. 1 § 243	§170IIStPO	flüchtig	0	
29*	18	ND Jug StVoll	6	§ 250 § 243	§ 239 § 250 § 243	6 Jahre 6 Monate JGG Strafhaft	§ 243 § 121 I Nr. 1	§170IIStPO 6 Jahre 9 Monate JGG (Einweisungstat einbezogen)	66 Tage	4	§ 250 § 121
30	20	ND Jug StVoll	5	§ 243 BtMG	§ 223 § 241 § 255 BtMG	3 Jahre JGG Strafhaft			1 Stunde	1	§ 242
31	32	ND	1	§ 243	§ 243 § 267 § 281	2 Jahre FS Strafhaft	§ 121 I Nr. 2	§170IIStPO	11 Tage	0	

32	28	ND	3	§ 230 § 243	§ 223 a § 239 § 243 § 250	6 Jahre FS Strafhaft			flüchtig	0	§ 255
33	20	ND	1	§ 249	§ 250	2 Jahre 3 Monate JGG U-Haft	§ 121 I Nr. 2	§154 II StPO	2 Tage	1	
34	18	ND	2	§ 243	§ 223 a § 243 § 249	1 Jahr 9 Monate JGG U-Haft	§ 121 I Nr. 2	§154 II StPO	47 Tage	9	§ 223 a § 243 / § 244 § 249
35	25	D	6	§ 242 BtMG	§ 243 BtMG	1 Jahr 6 Monate FS U-Haft	§ 120 § 121 I Nr. 2	§154 I StPO §170 II StPO	1 Stunde	4	§ 242 BtMG
36	18	D	4	§ 223 a	§ 212	5 Jahre JGG U-Haft	§ 120 § 121 I Nr. 2	§154 I StPO §170 II StPO	1 Stunde	2	§ 223

37	33	D	19	StVG § 242 § 185	StVG	1 Jahr FS m. Bew. Strafhaft			1 Stunde	7	§ 242 § 185
38	29	D	14	§ 249 § 243 StVG WaffG	§§316 a, 255	5 Jahre 6 Monate FS Strafhaft			19 Tage	7	§ 243 StVG WaffG
39	24	D	11	§ 243 / § 244 StVG	§ 243	6 Jahre FS Strafhaft	§ 243 § 267 StVG	1 Jahr FS	18 Tage	2	§ 243 § 267
40	22	D	5	§ 243	§ 243	3 Jahre 3 Monate FS Strafhaft	§ 113 § 223 a § 306	1 Jahr 6 Monate FS	4 Tage	5	§ 243 § 223 a
41	39	D	10	§ 243 § 316	§ 243	8 Monate FS m. Bew. Strafhaft	§ 120	§154IIStPO	98 Tage	2	§ 242 § 316

42	21	D Jug StVoll	3	§ 242 § 303 StVG	§ 243	6 Jahre JGG Strafhaft	§ 243 (2x) § 243 WaffG	1 Jahr 10 Monate FS §154IIStPO §154aII StPO	39 Tage	3	§ 303 StVG
43	19	D Jug StVoll	3	§ 243	§ 243	2 bis 4 Jahre JGG Strafhaft	§ 243 § 121 I Nr. 2	§154I StPO §170IIStPO	18 Tage	3	§ 252
44	21	D Jug StVoll	6 (4)	§ 243 / § 250 StVG § 223 / § 223 a (2 Urt. erst nach Entweichung)	§ 113 § 259 § 243 StVG	1 Jahr 6 Monate JGG m. Bew. Strafhaft	§ 113 § 121 I Nr. 2	§154I StPO §170IIStPO	14 Tage	1	§ 223
45	20	D Jug StVoll	2	(nicht einschlägig)	§ 211	7 Jahre JGG Strafhaft			12 Stunden	1	(nicht einschlägig)

46	20	D Jug StVoll		§ 243	§ 223 a § 240 § 250 § 281	3 Jahre 1 Monat JGG Strafhaft	§ 240	3 Jahre 3 Monate JGG (Einweisungstat einbezogen)	1 Stunde	1	§ 243
47	25	D	10	§ 243 / § 249 BtMG	§ 223 § 249	3 Jahre 3 Monate FS U-Haft			12 Stunden	3	§ 243 BtMG
48	29	D	8	§ 243 StVG	§ 243 StVG	3 Jahre 6 Monate FS U-Haft	StVG		144 Tage	1	§ 243
49	21	D	6	§ 243	§ 243	7 Wochen FS U-Haft	§154I StPO		12 Stunden	4	§ 243 / § 255
50	29	ND	4 (3)	§ 243 / § 249 (1 Urt. erst nach Entweichung)	§ 243	2 Jahre 6 Monate FS Strafhaft	(BtMG)	(Haftbefehl in Madrid)	flüchtig	0	

51	20	D Jug StVoll 3	§ 263	§ 263 StVG	1 Jahr JGG Strafhaft	§ 121 I Nr. 2	1 Jahr 9 Monate JGG (Einweisungstat einbezogen)	17 Tage	6	UStG / EStG StVG
52	19	D Jug StVoll 3 (2)	§ 243 / § 316 a (1 Urt. erst nach Entweichung)	§ 249 § 223	3 Jahre 2 Monate JGG Strafhaft	§ 121 I Nr. 2	5 Jahre 9 Monate JGG (zuvor: 5 Jahre)	17 Tage	9	§ 243 § 223 a
53	22	D Jug StVoll 4 (3)	§ 185 § 249 (1 Urt. erst nach Entweichung)	§ 153 § 258	3 Jahre 9 Monate 2 Tage JGG Strafhaft			1 Stunde	6	§ 185 § 249

54	18	D Jug StVoll	3 (2)	§ 242 / § 243 § 142 § 315 c § 230 StVG (1 Urt. erst nach Entweichung)	§ 242	1 Jahr JGG m. Bew. Strafhaft	§ 243	3 Jahre JGG (zuvor: 2 Jahre 6 Monate) §170IIStPO §154I StPO	13 Tage	5	§ 243
55	19	ND Jug StVoll	4*	§ 243 StVG	§223 a § 250 StVG	2 bis 4 Jahre JGG Strafhaft	§ 242 § 142		1 Stunde	0*	§ 315 c § 223 StVG

	Alter						Dauer		
56*	19	D Jug StVoll	5 (4)	§ 223 § 223 a § 242 / § 243 § 249 StVG PflVG (1 Urt. erst nach Entweichung)	§ 145 § 223 § 223 a § 242 § 249 § 265 a StVG AO KfzStG	3 Jahre JGG Strafhaft	1 Stunde	4	§ 223 a § 242 § 249 § 265 a StVG
57	19	D Jug StVoll	5	§ 242 § 243 / § 249	§ 242 § 243	3 Jahre 8 Monate JGG Strafhaft	11 Tage	5	§ 242 § 243
58	20	D Jug StVoll	5	§ 243 § 255 § 223 a § 303	§ 243 § 248 b StVG	2 Jahre 4 Monate JGG Strafhaft	12 Stunden	5	StVG § 223 a § 303

59*	18	D Jug StVoll	6	§ 242 StVG PflVG § 223	§ 248 b StVG PflVG	2 Jahre JGG Strafhaft			50 Tage	4	§ 250 § 223 / § 223 a
60	18	D Jug StVoll	1	§ 252	§ 177 § 243 § 250	4 Jahre JGG Strafhaft			12 Stunden	3	§ 243 / § 244 § 250
61	21	D Jug StVoll	7 (6)	§ 243 (1 Urt. erst nach Entweichung)	§ 243	2 Jahre 6 Monate JGG Strafhaft			1 Stunde	1	
62	18	D Jug StVoll	4	§ 255 § 243 § 242	§ 243	2 bis 4 Jahre JGG Strafhaft	§ 243 § 243 (7X) § 242 § 120 § 223 a (2X) § 239 § 249 § 255	§154 I StPO 9 Jahre JGG (Einweisungstat einbezogen)	5 Tage	4	§ 242 § 250

63	16	D Jug StVoll	3* (2)	§ 242	§ 242 / § 246 StVG	7 Monate JGG m. Bew. Strafhaft	§ 243 § 243 (4X) § 239 § 249	§154 I StPO 2 Jahre JGG Teil- Freispruch	2 Tage	0*	
64*	17	ND Jug StVoll	5	§ 243	§ 243 § 250	3 Jahre 6 Monate JGG Strafhaft	§ 243 § 250 § 243 (5X) § 239	§154 I StPO 6 Jahre 6 Monate JGG (Einwei- sungstat einbezogen)	31 Tage	5	§ 250

65	17	ND Jug StVoll	3	§ 223 / § 223 a § 242	§ 113 § 223 § 263 § 303 § 242 / § 243	2 Jahre JGG m. Bew. Strafhaft	§ 243 § 243 (5X) § 239 § 250	§ 154 I StPO 4 Jahre 6 Monate JGG (Einwei- sungstat einbezogen)	6 Tage	2	§ 223 a § 239 b
66	14	ND Jug StVoll	0		§ 223 § 223 a § 304	1 bis 3 Jahre JGG Strafhaft	§ 243 § 243 (4X) § 239 § 250	§154IIStPO 4 Jahre 6 Monate JGG (Einwei- sungstat einbezogen)	30 Tage	7	§ 223 a § 303 § 243 § 255

67*	19	D Jug StVoll	6	§ 242 StVG PflVG	§ 248 b StVG PflVG	2 Jahre JGG Strafhaft	§ 121 I Nr. 1 § 223 a § 239 b	4 Jahre 9 Monate JGG (Einweisungstat einbezogen)	212 Tage	3	§ 250 § 223
68	21	D Jug StVoll	6 (5)	§ 223 § 243 § 316 a WaffG (1 Urt. erst nach Entweichung rk)	§ 121	5 Jahre 3 Monate JGG Strafhaft	§ 121 I Nr. 1 § 239 b § 223 a	5 Jahre 9 Monate JGG (*1 Jahr 6 Monate Berufungsverurteilung einbezogen)	1 Stunde	3	§ 223 / § 223 a § 243 / § 249 § 255 WaffG

69	17	D Jug StVoll	3 (2)	§ 242 § 243 StVG (1 Urt. erst nach Entweichung)	§ 142 § 242 § 243 StVG	2 bis 4 Jahre JGG Strafhaft				1 Stunde	4	§ 142 § 242 § 243 / § 250 StVG § 223
70	21	ND Jug StVoll	6	§ 223 § 242 StVG	§ 223 § 240 § 241 § 242 StVG	3 Jahre JGG Strafhaft	§ 121 I Nr. 1 § 223 § 239 b		6 Jahre 6 Monate JGG (zuvor: 5 Jahre)	1 Stunde	1	§ 223 a
71	24	D	10	§ 242 / § 243 § 265 a	§ 242 § 265 a	1 Jahr 7 Monate JGG Strafhaft	§ 121 I Nr. 2 § 170 II StPO	§ 121 I Nr. 2 § 304	6 Monate FS m. Bew.	4 Tage	3	(nicht einschlägig)

72	23	D	5	§ 243 / § 223 a	§ 113 § 243	6 Monate JGG Strafhaft	§ 121 I Nr. 2 § 304	6 Monate FS m. Bew.	1 Tag	9	§ 242 § 303 § 223 a
73	20	ND Jug StVoll	4	§ 243 § 265 a	§ 243	1 Jahr 9 Monate JGG Strafhaft			1 Stunde	12	§ 243 § 265 a
74*	27	D	10 (9)	§ 243 / 244 § 255 § 239 a § 239 b (1 Urt. erst nach Ent- weichung)	§ 211 § 250 § 255	lebenslange FS Strafhaft	§ 255 § 239 a § 239 b	15 Jahre FS (zuvor: 8 Jahre)	1 Stunde	0	

75	38	D	8	§ 250	§ 250 § 255	9 Jahre FS U-Haft	§ 255 § 239 a § 239 b	12 Jahre FS (Einweisungstat einbezogen)	1 Stunde	0	
76	28	D	2		§ 239 a § 255	10 Jahre FS U-Haft	§ 239 a § 255 § 239 b	13 Jahre FS (Einweisungstat einbezogen)	1 Stunde	1	§ 223 a
77	25	D	6 (5)	§ 211 / § 230 § 243 § 255 StVG (1 Urt. erst nach Entweichung)	§ 243	2 Jahre FS Strafhaft	§ 121 I Nr. 2	§170IIStPO	1 Tag	5	§ 243 StVG
78	35	D	13	§ 242 / § 243 StVG	§ 242	8 Monate FS m. Bew. Strafhaft	§ 121 I Nr. 2	§170IIStPO	112 Tage	3	§ 243 StVG

Anmerkungen zur Übersicht über die Einzelfälle:

1. Bei den genannten Paragraphen handelt es sich ausnahmslos um solche des StGB.

2. Aus Gründen der Übersichtlichkeit wurde nicht unterschieden zwischen:
   - Versuch und Vollendung
   - Täterschaft und Teilnahme
   - Tatmehrheit und Tateinheit
   - einmalige und mehrfache Tatbegehung (Ausnahme: Entweichungsdelikte).

3. Sofern die Probanden aus der Untersuchungshaft geflohen sind, wurde im Falle einer späteren Verurteilung das dort ausgesprochene Strafmaß als "Einweisungsstrafe" vermerkt. In den Fällen, in denen es zu keiner späteren Verurteilung gekommen ist, wurde lediglich der Hinweis "U-Haft" in die Übersicht aufgenommen.

4. Zur Spalte "Entweichungsdauer" ist folgendes zu bemerken:
   - Die Zeitangaben "1 Stunde", "12 Stunden" und "1 Tag" umfassen den diesbezüglich nicht näher eingrenzbaren Zeitraum von bis zu 1 Stunde, bis zu 12 Stunden und bis zu 1 Tag.
   - Bei einer Entweichungsdauer von mehr als einem Monat wurde ein Kalendermonat mit 30 Kalendertagen gerechnet.

5. In der Spalte "Vorverurteilungen" sind alle aus den Bundeszentralregisterauszügen ersichtlichen Verurteilungen berücksichtigt, bei denen die Deliktsverwirklichung zeitlich (Tatzeit) vor der Entweichung lag. Soweit ein Urteil erst nach der Entweichung ergangen ist oder rechtskräftig wurde, ist dies jeweils ausdrücklich erwähnt.

6. In den Spalten "Vorverurteilungen" und "Nachverurteilungen" sind nur die mit einer Verurteilung geahndeten Delikte aufgeführt, die im Verhältnis zu Einweisungs- und/oder Entweichungsdelikten als einschlägig oder vergleichbar angesehen werden können.

7. Die Angaben zur Anzahl der Vorverurteilungen und Nachverurteilungen können bei den Probanden Nr. 5, 55 und 63 nur aufgrund der Gefangenenkartei (Nr. 5) bzw. der beigezogenen Urteile (Nr. 55 und 63) gemacht werden. Die Bundeszentralregisterauszüge waren in diesen Fällen offensichtlich unzutreffend. Auch Angaben zur Art der Vor- und Nachverurteilungen können aus diesem Grunde nur gemacht werden, soweit sich insoweit etwas aus den beigezogenen Urteilen ergibt.

8. Die Probanden Nr. 9, 29 und 59 sind im Untersuchungszeitraum jeweils zweimal entwichen und daher unter Nr. 74, 64 und 67 nochmals aufgeführt.

◑ *Lösel, Friedrich / Pomplun, Oliver*
Jugendhilfe statt Untersuchungshaft
Eine Evaluationsstudie zur Heimunterbringung
Band 7, 1998, 196 S., ISBN 978-3-8255-0247-8,
59,80 DM / 437,– öS / 54,– sFr

◑ *Pecher, Willi*
Tiefenpsychologisch orientierte
Psychotherapie im Justizvollzug
Eine empirische Untersuchung der Erfahrungen und
Einschätzungen von Psychotherapeuten in deutschen Gefängnissen
Band 8, 1999, 300 + X S., ISBN 978-3-8255-0234-8,
59,80 DM / 437,– öS / 54,– sFr

Neuauflage in Vorbereitung
◑ *Bundesarbeitsgemeinschaft der Lehrer im Justizvollzug (Hg.)*
Justizvollzug & Pädagogik
Tradition und Herausforderung
Band 9, 2. Auflage 2001, 200 S.,
ISBN 978-3-8255-0270-6, 39,80 DM / 291,– öS / 37,– sFr

◑ *Walther, Jutta*
Möglichkeiten und Perspektiven einer
opferbezogenen Gestaltung des Strafvollzugs
Band 10, 2001, ca. 330 S., ISBN 978-3-8255-0303-1,
ca. 70,– DM / 511,– öS / 63,50 sFr

◑ *Rehn, Gerhard / Wischka, Bernd /*
Lösel, Friedrich / Walter, Michael (Hg.)
Behandlung „gefährlicher Straftäter"
Grundlagen, Konzepte, Ergebnisse
Band 11, 2001, 420 S., ISBN 978-3-8255-0315-4,
69,80 DM / 504,– öS / 62,50 sFr

◑ *Ross, Thomas*
Bindungsstile von gefährlichen Straftätern
Band 13, 2001, 200 S., ISBN 978-3-8255-0329-1,
ca. 50,– DM / 365,– öS / 46,50 sFr

CENTAURUS VERLAG